25 lat
niewinności

Grzegorz Głuszak

25 lat niewinności

Sprawa Tomka Komendy

znak litera nova

Kraków 2020

Fotografia na okładce
Robert Pałka

Projekt plakatu na okładce
Homework

Opracowanie graficzne okładki
Katarzyna Bućko

Fotografie w książce
Archiwum autora

Opieka redaktorska i merytoryczna
Presila Grzymek

Redaktor nabywający
Oskar Błachut

ISBN 978-83-240-7262-0

Książki z dobrej strony: www.znak.com.pl
Więcej o naszych autorach i książkach: www.wydawnictwoznak.pl
Społeczny Instytut Wydawniczy Znak
ul. Kościuszki 37, 30-105 Kraków
Dział sprzedaży: tel. 12 61 99 569, e-mail: czytelnicy@znak.com.pl

Wydanie II, Kraków 2020
Druk: Totem.com.pl

Wstęp

Ta historia nigdy nie powinna się wydarzyć. To opowieść o młodym człowieku, Tomaszu Komendzie, który osiemnaście lat temu trafił za kraty za zbrodnię, której nie popełnił. Najpiękniejsze lata swojej młodości spędził w więziennej celi, skazany na dwadzieścia pięć lat za niewinność. Dziś dzięki staraniom wielu osób jest wolnym człowiekiem, choć stało się to o osiemnaście lat za późno. Kiedy zacząłem pisać tę książkę, Tomek był jeszcze w zakładzie karnym. Stamtąd przysłał mi list, który w całości cytuję poniżej. Niespełna pół roku później był już wolnym człowiekiem. I jest wolnym człowiekiem, który od nowa uczy się życia w zupełnie innej i nowej dla siebie rzeczywistości.

Tomek jest moim rówieśnikiem, jednym z wielu reprezentantów pokolenia czterdziestolatków. Kiedy my przekraczaliśmy drzwi pierwszej firmy, w której znaleźliśmy zatrudnienie, za nim zamykała się więzienna brama. Kiedy my chrzciliśmy nasze pierwsze dzieci, on z dnia na dzień musiał walczyć o życie i przetrwanie, bity, poniżany i upokarzany, skazany właśnie za brutalny gwałt i morderstwo dziecka. Kiedy wykańczaliśmy nasze pierwsze mieszkanie, zamieniając je z wynajmowanego na własne, on po kilkuletnim pobycie na niewłasnych ośmiu metrach kwadratowych, które dzielił z trzema współwięźniami, był przez nich odcinany ze sznura, gdy pod osłoną

5

nocy próbował popełnić samobójstwo. Jednak przeżył i wytrzymał osiemnaście lat. Przetrwał, bo ma rodzinę, na której zawsze mógł polegać. Matkę, cudowną kobietę, panią Teresę, która nie opuściła żadnego widzenia. Ojczyma Mirosława, który wychował Tomka jak własnego syna. Małomówny starszy mężczyzna rzadko zabiera głos w tej sprawie, ale kiedy już mówi, łzy same cisną się do oczu. Braci: Piotrka, który miał zaledwie sześć lat, kiedy Tomek przekraczał więzienną bramę, Krzyśka, najmłodszego, u którego emocje biorą górę nad rozsądkiem – oby nigdy nie spotkał ludzi, którzy wsadzili jego brata, najstarszego Gerarda – jego dzieci Tomek poznał w trakcie widzeń w zakładzie karnym.

Ta historia nigdy nie powinna się wydarzyć. Ale się wydarzyła i gdyby nie zaangażowanie kilku osób, zupełnie obcych Tomkowi, dla których pojęcie sprawiedliwości nigdy nie straciło swojego prawdziwego znaczenia, a sumienie i poczucie zawodowego obowiązku nie pozwoliły zostawić nierozwiązanej starej sprawy, jeszcze przez siedem lat odsiadywałby nie swój wyrok. Za zbrodnię, którą dziś wszyscy pamiętają jako morderstwo w Miłoszycach, jedno z najbardziej okrutnych, jakie wydarzyły się w Polsce pod koniec lat dziewięćdziesiątych, opisywane w swoim czasie niemal we wszystkich tytułach prasowych, stacjach telewizyjnych i radiowych.

Tomasz Komenda
ZK Strzelin ul. Ząbkowicka 69
57-100 Strzelin

Szanowny Pan Prokurator Robert Tomankiewicz
Do wiadomości Prokuratora Dariusza Sobieskiego i Grzegorza
Głuszaka z Telewizji TVN z programu Superwizjer TVN

Zwracam się z uprzejmą prośbą o udostępnienie Panu Grzegorzowi
Głuszakowi z TVN mojego przesłuchania w charakterze świadka, które
było zarejestrowane kamerą VHS. Uprzejmie proszę o udostępnienie
tego nagrania celem wykorzystania go przez Pana Grzegorza Głuszaka
w przygotowywanym reportażu.

Szanowny Panie Prokuratorze, od 18 lat jestem osobą osadzoną za
zbrodnię, której nie popełniłem. Dzięki podjętemu na nowo śledztwu
przez pana, pana podwładnych i policję jest szansa, aby cały kraj
dowiedział się o losie, który mnie spotkał. Mimo starań, jakie czynił Pan
Grzegorz Głuszak, do dnia dzisiejszego nie mam możliwości swobod-
nego wypowiedzenia się przed kamerą w swojej obronie i udowodnienia,
że padłem ofiarą potwornej pomyłki. Stąd moja ogromna prośba
o udostępnienie tego nagrania, abym w ten sposób mógł przed mi-
lionami widzów opowiedzieć, jaka ogromna krzywda mnie spotkała.
Wierzę, że pan prokurator w ten sposób pochyli się nad moim losem
i w ten sposób pomoże mi oczyścić się przed opinią publiczną z zarzutów, które ciążą nade mną od 18 lat. Będę bardzo wdzięczny za
spełnienie mojej prośby.

Z wyrazami szacunku,

Tomasz Komenda

Światełko w tunelu

Pod bramę zakładu karnego w Strzelinie podjeżdża nieoznakowana srebrnoszara kia. Wysiada z niej dwóch mężczyzn, Remigiusz, czterdziestodwuletni funkcjonariusz operacyjny Centralnego Biura Śledczego, i Marek, nieco starszy pracownik Wydziału Dochodzeniowo-Śledczego Komendy Wojewódzkiej Policji we Wrocławiu. Nie muszą mieć przepustek, w odróżnieniu od innych, którzy przychodzą tu na widzenia. Dzwonek do więziennej bramy. Po chwili zza zaciemnionej szyby, przez którą nie widać strażnika, padają słowa:
– Panowie do kogo?
– Do Tomasza Komendy. Policja, mamy tu nakaz prokuratorski pobrania osadzonego.

Ciężka, żelazna brama otworzyła się. Mężczyźni weszli, pokazali legitymacje, nakaz i poczekali na osadzonego, aby zawieźć go na przesłuchanie do Prokuratury Krajowej Dolnośląskiego Wydziału Zamiejscowego Departamentu do Spraw Przestępczości Zorganizowanej i Korupcji we Wrocławiu. Doprowadzony przez oddziałowego Tomasz Komenda wypełnił niezbędne formalności, podobnie jak funkcjonariusze, i przez drzwi zakładu karnego wyszedł za bramę, wciąż winny morderstwa i gwałtu, skuty w kajdany, ale już za murami, z nadzieją, że jego chwilowe wyjście do prokuratury ma jakiś większy sens.

Dwa tygodnie wcześniej dowiedział się z telewizji, że do sprawy, za którą został skazany na dwadzieścia pięć lat pozbawienia wolności, zatrzymano kolejnego sprawcę, bo Tomek miał działać z dotąd nieustaloną osobą. Wiedział, że tego nie zrobił, a skoro nie on, to może w końcu po osiemnastu latach jego bezsensownej odsiadki śledczy znajdą prawdziwego sprawcę brutalnego gwałtu i morderstwa piętnastoletniej Małgosi.

Z zakładu karnego w Strzelinie do Prokuratury Krajowej Wydziału Zamiejscowego we Wrocławiu jest niespełna trzydzieści kilometrów, około czterdziestu minut drogi. Z relacji policjantów, ale i Tomka, wiem, że była to cała wieczność. Zapytałem jednego z funkcjonariuszy, co Tomek mu wtedy powiedział. Odparł, że tylko zapytał:

– Panowie, czekałem na was osiemnaście lat. Czy wierzycie, że jestem niewinny? Bo bardzo mi na tym zależy. Nie na tym, żeby wyjść, tylko czy wy mi wierzycie, bo to dla mnie bardzo ważne.

– Dlatego po ciebie przyjechaliśmy, bo wiemy, że osiemnaście lat siedzisz za kogoś innego, i spróbujemy wyjaśnić dlaczego.

– A co zamierzacie?

– Uwolnić cię.

To było drugie wyjście Tomka poza mury więzienne w ciągu osiemnastu lat. Wcześniej miał taką możliwość tylko raz, kiedy poprosił dyrektora zakładu karnego, by mógł uczestniczyć w pogrzebie swojej babci. Na ceremonię nie zdążył, bo samochód, który miał go konwojować, spóźnił się i nie dotarł na czas. Pilnujący go strażnicy dali mu jednak pięć minut, by mógł się pożegnać ze zmarłą. Rodzina zdążyła już opuścić cmentarz, ponieważ pogrzeb zakończył się kilkanaście minut wcześniej. Z konwojentami nie zamienił ani słowa. Nikt nie chce rozmawiać z takim jak on: pedofilem, gwałcicielem i mordercą. Trudno się też dziwić funkcjonariuszom służby więziennej, którzy przecież sami mają rodziny i dzieci. Widok Tomka, czego łatwo się domyślić, budził w nich wstręt i pogardę. Nawet grabarze uciekli z miejsca pochówku, kiedy zobaczyli skutego mężczyznę w obstawie kilku strażników wyposażonych w długą broń. Dla Tomka była to jednak wyjątkowa chwila, ponieważ przez kilka minut mógł poczuć zapach powietrza bez widoku krat.

Dziś drugi raz opuszczał zakład karny, pełen nadziei, po tym jak usłyszał w telewizji, że zatrzymano drugiego ze sprawców. On cały czas pozostawał tym pierwszym. Tym razem konwojujący go policjanci słowami: „Zamierzamy cię uwolnić", dali mu prawdziwą nadzieję. Pierwszy raz od osiemnastu lat pojawiło się światełko w tunelu, czekał już tylko na to, co ma mu do powiedzenia prokurator. Wjeżdżając do Wrocławia, nie poznawał swojego miasta. Kiedy zamykano go w więziennej celi, nie było galerii handlowych, które teraz mijali jedna za drugą. Ogromny Sky Tower też był czymś nowym. Kiedy trafił za kraty, wieżowce nie osiągały stu metrów, nawet w Warszawie, ten miał ponad dwieście. Co kilka kilometrów stacja benzynowa. On pamiętał jedynie CPN, którego logo już dawno zastąpiły nowe nazwy. Przejeżdżające wiaduktem pendolino robiło wręcz kosmiczne wrażenie. Podobne maszyny widział tylko w filmach science fiction, kiedy był jeszcze na wolności. I telefon, który co jakiś czas mówił prowadzącemu samochód policjantowi: „Za sto metrów skręć w prawo, potem jedź prosto. Dotarłeś do celu". Tomek zupełnie nie wiedział, co się dzieje wokół niego, choć matka i bracia mówili mu, że przez te osiemnaście lat świat bardzo się zmienił. Wszystkie te nowinki widział jedynie w telewizji. Stara konsola Play Station 3 i FIFA, w którą grał co wieczór pod celą, to był jego cały nowoczesny świat.

Po czterdziestu minutach srebrnoszara kia z Tomaszem Komendą zatrzymała się na ulicy Piłsudskiego we Wrocławiu, nieopodal miejsca, skąd osiemnaście lat wcześniej został wywleczony z domu przez funkcjonariuszy policji. Kiedy przyjechali na miejsce, policjanci wprowadzili go do prokuratury już bez kajdanek. W dość ciasnym pomieszczeniu zainstalowana była kamera, skierowana wprost na krzesło, na którym miał usiąść Tomek. Dwóch prokuratorów, Robert Tomankiewicz i Dariusz Sobieski, razem z psycholog Justyną Poznańską czekali przygotowani do przesłuchania. Zapis w kamerze włączył policjant:

– W dniu dwudziestym czwartym czerwca dwa tysiące siedemnastego roku o trzynastej osiem rozpoczynamy czynność przesłuchania w sprawie o sygnaturze PKI WZ Ds. 43.2017. W czynności tej będą brali udział prokuratorzy Robert Tomankiewicz, Dariusz Sobieski, funkcjonariusz Centralnego Biura Śledczego Remigiusz K., obsługujący sprzęt nagrywający, oraz biegła z zakresu psychologii śledczej pani Justyna Poznańska […] Przesłuchany zostanie w charakterze świadka pan Tomasz Komenda. Odbiorę od pana dane osobowe. Pana imię i nazwisko – zaczął prokurator Robert Tomankiewicz.

– Tomasz Komenda.

– Imiona rodziców?

– Teresa i Jerzy.

– Data i miejsce urodzenia?

– Lipiec tysiąc dziewięćset siedemdziesiąt sześć, Wrocław.

– Obecnie przebywa Pan w zakładzie karnym w…?

– Strzelinie.

– Pana wykształcenie?

– Podstawowe.

– Był pan karany za składanie fałszywych zeznań?

– Nie.

– Pouczam pana, iż jako świadek jest pan zobowiązany do mówienia prawdy. Na podstawie artykułu dwieście trzydzieści trzy paragraf pierwszy osoba, która „zeznaje nieprawdę lub zataja prawdę, podlega karze pozbawienia wolności od sześciu miesięcy do lat ośmiu". Czy treść tego pouczenia pan rozumie? – Tym razem prokurator Dariusz Sobieski odczytał zapis z Kodeksu karnego, bez czego przesłuchanie nie może się rozpocząć. Wcześniej nikt nigdy nie zadawał Tomkowi takiego pytania, ponieważ nigdy nie był on traktowany jako świadek. Uznawano go za przestępcę oskarżonego o gwałt i morderstwo. Osobę, która by się broniić, może w majestacie prawa kłamać, fałszywie zeznawać bądź w ogóle odmówić składania jakichkolwiek wyjaśnień. Jedyne pytanie, jakie zadawano mu przez osiemnaście lat, dotyczyło tego, czy przyznaje się do zbrodni zapisanej w Kodeksie karnym w artykułach 148 i 197.

– Rozumiem – potwierdził Tomasz Komenda.

– Czy wie pan, w jakiej sprawie się spotkaliśmy, w jakiej sprawie będzie pan zeznawał? – To pytanie zadał prokurator Robert Tomankiewicz, naczelnik Wydziału do Spraw Przestępczości Zorganizowanej i Korupcji Dolnośląskiego Wydziału Zamiejscowego Prokuratury Krajowej.

– W sprawie, w której zostałem skazany na dwadzieścia pięć lat pozbawienia wolności, czyli w sprawie miłoszyckiej, morderstwa i gwałtu na Małgorzacie K.

– Spodziewał się pan tego przesłuchania?

– Nie.

– Dowiedział się pan w ostatnim czasie coś na temat tej sprawy?

– Tak, dwa tygodnie temu z mediów dowiedziałem się. W wiadomościach wrocławskich zostało to nagłośnione, że została ruszona moja sprawa.

– Co się pan dowiedział?

– Że został złapany drugi z podejrzanych i tyle. Że po dwudziestu latach został złapany kolejny sprawca.

– I jak pan na to zareagował?

– Strasznie, dostałem takiej siły, że po tylu latach mogę liczyć na sprawiedliwość, że teraz to wszystko wyjdzie na światło dzienne.

– To znaczy? Co wyjdzie na światło dzienne?

– Że prawdziwi sprawcy, prawdziwe zdarzenia, które miały miejsce…

– Ale sam pan mówił, że usłyszał, że został zatrzymany drugi sprawca.

– No bo tak jest do dnia dzisiejszego, że ja jestem sprawcą. Bo oni nie mówią w mediach, że ja jestem osobą niewinną. Tylko ja zostałem skazany w dwa tysiące trzecim roku i od tamtego czasu jestem cały czas winny, bo jest wyrok prawomocny, wszystkie instancje przeszedłem… I opinia publiczna już wydała na mnie wyrok, że oni już po prostu nie chcą ze mną rozmawiać. Mam dwadzieścia pięć lat do odsiadki, że musiałem w końcu tyle lat czekać, żeby usłyszeć, że usiądą na ławie oskarżonych te osoby, które to popełniły. Ja z tymi osobami ani z tą sprawą… ani w tej miejscowości nigdy nie byłem, dlatego do dnia dzisiejszego zadaję sobie pytanie, dlaczego tak musiało być. Co ja komuś takiego zrobiłem, że musiałem trafić za kraty? Siedzę już osiemnaście lat i pan sobie nawet z tego sprawy nie zdaje, jak ja się strasznie cieszę, że został złapany Ireneusz, kiedy na sali sądowej niby tym Ireneuszem byłem ja. Ja jestem z Wrocławia, a prawdziwi mordercy, z tego, co wiem z akt, byli z tamtych miejscowości, w których doszło do zbrodni. Ja przepraszam, że się wzruszyłem, ale to jest silniejsze ode mnie… Jestem kłębkiem nerwów i strasznie się z tego cieszę, że jestem tu, że zeznaję tu, bo w środku jestem rozszarpywany, bo nie wiem, co będzie ze mną dalej. I niech to wyjdzie na światło dzienne, że prokuratura popełniła wtedy błąd, zamykając mnie. Ja nie oczekuję od nikogo przeprosin, broń Boże. Chcę, żeby zwrócono mi to, co mi zostało zabrane osiemnaście lat temu – czyli wolność. Nie miałem nigdy do czynienia… Nigdy żadnej dziewczyny nie skrzywdziłem i nie mam zamiaru skrzywdzić, a zostałem najpierw oskarżony, osadzony i potem skazany… Nie radzę sobie do dnia dzisiejszego z tym wszystkim.

– Co wie pan na temat tej sprawy? – zapytał prokurator Tomankiewicz.

– Wiem tylko tyle, że w miejscowości Miłoszyce została zgwałcona brutalnie piętnastoletnia dziewczyna. Pochodziła z miejscowości Miłoszyce… tyle wiem.

– A jak to się stało, że pan trafił na ławę oskarżonych – dopytywał prokurator Tomankiewicz. – Skoro twierdzi pan, że jest pan osobą niewinną.

– Bo jestem osobą niewinną, a to, że zasiadłem na ławie oskarżonych, to chciała tego opinia publiczna. Bo jak ja zostałem zatrzymany, to zostało to nagłośnione i od tego momentu mój horror się zaczął. Bo oni nie mieli stuprocentowych dowodów, oni mieli tylko poszlaki i ja na podstawie tych poszlak zostałem skazany. Jeżeli sąd, skazując mnie w pierwszej instancji na piętnaście lat pozbawienia wolności, mówi, że ja nie jestem w stu procentach winny, tylko wynika to z doświadczenia sądu, to dla mnie jest to niepojęte, że oni skazali mnie, bo przypuszczali, że ja jestem sprawcą, a dowody, które zostały przedstawione przed sądem, mogły zostać podrobione w tamtym czasie.

– Panie Komenda, o jakich dowodach pan mówi?

– O zębach, zapachu i czapce, która niby została pozostawiona w Miłoszycach na posesji.

– Dlaczego pan mówi „niby została pozostawiona"?

– Bo ja nigdy takiej czapki… Ja nigdy w czapkach nie chodziłem. Nawet jak było minus pięćdziesiąt stopni, to ja nigdy w czapkach nie chodziłem.

Przez ponad trzy godziny na zmianę prokurator Tomankiewicz, prokurator Sobieski i psycholog Poznańska zadawali Tomkowi szereg pytań, do których jeszcze wrócę. Nieraz Tomek przecierał załzawione oczy, wielokrotnie próbował je zasłonić, ale kamera ustawiona naprzeciwko mężczyzny rejestrowała wszystko, każdy odruch, spojrzenie, każde skinienie głowy. Wielokrotnie nie potrafił odpowiedzieć na pytania, zwłaszcza te dotyczące pobytu w zakładzie karnym. Nikt też specjalnie nie próbował wyciągać od niego informacji, wiedząc, że za chwilę wróci do więziennej celi. Pytany, zdawkowo odpowiadał, że to koszmar i horror, że był bity, torturowany, ale o szczegółach nie chciał mówić. Choć kamera nie rejestrowała słuchaczy, dało się odczuć, że gdyby to od nich zależało, Tomasz Komenda nie wróciłby już do zakładu karnego. Oni już od kilku miesięcy wiedzieli, że siedzący przed nimi mężczyzna, wysoki, szczupłej budowy ciała, z trudem patrzący w oczy, z odruchami typowymi dla osób, które za kratami spędziły lata, nie powinien się znaleźć w miejscu, w którym przebywał przez ostatnie osiemnaście lat. Jego zachowanie podczas przesłuchania, przygnębienie i smutek wskazywały, że powinien być raczej pensjonariuszem zakładu, gdzie leczy się depresję, a nie więźniem zakładu karnego. Jedynie jego lewa ręka, niemal cała wytatuowana, nie pozostawiała złudzeń, że jest mieszkańcem tego drugiego miejsca. Miejsca, do którego trafił, bo zupełnie mu nieznane osoby brutalnie zgwałciły i zamordowały piętnastoletnią dziewczynkę. On miał być jednym z nich, ale nie był. To on jednak został oskarżony, skazany i osadzony na ćwierć wieku. Kiedy zamykała się za nim więzienna cela, miał zaledwie dwadzieścia trzy lata. Dziś, choć nie wygląda na swój wiek, ma już czterdzieści jeden i najpiękniejsze lata młodości za sobą.

Zbrodnia w Miłoszycach

Notatka urzędowa sierżanta Grzegorza J.

W dniu 01.01.1997 roku o godzinie 13.30 na polecenie dyżurnego Komendy Powiatowej Jelcz-Laskowice udałem się do miejscowości Miłoszyce Kościelna 5, gdzie Józef R. zgłosił o leżących przy stodole zwłokach młodej kobiety. Po przybyciu na miejsce zastano tam ekipę pogotowia i zwłoki młodej kobiety w całkowitym negliżu. Drogą radiową powiadomiono dyżurnego, a miejsce zdarzenia zabezpieczono do przyjazdu grupy dochodzeniowo-śledczej oraz Komendanta Rejonowego Policji w Oławie. W toku rozpytań ustalono, że denatka nazywa się Małgorzata K. i jest mieszkanką Jelcza-Laskowic zamieszkałą przy ulicy Hirszfelda i w dniach 31.12.1996-01.01.1997 przebywała na dyskotece w świetlicy wiejskiej, skąd około godziny 0.15-0.20 wyszła w towarzystwie Krzysztofa K. i Andrzeja W. Wyszli oni na zewnątrz dyskoteki, gdzie podszedł

17

do nich nieznany mężczyzna w wieku około 16-17 lat o imieniu Irek, który powiedział: „Jestem jej bratem. Gośka, przecież mnie znasz". Mężczyzna był wysoki o jasnych włosach ściętych na tzw. grzybka, boki wygolone. Następnie, jak twierdzą wymienieni, udał się wraz z Małgorzatą w stronę skrzyżowania ulicy Kościelnej z Wrocławską, zatrzymując się na chwilę przy posesji Państwa R., następnie na skrzyżowaniu dołączył do nich drugi mężczyzna, lecz niższy od wyżej opisanego. Jak twierdzą w/w, Małgorzata była pod wpływem upojenia alkoholowego, gdyż przewracała się. Następnie oddalili się w kierunku Jelcza-Laskowice. Rozpytany Marek P. stwierdził, że gdy szedł dokładać do pieca ok. godziny 1.35, słyszał krzyki dziewczyny biegnące z pobliskiej posesji: „Mamo. Mamo". Nadto rozpytano Olgę N., Zbigniewa B., Sabinę C., Józefa J., jednak osoby te nie wiedzą nic w powyższej sprawie i nic nie słyszały.

Notatkę sporządzono celem dalszego wykorzystania.

Noc. 31 grudnia 1996 roku. Małgosia już od kilku dni planowała wyjście z koleżanką na sylwestra. Miała to być pierwsza w jej życiu nocna impreza. Wyglądała pięknie. Czarna długa sukienka, eleganckie buty, wisiorek w kształcie przełamanego serduszka – wszystko długo przygotowywane i dopięte na ostatni guzik. Pamiątkowe zdjęcie zrobione jej przez ojca na kilka minut przed wyjściem z domu cały czas znajduje się w aktach sprawy. I chociaż dziś piętnastolatki sprawiają wrażenie bardziej dojrzałych niż dwadzieścia lat temu, to trzeba przyznać, że wystrojona dziewczynka wyglądała już na młodą kobietę. Rodzice nastolatki mieli obawy. Pierwszy raz wychodziła na dłużej, i to w nocy, miała późno wracać, ale przecież szła z koleżanką, byli też znajomi. Małgosia wybłagała rodziców o tego sylwestra poza domem. Nie mogli się nie zgodzić.

Z Jelcza-Laskowic, skąd pochodziła Małgosia, do Miłoszyc jest zaledwie kilka kilometrów. Dystans można przejść na piechotę w około pół godziny, samochodem pokonuje się go w mniej niż dziesięć minut. W aktach sprawy znajduje się raport ze stacji meteorologicznej, z którego wynika, że temperatura pomiędzy godziną dwudziestą czwartą a szóstą rano wahała się między minus czternastoma a minus szesnastoma stopniami Celsjusza. Pokrywa śnieżna niezbyt duża, od jednego do trzech centymetrów. Kiedy Gosia nie wróciła do domu, rodzice postanowili po nią wyjść. Idąc nad ranem wzdłuż drogi, minęli jadącego na rowerze Ireneusza M. Spotkanie było o tyle zaskakujące, że na zewnątrz było kilkanaście stopni mrozu. Ten szczegół utkwił im w pamięci. Do Miłoszyc zostało zaledwie kilkaset metrów. Dyskoteka była już zamknięta. Po Gosi ani śladu. Rodzice dziewczyny wrócili do domu, tam też jej nie było. W godzinach popołudniowych postanowili ponownie udać się na miejsce. Ich uwagę zwróciło zamieszanie na podwórku nieopodal klubu. Podeszli powoli. Na posesji państwa R., oddalonej o zaledwie sto metrów od dyskoteki, obok stodoły leżała ich córka, całkowicie rozebrana, jedynie na nogach miała skarpetki. Nie żyła już zapewne od kilku godzin. Ślady na ciele świadczyły o tym, że musiała się bronić.

Na teren posesji wjechały dwa policyjne radiowozy. Funkcjonariusze zabezpieczyli miejsce zdarzenia. Z samochodu wyszła prokurator, a w zasadzie ówczesna asesor z Prokuratury Rejonowej w Oławie, pani P. Dyżur prokuratorski miała pełnić jej przełożona, ale to ona zjawiła się na miejscu w noworoczny poranek. Trudno się dziwić, w takie dni młodsi stażem zazwyczaj zastępują swoich szefów. Prawdopodobnie były to pierwsze zwłoki, jakie widziała w swoim życiu, nie licząc obowiązkowych na studiach zajęć w zakładzie medycyny sądowej, gdzie przyszli prokuratorzy uczestniczą w sekcjach zwłok.

Widok był przerażający. Zarejestrowany ponad dwadzieścia lat temu kamerą VHS film z miejsca zdarzenia nie pozostawia żadnych wątpliwości. Dziewczyna nie umarła od razu. Musiała cierpieć. Biegły z zakresu medycyny sądowej po autopsji napisał, że dziewczyna zmarła w wyniku wyziębienia i wykrwawienia. Prawdopodobnie po samym gwałcie żyła jeszcze od jednej godziny do ośmiu. Sprawcy, a było ich najprawdopodobniej dwóch, gwałcili ofiarę za stodołą znajdującą się w tylnej części posesji państwa R., tuż przy ogrodzeniu. Oględziny odzieży denatki wykazały, że pozostałe na niej krew i sperma pochodzą od dwóch różnych osób. Aż trudno uwierzyć, że nikt z sąsiadów niczego nie zauważył, a przynajmniej nic nie słyszał, bo na pewno, o czym zeznali potem inni świadkowie, między pierwszą piętnaście a wpół do drugiej z posesji dochodziły krzyki: „Mamo, mamo". Ślady na ciele świadczyły o brutalności sprawców. Poza obrażeniami w okolicach krocza widać było liczne zaczerwienienia – oznaki walki. Biegły z zakresu medycyny sądowej napisał także w opinii, że sprawcy dokonali penetracji pochwy i odbytu narzędziem tępokrawędzistym, powodując mnogie uszkodzenia narządów wewnętrznych. Na ciele dziewczyny znajdowały się liczne ślady ugryzień w okolicach piersi. Zarówno w miejscu, w którym doszło do zbrodni, jak i tam, gdzie później przeniesiono Małgorzatę, było pełno krwi. Obok ciała leżały rajstopy i majtki dziewczyny, oznaczone jako ślad numer jeden, bluzka damska koloru czarnego, oznaczona jako ślad numer trzy, sznurówki, oznaczone numerem dziesięć, i czarna męska czapka – ślad numer dwadzieścia jeden. To właśnie ta czapka oraz ślady ugryzień na ciele dziewczyny miały, zdaniem prokuratury, doprowadzić do sprawców gwałtu. Na miejscu zabezpieczono również inne przedmioty, które zdaniem śledczych należały do Małgorzaty K. W zasadzie była tam cała garderoba dziewczyny, oprócz butów i wisiorka w kształcie serduszka. 2 stycznia prokurator Renata P. nadała sprawie sygnaturę 1 Ds./97 i podjęła decyzję o podjęciu śledztwa w sprawie zgwałcenia ze szczególnym okrucieństwem i pobicia ze skutkiem śmiertelnym w nocy z 31 grudnia 1996 roku na 1 stycznia 1997 roku Małgorzaty K.

w miejscowości Miłoszyce. Rozpoczęły się przesłuchania i przeszukania. Czynnościami objęto także rowerzystę, którego rodzice Małgosi mijali w noworoczny poranek.

Kilka dni po morderstwie rzecznik Prokuratury Okręgowej we Wrocławiu oświadczył, że na miejscu zbrodni zabezpieczono tyle śladów, że ustalenie sprawców pozostaje tylko kwestią czasu. Burmistrz Jelcza-Laskowic w radiowym wystąpieniu prosił wszystkich posiadających jakąkolwiek wiedzę o morderstwie, by zgłosili się na policję, i zapewnił im całkowitą anonimowość. W szkole, do której uczęszczała Małgosia, mówił:

> W ostatnim czasie wszyscy staliśmy się anonimowymi świadkami okropnej zbrodni, zbrodni, która daje obraz naszej wspólnej niemocy. Została brutalnie zamordowana wasza koleżanka, wasza rówieśniczka. W tym oto momencie apeluję do godności młodych obywateli gminy Jelcz-Laskowice: „Pomóżcie wszystkim, którzy chcą wskazać zbrodniarzy".

Już drugiego dnia po śmierci dziewczyny miejscowym policjantom przydzielono pomoc. A w zasadzie odebrano im tę sprawę – teraz mieli się nią zająć funkcjonariusze ze specjalnej grupy powołanej przy komendzie wojewódzkiej. Na efekty nie trzeba było długo czekać: trzy dni po morderstwie został zatrzymany jeden z mieszkańców Miłoszyc. Z notatki policyjnej sporządzonej przez nadkomisarza Zbigniewa P. i dołączonej do akt sprawy wynika, że sprawcą może być Krzysztof K. W notatce czytamy:

```
W dniu dzisiejszym przeprowadziłem rozmowę
z Krzysztofem K. W trakcie rozmowy w/w stwier-
dził, że w dniu 01.01.1997 roku około godziny
0.20 wyszedł z dyskoteki z Małgorzatą K. Poszli
ulicą Kościelną, a następnie skręcili w ulicę
Wrocławską, a następnie w ulicę Ogrodową. Przez
```

całą drogę Krzysztof K. całował Małgorzatę K. Po dojściu do bramy prowadzącej do posesji Państwa R. i po uzyskaniu zgody od Małgorzaty K. weszli na teren posesji R. W pewnym momencie Krzysztof zaczął rozbierać Małgorzatę. W trakcie rozbierania Małgorzata mówiła, żeby ją zostawił, i zaczęła krzyczeć „mamo". Po odbyciu stosunku płciowego Krzysztof przeniósł Małgorzatę w inne miejsce obok stodoły. W trakcie rozmowy Krzysztof K. zmieniał swoje zeznania, raz odwołując je, później znów wracając do swoich pierwotnych zeznań. Ostatecznie Krzysztof K. faktycznie stwierdził, że tak było, jak zeznał w dniu poprzednim, czyli że wyszedł z dyskoteki z Małgorzatą K., którą zabrał do mieszkania mężczyzna o imieniu Irek przedstawiający się za brata, a on z powrotem wrócił na dyskotekę. Z uwagi na częste zmiany zeznań po konsultacjach z prokuratorem został on zatrzymany w areszcie komisariatu w Jelczu-Laskowicach. W załączniku szkic sytuacyjny wykonany przez Krzysztofa K. Notatkę sporządził Nadkomisarz Zbigniew P.

Rysunek sporządzony przez Krzysztofa K. zgadzał się mniej więcej z opisem miejsca, w którym doszło do gwałtu, a jego własne zeznania świadczyły przeciwko niemu. Rzeczywiście, Krzysztof K. mógł być sprawcą zbrodni w Miłoszycach, śledztwo mogłoby zostać zamknięte, ale na miejscu zbrodni nie znaleziono żadnego śladu świadczącego o winie mężczyzny. Czapka nie należała do Krzysztofa K., a kod DNA ze znalezionych na niej włosów nie był zbieżny z jego materiałem genetycznym. Pomimo tego mężczyzna po przesłuchaniu przez funkcjonariusza Komendy Wojewódzkiej Policji we Wrocławiu, przeprowadzonym w komisariacie w Jelczu-Laskowicach, w stanie ciężkim

(634)

Notatka urzędowa

===

W dniu dzisiejszym przeprowadziłem rozmowę z:
Krzysztofem K

W trakcie rozmowy w/w stwierdził, że w dniu 1.01.1967 roku około
godziny O.20 wyszedł z dyskoteki razem z Małgorzatą K
poszedł ulicą Kościelną następnie skręcili w ulicę Wrocławską a
następnie w ulicę Ogrodową.Przez całą drogę Krzysztof K   cało
Małgorzatę K   .Po dojściu do bramy prowadzącej na posesję
rodziny R   i po uzyskaniu zgody Małgorzaty K   na
odbycie stosunku płciowego weszli na teren posesji.W pewnym momen
Krzysztof K   zaczął rozbierać Małgorzatę K   .W trakci
rozbierania Małgorzata K   zaczęła krzyczeć aby ją zostaw
i wymawiała imię Mamo.Po odbyciu stosunku płciowego Krzysztof K
przeniósł Małgorzatę K   w inne miejsce obok stodoły.W tr
rozmowy Krzysztof K   zmieniał swoje zeznania raz odwołując je
później natomiast znów powracając do swoich zeznań pierwotnych.
Ostatecznie Krzysztof K   stwierdził,iż faktycznie tak było ja
zeznał w dniu poprzednim czyli,że wyszedł z dyskoteki z Małgorzat
K   którą zabrał do domu mężczyzna o imieniu Irek przedst
wiający się za brata Małgorzaty a on ponownie powrócił na dyskot
Z uwagi na częste zmiany zeznań Krzysztofa K   po konsultacja
z Prokuratorem został on zatrzymany w areszcie Komisariatu Policj
w Jelczu Laskowicach.W załączniu szkic sytuacyjny wykonany przez
Krzysztofa K

Sporządził
nadkom.Zbigniew P

i z obrzękiem mózgu został przetransportowany do szpitala. Kilka dni później rodzice wówczas szesnastoletniego Krzysztofa K. złożyli zawiadomienie do prokuratury o pobiciu syna w trakcie przesłuchania. Prokurator Renata P. – asesor, ta sama, która przyjechała na miejsce zbrodni – odmówiła wszczęcia dochodzenia w sprawie tego zawiadomienia, tłumacząc, że funkcjonariusz, który uderzył Krzysztofa K. w tył głowy, działał pod wpływem silnych emocji. 7 stycznia 1997 roku do Prokuratury Rejonowej w Oławie wpłynęło doniesienie matki Krzysztofa K., w którym powiadomiła ona o pobiciu swojego syna przez funkcjonariuszy Komendy Wojewódzkiej Policji we Wrocławiu. W sprawie przeprowadzono czynności sprawdzające. W trakcie przesłuchania Krzysztofa K. w charakterze świadka ustalono, że 6 stycznia 1997 roku w budynku komisariatu policji w Jelczu-Laskowicach był on przesłuchiwany przez funkcjonariusza Komendy Wojewódzkiej Policji z Wrocławia Zbigniewa P. Podczas tej czynności Zbigniew P. uderzył świadka w tył głowy. 6 listopada (a więc niemal rok od zbrodni) Krzysztof K. również przyznał się do popełnionego przestępstwa, zeznał, że odbył stosunek z Małgorzatą K., ale w toku dalszego przesłuchania wycofał się z zeznań. Spiętrzenie emocji wynikające z przebiegu przesłuchania doprowadziło do tego, że policjant go uderzył. Krzysztof nie ma wobec niego pretensji i nie chce, aby było prowadzone w tej sprawie śledztwo.

Zważono wówczas, co następuje:

Zbigniew P. od początku, tj. od 01.01.1997 roku, prowadzi śledztwo pod nadzorem Prokuratury Wojewódzkiej we Wrocławiu. Jest mocno zaangażowany w wykrycie sprawcy bądź sprawców gwałtu Małgorzaty K. Krzysztof K. jest osobą, która przebywała w towarzystwie dziewczyny podczas zabawy sylwestrowej i jako ostatni widział ją, jak odchodziła z mężczyzną o imieniu Irek. Od jego zeznań w dużej mierze zależy dalszy ciąg śledztwa.

Zeznając różne wersje zdarzeń, doprowadził do tego, że policjant nie mógł ustalić, które z jego przesłuchań jest wiarygodne.

Napięcie emocjonalne, które powstało podczas przesłuchania w dniu 06.01.1997, spowodowało u Zbigniewa P., że uderzył świadka, naruszając jego nietykalność cielesną. Zbigniew P. swoim zachowaniem naruszył normy zawarte w artykule 142 ustęp 1 ustawy o policji. Niemniej jednak biorąc pod uwagę całokształt ujawnionych okoliczności i postawę samego pokrzywdzonego – uznano, iż czyn, którego dopuścił się funkcjonariusz, cechuje znikomy stopień społecznego niebezpieczeństwa.

Taka ocena prawnokarna czynu Zbigniewa P. nie wyklucza jego odpowiedzialności dyscyplinarnej, o której w skardze skierowanej przez matkę pokrzywdzonego do Komendanta Wojewódzkiego Policji został już zawiadomiony jego zwierzchnik. Z tych względów postanowiono jak na wstępie. Podpisano. Prokurator Prokuratury Rejonowej Renata P.

Postanowienie o odmowie wszczęcia dochodzenia w tej sprawie praktycznie zamknęło drogę rodzinie pana Krzysztofa. Niby policjant go bił, ale jakby nie bił albo bił delikatnie.

Nie można dziś ustalić, czy Zbigniew P. poniósł jakiekolwiek konsekwencje czynu, którego się dopuścił. Nieoficjalnie jednak wiadomo, że za pobicie Krzysztofa K. nie został ukarany. Być może utwierdziło to funkcjonariusza w przekonaniu, że dla dobra sprawy bić nie tylko można, ale nawet należy, o czym mieli się przekonać inni mężczyźni przesłuchiwani w sprawie, w tym również Tomasz Komenda. W rzeczywistości udział Krzysztofa w całej zbrodni sprowadzał się do tego, że pomógł Małgosi wyjść na zewnątrz, gdy ta źle się poczuła. Zapłacił za to zdrowiem i tylko cud sprawił, że nie trafił na długie miesiące do aresztu. Sprawę z jego udziałem ostatecznie umorzono i okazało się, że pomimo przesłuchania kilkudziesięciu osób, pobrania licznych śladów, w tym od rowerzysty, którego rodzice Małgosi minęli na drodze z Miłoszyc, śledztwo nie drgnęło nawet o centymetr. Mniej więcej trzy miesiące później sprawę przejęła Prokuratura Wojewódzka we Wrocławiu. Akta przechodziły z rąk do rąk, przesłuchiwano kolejne osoby, wykonano dziesiątki ekspertyz wartych tysiące złotych, a policja nadal nie miała sprawcy.

To było pierwsze samodzielne wyjście Małgosi na imprezę. Założyła długą czarną sukienkę, czarne rajstopy, wysokie eleganckie buty zapinane z boku, choć dla niepoznaki miały sznurówki, na szyi zawiesiła wisiorek w kształcie serca, zrobiła sobie zapewne pierwszy w życiu makijaż. Obiecała, że wróci razem z koleżankami, z którymi wybrała się na sylwestra. Wybłagała rodziców, mówiąc, że nie jest już dzieckiem, że ma piętnaście lat i może zacząć decydować sama o sobie. To było jej pierwsze i ostatnie samodzielne wyjście z domu.

Miłoszyce to niewielka miejscowość oddalona około trzydziestu kilometrów od Wrocławia i kilku od Jelcza-Laskowic, skąd pochodziła Małgosia. Jadąc z Wrocławia do Jelcza-Laskowic, wieś mija się jak tysiące innych w Polsce. Nowo wybudowany market, stacja benzynowa, na której nie ma nawet toalety, boisko sportowe. Zabudowa niska, domy raczej stare, choć odnowione, kilka willi. Nic, co przykuwałoby uwagę. W miejscu uchodzącym za centrum wioski stoi znak drogowy; Jelcz-Laskowice prosto, Dziuplina w lewo, Oława w prawo. Kiedy się skręci w stronę Oławy i przejedzie zaledwie sto metrów, widać, że tu koncentruje się życie wsi. Dwie równoległe ulice, Główna i Kościelna, pomiędzy nimi dwa duże zbiorniki przeciwpożarowe, sklep spożywczo-przemysłowy i świetlica wiejska. Dalej szkoła publiczna, przedszkole i kościół Świętego Mikołaja, w okolicach którego dwie drogi łączą się i schodzą razem z ulicą Ogrodową, by zmieniwszy nazwę na Kolejową, doprowadzić do przystanku kolei podmiejskiej.

Jeszcze dwadzieścia lat temu był tu bruk, dziś zarówno ulica Główna, jak i ulica Kościelna to drogi asfaltowe z nowo wybudowanymi chodnikami. Pomiędzy nimi wspomniana już wcześniej świetlica wiejska, kiedyś klub Alcatraz, w którym odbywały się imprezy okolicznościowe. Jedną z ostatnich zorganizowanych tam zabaw był tragiczny sylwester 1996 roku. Budynek stoi do dnia dzisiejszego, choć nieco odmieniony. Mimo iż od zbrodni minęło ponad dwadzieścia lat, nadal przypomina o dramacie, jaki rozpoczął się w środku klubu, a zakończył na pobliskiej posesji. Klucz do świetlicy udostępnia teraz sołtys, ale rzadko ktokolwiek w niej bywa. Przywołuje złe wspomnienia. W Miłoszycach nikt nie chce rozmawiać przed kamerą o zbrodni sprzed lat, ale każdy zapytany przechodzień mówi, że pamięta i że szkoda dziewczyny, bo całe życie miała przed sobą. Inni wspominają o zmowie milczenia, bo ponoć wszyscy tu wszystko wiedzą, tylko się boją i nie chcą puścić pary z ust, bo ponoć jakiś policjant jest w to zamieszany, bo syn biznesmena mógł w tym brać udział, bo wieść gminna niesie, że świadkowie byli zastraszani, bo nie żyje bezdomny, który znał prawdę. Historia śmierci piętnastoletniej Małgorzaty w Miłoszycach urosła do rangi lokalnego mitu, o którym wszyscy wiedzieli, lecz nikt nie chciał rozmawiać. I taki zapewne pozostanie do czasu jej całkowitego wyjaśnienia.

Kiedy w wyszukiwarkę internetową wpisuje się nazwę „Miłoszyce", na pierwszym miejscu pojawia się strona Wikipedii, a w niej kilka danych: wieś w Polsce położona w gminie Jelcz-Laskowice w województwie dolnośląskim w powiecie oławskim. Liczba mieszkańców wynosi 1148, choć pewnie tylu ich tu nie ma, bo kiedy upadły zakłady przemysłowe w Jelczu-Laskowicach, które zatrudniały znaczną część miłoszyczan, wielu miejscowych opuściło kraj, wybierając emigrację. Wyjechało również całkiem sporo spośród tych, którzy byli na zabawie sylwestrowej w 1996 roku, co dziś w pewnym stopniu utrudnia śledczym zamknięcie sprawy. Kolejne pozycje w wyszukiwarce dobitnie świadczą o tym, czym tak naprawdę zasłynęły Miłoszyce: „Strach zamyka im usta", „Zmowa milczenia" „Kod zbrodni", przy czym najnowsze informacje pojawiły się już nie tylko w Internecie czy lokalnych gazetach, ale obiegły cały kraj, pojawiając się na jedynkach głównych wydań wszystkich wiadomości. Przez kolejne dni od wznowienia sprawy we wszystkich mediach przewijały się tytuły: „Fatalna pomyłka?", „25 lat za niewinność?", „Nowe fakty w sprawie sprzed 20 lat". Wszędzie same znaki zapytania. Nikt nie wiedział, skąd tyle zamieszania w zbrodni sprzed dwudziestu lat. Spekulowano jedynie, że skoro kilka miesięcy temu zatrzymano do sprawy kolejnego sprawcę, Ireneusza M., to może Tomka niesłusznie skazano, może siedzi za tego zatrzymanego… Wszędzie pytania. Prokuratura już od roku wiedziała, że niewinny człowiek spędził osiemnaście lat w zakładzie karnym. Od pół roku sam również byłem wtajemniczony w sprawę, ale zobowiązałem się, że nie ujawnię jej szczegółów do czasu zakończenia wszystkich czynności. O śledztwie wiedziało również szefostwo Prokuratury Krajowej w Warszawie i aż dziwne, że żaden z dziennikarzy przychylnych obecnej władzy nie poznał kulis sprawy Tomasza Komendy. Wszyscy tylko pytali, ja zaś od dawna miałem odpowiedź, przygotowywaną przez setki, o ile nie tysiące godzin analiz, nowych przesłuchań świadków, nowych ekspertyz zamówionych przez prokuraturę. Do pewnych rzeczy zostałem dopuszczony, ponieważ w pewnym sensie brałem udział w tym śledztwie, choć o szczegółach pisać nie mogę. Wiedziałem, że Miłoszyce staną się medialnym centrum Polski. Nazwa miejscowości już wkrótce miała nabrać zupełnie nowego znaczenia. Kojarzona nie tylko ze zbrodnią dokonaną na dziecku, ale też ze zbrodnią policyjno-prokuratorsko-sądową, jaka się jeszcze w historii polskiej kryminalistyki nie zdarzyła. Była to zbrodnia systemu dokonana na młodym człowieku skazanym przez sąd pierwszej instancji na piętnaście lat pozbawienia wolności, które kolejna instancja tylko podwyższyła do dwudziestu pięciu lat bezwzględnej odsiadki. Zbrodnia ta stała się symbolem beznadziejnej walki jednostki z aparatem władzy, w którym człowiek, o czym na własnej skórze przekonał się Tomasz Komenda, nie ma żadnych szans.

Sąsiadka Dorota P.

Czteropiętrowy blok przy ulicy Bolesławieckiej, parę kilometrów od samego centrum Wrocławia. Nie byłem umówiony, a kobieta, z którą chciałem się spotkać, może nie być zadowolona z odwiedzin. W takich sytuacjach lepiej nie zapowiadać się telefonicznie, choć numer telefonu komórkowego do Doroty P. miałem. Pierwszą przeszkodą był domofon. Metody mogą być dwie: albo przycisk do sąsiada i próba wejścia na listonosza, albo równie skuteczny scyzoryk. Jak było w tym przypadku, opisywać nie będę. W każdym razie pierwsza przeszkoda została pokonana. Numer dwadzieścia sześć wskazywał na drugie piętro, w bloku była winda. Niestety po wyjściu z niej czekał kolejny domofon, ale i on nie stanowił większego problemu. Kilka kroków i staję pod drzwiami z poszukiwanym numerem. Pytanie, czy ktokolwiek jest w domu. Dzwonek, jeden, drugi, nic. Kilka silniejszych stuków. Też nic. Kiedy już odchodziłem od drzwi mieszkania, te zaczęły powoli się uchylać. Wyłoniła się zza nich starsza, tęga kobieta w piżamie. Widok o tyle dziwny, że był środek dnia.

– Szukam pani Doroty P. Grzegorz Głuszak – przedstawiłem się, nie tłumacząc, kim jestem ani co mnie sprowadza, aby drzwi nie zamknęły się przed moim nosem.

Kobieta zaprosiła mnie do środka, tłumacząc swój wygląd i ubiór chorobą.

Już po wejściu do domu, kiedy drzwi zamknęły się od wewnątrz, powiedziałem, co mnie do niej sprowadza, choć uciekłem się do pewnego fortelu. Sądziłem, że może nie chcieć rozmawiać o Tomku i jego rodzinie, ale wiedziałem także, kogo z kręgu osób związanych ze sprawą miłoszycką, w której zeznawała prawie dwadzieścia lat temu, nie lubiła.

– Co chce pan wiedzieć? Jak mogę panu pomóc?

Padło nazwisko jednego z prokuratorów, który pracował przy sprawie morderstwa Małgosi. I tak jak przypuszczałem, zostałem zaproszony do kuchni, gdzie mogliśmy usiąść i chwilę porozmawiać.

W trakcie mojej dwudziestoletniej przygody z dziennikarstwem spotykały mnie dość zabawne historie, które uczą, że przede wszystkim należy być upartym. Pewien rozmówca unikał mnie przez kilka tygodni. Kiedy niemal co drugi dzień pojawiałem się pod jego drzwiami, zniesmaczona rodzina w końcu powiedziała, abym wszedł i zobaczył, że mężczyzny nie ma. Wszedłem i znalazłem go w szafie. Innym razem przez parę tygodni próbowałem namówić na rozmowę dziś już świętej pamięci Piotra P., mecenasa z Trójmiasta oskarżonego o korupcję, a potem skazanego. Miesiąc wcześniej wyszedł z aresztu śledczego. Byłem tak uparty, że w końcu sam w rozmowie telefonicznej przyznał, że jestem tak upierdliwy, że i tak go to nie ominie, więc spotyka się ze mną i porozmawiamy. Nasza późniejsza znajomość trwała długie lata do czasu, kiedy zmarł na zawał serca podczas wizyty w Brukseli.

– Interesuje mnie sprawa miłoszycka. Prokurator Stanisław O.

– Ten prokurator?

– On, Tomasz Komenda, Teresa Klemańska.

– Ale to prokuratura sama ukryła fakty.

– Jakie fakty? Bo wie pani, że została wznowiona sprawa, znalazł się drugi morderca, jeden z przypuszczalnie dwóch.

– Nieprawda, to nie jest morderca.

– A dlaczego pani tak uważa?

– To jest nieprawda, dlatego że tam było trzech ludzi i Tomkowi trzeba kazać, on nie słucha obcych ludzi, a ten człowiek, zatrzymany, jest dla niego obcy – mówiła z przekonaniem Dorota P. Najwyraźniej kobieta wiedziała więcej niż dziś prokuratura dysponująca pełnymi dowodami świadczącymi o winie Ireneusza M. zatrzymanego w czerwcu 2017 roku.

– Całym nieszczęściem Tomka Komendy jest pani. On tak twierdzi.

– Dlaczego?

– Ponieważ to pani go wskazała i stwierdziła, że to on znał Małgosię, a z tego, co dziś wiadomo, to nie mógł jej znać.

– Nieprawda, pokazywał mi zdjęcie, mówił, że to jego narzeczona i że jedzie do niej na sylwestra. Ciągle pożyczał ode mnie pieniądze na podróż samochodem, na benzynę, na kwiaty dla niej.

– Przecież on nawet samochodu nie miał, nie potrafił jeździć – z zaciekawieniem dopytuję Dorotę P., która wydaje się wiedzieć więcej, niż śmiałem sądzić.

– On nie jeździł, ale jego ojczym i brat to i owszem.

Tu się nie myliła. Rzeczywiście, starszy brat Gerard posiadał prawo jazdy, a ojczym Mirosław własny samochód. Z akt sprawy wiadomo, że byli w kręgu podejrzanych tak samo jak Tomek, okazywano ich świadkom na tablicach poglądowych, pobierano od nich materiał biologiczny, ale nigdy żaden dowód nie wskazał, że mają coś wspólnego ze sprawą miłoszycką. Jedynie Dorota P. jako osoba znająca ich osobiście twierdziła, że cała trójka jest zamieszana w morderstwo, choć jak sama mówiła, nie chciała o tym zeznawać.

– Nie chciałam zeznawać. Przyszli tu policjanci, ale powiedziałam, że nigdzie nie pójdę zeznawać. Sąd odbył się u mnie, tutaj, bo ja nie wiedziałam, czy oni są mordercami, czy nie są, ale nie zamierzałam się im narażać i ten… i przyszło tu do mnie dwóch policjantów, ja zadzwoniłam do ich przełożonego i powiedziałam, jak się sprawy mają, i nie wyszłam z domu, i sąd przyszedł do mnie do domu. Sama prokuratura to przede mną ukryła, to, co ja tu zrobię. Co pan by zrobił?

Początkowo Dorota P. miała zeznawać jako świadek incognito, a gdy odmówiła, obiecywano, że jej dane osobowe będą w śledztwie utajnione. Jeżeli jednak miałaby prawdziwe informacje, to rozpoznając całą trójkę jako osoby mogące mieć związek z morderstwem, zachowałaby się jak wzorowy obywatel. Pod warunkiem że nie kłamała i jej zeznania nie byłyby powodem zemsty na rodzinie, a cała historia z pożyczką, zdjęciami Małgosi, które miał jej pokazywać Tomek, była prawdziwa.

– Ale według pani Tomek jest winny, jest mordercą?

– Jeżeli on jest winny, powtarzam to chyba z dwa miliony razy, to jemu ktoś musiał kazać, on sam z siebie nie zrobi niczego. – Rozmowa z Dorotą P. stawała się coraz bardziej absurdalna.

– Zaraz, bo nie rozumiem, kazać mu zabić kogoś, zamordować dziewczynę?

– No przykładowo wygryźć jej to tutaj spojenie łonowe, przecież ja wiem, co oni jej zrobili, bo mi prokurator mówił.

– Proszę mi powiedzieć, który z policjantów był tutaj u pani w tej sprawie?

– Nie powiem panu, nie wiem. Najzwyczajniej nie wiem, nie interesowało mnie to po prostu.

– A jak to się w ogóle stało, że pani rozpoznała Tomka? – Po tym, co do tej pory usłyszałem, steku niewiarygodnych spiskowych teorii, zastanawiałem się, dlaczego tego pytania nie zadałem jako pierwsze, może szybciej zrozumiałbym, co ma na myśli Dorota P.

– Byłam u koleżanki na imprezie, różni ludzie tam byli, jacyś tam znajomi z urzędu miasta i inni, nie wiem… Telewizor był włączony i leciały tam te obrazy pamięciowe, no i ja przyglądam się, przyglądam i mówię sobie: „Ta durna policja. Łażą im cały czas pod nosem i oni co, ślepi są?". Bo oni, żeby dojść tam do siebie, musieli przejść przez to podwórko, no i na tym się temat skończył. Po kilku dniach okazało się, że jedna z osób, która była na tej imprezie, to policyjny kapuś.

– Ale kto?

– Ten mąż koleżanki mojego męża, co był na tej imprezie.

– Policjant?

– Kapuś, w cywilkach chodzi.

– Operacyjny, znaczy się?

– Niech pan nazywa, jak chce. Ja tylko tyle powiedziałam i nic. Wie pan, ja nie piję, jestem całkowitą abstynentką, to na alkohol nie ma co zwalać. Nie piłam i pić nie będę.

Przed wizytą u Doroty P. anonimowa osoba powiedziała mi, że kiedy kilka tygodni temu kobieta była przesłuchiwana w prokuraturze i poddano ją badaniu wariografem, urządzenie wykazywało notoryczne kłamstwa. Zastanawiające, jak to możliwe, że Dorota P. została świadkiem w sprawie morderstwa Małgorzaty. Wcześniej w rozmowie z mamą Tomka dowiedziałem się, że zeznania przeciwko niemal całej ich rodzinie to zemsta za to, że pani Teresa zrezygnowała z opieki nad dzieckiem Doroty P. Wydawało mi się to wręcz niewiarygodne, żeby za taką błahostkę zniszczyć komuś życie. Kiedy później rozmawiałem z Dorotą P., słowa matki Tomka nabrały sensu, o co zresztą zapytałem siedzącą naprzeciw mnie kobietę.

– To jakaś bzdura, na jej miejsce już miałam dwie pielęgniarki.

– Gdyby nie pani oskarżenia, to Tomka i jego rodziny nigdy nie byłoby w tej sprawie.

– Ale ja nigdzie nie poszłam.

– Ale jak w takim razie ta informacja wyszła od pani?

– No przypadek! Skąd mogłam wiedzieć, że kapusia mam przed sobą? Skąd mam wiedzieć, że pan to pan? Taką wizytówkę to i ja mogę sobie zrobić.

– Proszę, to moja legitymacja dziennikarska, choć pewnie powie mi pani, że taką też można sobie zrobić.

Podałem Dorocie P. nieco już zniszczoną legitymację. W niej zdjęcie, trochę nieaktualne, bo zrobione dobrych parę lat temu. Kobieta po chwili oddała mi dokument.

– To wróćmy do rozmowy, bo powiedziała pani, że on sam by tego nie mógł zrobić, że ktoś mu kazał.

– No tak, Klemański ojczym i Gerard brat. Dowiedziałam się od jednego z dyrektorów tu, we Wrocławiu, że oni to wtyki złodziei samochodów, dlatego oni nie odpowiadali za Miłoszyce, bo też tam byli, dlatego prokuratura ich kryje.

– Skąd pani takie rzeczy wie? Przeczytałem całe akta, były pobrane ślady biologiczne Mirosława i Gerarda, zrobione odciski szczęk i nic się nie zgadza, nie mieli z tym nic wspólnego.

– A ja teraz w prokuraturze się dowiedziałam, bo byłam przesłuchiwana.

– Wiem, że pani była.

– Bo oni mi zrobili taki test na prawdomówność. I jak to wypadło?

Bardzo chciałbym jej powiedzieć, że nie wypadło, bo wariograf na każde jej słowo reagował w sposób wskazujący kłamstwo. Nie skończyliśmy jeszcze jednak rozmowy, aby móc to powiedzieć. Według mnie kłamała, co drugie jej zdanie było nieprawdziwe. Zapewne nawet nie wynikało to z tego, że kłamała z premedytacją, a bardziej sama chciała wierzyć w to, co mówiła. Czy wierzyła? To niech pozostanie w kwestii jej sumienia. Wariograf nie ocenia sumienia.

– Czyli co pani uważa, że nie tylko Tomek, ale też Gerard i ich ojczym uwikłani są w tę sprawę?

– Uważam, że oni w trójkę to zrobili, bo inaczej to Tomek sam z siebie tego by nie zrobił i żeby nie wiem kto mu mówił: „Usiądź", jak będzie stał obcy człowiek, to on będzie stał. On nie posłucha nikogo, on ma taką dewiację psychiczną.

– Wie pani, ja go znam i jestem pewien, że on nie jest mordercą.

– Ja też tak uważam, że on nie jest mordercą, tylko ktoś musiał nim sterować. I w ogóle, jeżeli ktoś…

– Wie pani, sterować to można, skłaniając do kradzieży samochodu, ale nie do gwałtu i morderstwa. Gdyby nie to, że jak pani twierdzi, przez przypadek powiedziała coś policji, czy jak go pani nazywa: kapusiowi, to Tomek nie miałby problemów. Jego udział w tej sprawie zaczyna się od portretów pamięciowych i od tego, że pani na nich Tomka rozpoznała.

– To co, to ludzie, którzy tam byli na tej dyskotece, co mówili... Ja widziałam te portrety, to co, to nie jest to Gerard, nie jest to ojczym, to co, to skąd ludzie właśnie takie twarze zrobili.

– Ale jeżeli powiem pani, że Tomek Komenda jest niewinny i zaraz wyjdzie na wolność, to pani mi uwierzy?

– Tak, bo ja im ciągle mówię, że trzymają niewinnego człowieka. Teraz, jak byłam na przesłuchaniu, to samo powiedziałam. Że trzymają niewinnego człowieka, bo jemu trzeba kazać, a on obcych ludzi słuchać nie będzie.

– Czyli co? Tym złem jest Gerard i ojczym? Oni to zrobili?

– Nie wiem, czy oni tam byli, wiem tyle, że oni to zrobili.

– Nie było ich tam.

– Byli.

– A kto pani tak powiedział?

– No przecież dawałam im osobiście pieniądze.

– Na co?

– Na paliwo, bo siostra przyjechała i żeby... do samochodu, na paliwo, żeby pojechali do Miłoszyc, i na kwiaty dla dziewczyn, bo każdy z nich miał dziewczynę.

– A znała pani Małgosię K.?

– Nie, zdjęcie tylko widziałam, pokazywał mi zdjęcie ten Tomek, nawet się dziwiłam i pytałam: „Czy ona jest taka jak ty, chora, lekko upośledzona?", a on mówił, że nie, zupełnie normalna. Tak mi odpowiedział.

– I on pani pokazywał zdjęcie Małgosi?

– Tak, to samo zdjęcie, które mi pokazywał na sądzie, jak sąd tu był... które pokazywał mi ojciec Małgosi.

Dlaczego policjanci jej uwierzyli? Czyżby presja była tak duża, żeby nawet nie weryfikować zeznań kobiety, która mówi od rzeczy? Czy na podstawie takich zeznań w ogóle można rozpocząć śledztwo przeciw komukolwiek? Gdyby powiedziała, że widziała chłopca, który kradnie dziewczynce cukierka, to trudno byłoby mi w to uwierzyć, a ona właśnie zadecydowała o losie dwudziestotrzyletniego mężczyzny, który za chwilę trafił na dwadzieścia pięć lat do więzienia.

– Przecież on jej nie znał, nie mógł znać, to skąd miał mieć jej zdjęcie?

– Skąd ja mam wiedzieć? Może znalazł gdzieś.

– Ale ja wiem i mogę to powiedzieć ze stuprocentową pewnością: Tomek Komenda nie znał Małgosi.

– Ale zdjęcie miał, proszę pana.

– Tomek Komenda nie zgwałcił, a tym bardziej nie zabił Małgosi. Czemu się pani tak uwzięła na tę rodzinę?

– Ja?

– Tak, czemu się pani uwzięła na nich, co takiego pani zrobili?

– To co, mam panu powiedzieć, że nie dawałam pieniędzy, jak dawałam?

– Czytałem pani zeznania, w całości. Opisuje w nich pani, że to jest ta rodzina, totalna patologia. I pani takiej patologii powierzyła swoje dziecko pod opiekę?

– No...

– Tylko że ja rozmawiałem z ludźmi, którzy znają i panią, i ich, i to o pani mówią, że to pani jest patologia, nie oni.

– To niech pan tak napisze, i już.

– Proszę mi wierzyć, napiszę.

Z Dorotą P. rozmawiałem jeszcze chwilę, choć nie miało to większego sensu. W zasadzie ona miała swoją rację, a ja swoją. Nie używałem wariografu, ale był on zbyteczny. Pożegnałem się z kobietą, zapewniając, że jeszcze będę chciał z nią porozmawiać i odezwę się wkrótce. Dorota P. podała mi dwa numery: komórkowy i stacjonarny. Zapewniła, że czeka na kontakt i z miłą chęcią jeszcze się ze mną spotka. Wielokrotnie później próbowałem, kończyło się jedynie na wymianie esemesów. Pisała, że źle się czuje, że nie może mówić, bo straciła głos, że odezwie się, jak dojdzie do siebie i będzie mogła rozmawiać. Nie odezwała się. Odczekałem kilka dni po nieudanych próbach kontaktu i tym razem zadzwoniłem z innego numeru telefonu, którego nie znała, bo mojego nie odbierała już od pewnego czasu. W słuchawce odezwał się znajomy głos:

– Tak, słucham?

Szybko mnie rozpoznała, skłamałem, że zepsuł mi się aparat, dlatego dzwonię z innego numeru. Kobieta zaczęła się tłumaczyć:

– Nie odbierałam telefonu, bo straciłam zupełnie głos, ale dobrze, że pan dzwoni, bo jakieś dwie godziny temu odzyskałam i właśnie miałam do pana dzwonić, ale chyba przyciągnęliśmy się myślami. Obiecałam, że udzielę panu wywiadu przed kamerą, tylko cały czas leżę w szpitalu i nie wiem, co ze mną będzie. Mam wodę w płucach, zapalenie i sama pytam się lekarzy, czy wyjdę, czy mnie wywiozą nogami do przodu, więc proszę mnie zrozumieć. Jak tylko poczuję się lepiej, to zadzwonię do pana, bo bardzo mi zależy na tym spotkaniu. Przedstawię panu dokumenty i udowodnię, jak ja w życiu zostałam pokrzywdzona przez prokuraturę i mojego byłego partnera. Zrobili ze mnie prostytutkę, oszustkę i Bóg wie kogo jeszcze. Jak tylko poczuję się lepiej, to na pewno z panem się skontaktuję.

Podziękowałem, życząc szybkiego powrotu do zdrowia, i powiedziałem, że jak tylko poczuje się lepiej, to jestem do dyspozycji.

Aż trudno uwierzyć w to, że dwadzieścia lat temu nikt nie zweryfikował wiarygodności tego świadka. Czy mówi prawdę, wskazując trzech mężczyzn, Tomka, brata Gerarda i pana Mirosława, jako tych, których rozpoznała na portretach pamięciowych, i czym się kierowała, wskazując właśnie te osoby? Nikt też nie sprawdził, czy była osobą karaną, choćby za składanie fałszywych zeznań, bo taki świadek nie może być świadkiem wiarygodnym. Miała konflikt z prawem. Miała podrobić podpis. W ten sposób chciała wyłudzić mieszkanie od swojego byłego, o wiele lat starszego od siebie konkubenta. Sfałszowawszy dokument, usiłowała zameldować się u niego w domu wbrew jego woli. Na próżno też szukałem w całych archiwach telewizji publicznej dotyczącego zbrodni w Miłoszycach odcinka magazynu „997" z tamtego okresu, bo oglądając u znajomych właśnie ten magazyn, Dorota P. miała rozpoznać mężczyzn. Kłamała czy pomyliła programy telewizyjne? Rzeczywiście pojawiały się portrety pamięciowe w różnych publikacjach medialnych, ale nie był to magazyn „997". Na to też nikt ze śledczych nie zwrócił uwagi. Nikt nie zapytał sąsiadów Doroty P., którzy również powinni znać mężczyzn przedstawianych przez nią jako sąsiedzi, czy oni też rozpoznają Tomka, Gerarda i Mirosława jako przestępców prezentowanych w publikacjach. Nikt nie zapytał o samą Dorotę P. Kim jest? Czym się zajmuje? Jaką jest osobą? Widocznie po trzech latach bez sukcesu, a z samymi porażkami dotyczącymi śledztwa z Miłoszyc Dorota P. była potrzebna śledczym. To ona bowiem przedstawiła opinię pogrążającą rodzinę Komendów, którą można przeczytać w aktach śledztwa z 1999 roku. Na 6 listopada 1999 roku datowana jest notatka urzędowa sporządzona przez policjanta, którego Dorota P. nazywała „kapusiem", a który wspólnie z nią był na zabawie. To wtedy Dorota P. miała mówić, że policjanci mają sprawców na wyciągnięcie ręki, a nie potrafią ich złapać. „Kapusiem" okazał się podinspektor Edward D. z Wydziału Kryminalnego Komendy Wojewódzkiej Policji we Wrocławiu. Rzeczywiście rzadko zakładał mundur, był pracownikiem operacyjnym.

Notatka urzędowa podinspektora Edwarda D.

6 listopada 1999 roku

W dniu dzisiejszym uzyskałem informację operacyjną, z której treści wynika, że zabójstwa Małgorzaty K. w noc sylwestrową z 1996/1997 rok mógł dokonać młody mężczyzna o imieniu Tomek zamieszkały przy ulicy Bałuckiego lub w pobliżu tej ulicy. Mężczyzna ten ma brata o imieniu Gerard i babcię Mariannę Szczęsną, która mieszka we Wrocławiu przy ulicy św. Mikołaja. Z informacji tej wynika, że Tomek przez pewien okres czasu był chłopakiem Małgorzaty K. Ponadto ma on skłonności sadystyczne.

Notatkę sporządzono celem dalszego wykorzystania w prowadzonym postępowaniu-śledztwie.

Notatka została wykorzystana w śledztwie przeciwko Tomaszowi Komendzie.

Śledztwo przeciwko Tomaszowi Komendzie

Już kilka dni później, bo 10 listopada 1999 roku, podinspektor Edward D. sporządził kolejną notatkę.

```
W dniu dzisiejszym po dokonanych sprawdzeniach
ustalono pełne dane osobowe „Tomasza" i okazał
się nim:
    Tomasz Komenda
    s. Jerzy, Teresa
    ur. 24.07.1976 r. we Wrocławiu
    zam. Wrocław ul. Piłsudskiego
    w/w zamieszkuje razem ze swoim bratem Gerar-
dem. Ich mieszkanie znajduje się w bliskiej od-
ległości od ul. Bałuckiego. Notatkę sporządzono
celem dalszego wykorzystania.
```

Zważywszy na dalszy tok sprawy, można przypuszczać, że powyższa notatka musiała wywołać u sfrustrowanych funkcjonariuszy policji ogromne podniecenie. Pierwszy raz od nocy zbrodni w Miłoszycach, od której minęły prawie trzy lata, pojawiły się widoki na przełom w śledztwie. Po trzech latach beznadziejnej pracy, kiedy szefowie żądali wyników i samo Ministerstwo Sprawiedliwości domagało się znalezienia sprawcy, pojawił się cień nadziei, że może tym razem zagadka zostanie wyjaśniona. Takiej szansy policjanci z Komendy Wojewódzkiej Policji nie mogli zmarnować. Natychmiast poinformowali prokuraturę o przełomowym odkryciu. Wówczas już prokuraturę okręgową, bo gdy sprawa nie przynosiła żadnych efektów, przeniesiono ją z prokuratury rejonowej do prokuratury okręgowej. 15 listopada w sprawie o sygnaturze akt V Ds. 29/99 zapadła decyzja o przeszukaniu mieszkania Tomasza Komendy. Prokurator Marek J. pisał w swoim postanowieniu:

Marek J. - Prokurator Prokuratury Okręgowej we Wrocławiu, w sprawie gwałtu ze szczególnym okrucieństwem i pobiciem ze skutkiem śmiertelnym Małgorzaty K., tj. o przestępstwo z art. 197 § 3 kk i inne na zasadzie art. 219 § 1 i 2 kpk, postanowił:

1. Zarządzić przeszukanie pomieszczeń mieszkalnych i innych należących do Gerarda i Tomasza Komendów we Wrocławiu w celu znalezienia przedmiotów mogących stanowić dowody rzeczowe, a w szczególności butów, srebrnej biżuterii i innych przedmiotów należących do ofiary przestępstwa.

2. Dokonanie przeszukania zlecić Komendzie Wojewódzkiej Policji we Wrocławiu.

Uzasadnienie

Prokuratura Okręgowa we Wrocławiu prowadzi przejęte z Prokuratury Rejonowej w Oławie śledztwo V Ds 29/99 w sprawie zgwałcenia ze szczególnym okrucieństwem i pobiciem ze skutkiem śmiertelnym Małgorzaty K., tj. o przestępstwo 197 § 3 kk i inne.

W toku śledztwa ustalono, że w mieszkaniu
Gerarda i Tomasza Komendów mogą znajdować się
przedmioty należące do ofiary tego przestępstwa.
W związku z powyższym, mając na uwadze koniecz-
ność zabezpieczenia dowodów, postanowiono jak
na wstępie.
Podpisano. Prokurator Prokuratury Okręgowej.
Marek J.

Nazajutrz, 16 listopada, o godzinie siódmej piętnaście funkcjonariusze Komendy Wojewódzkiej Policji we Wrocławiu weszli do domu
Komendów, szukając czegokolwiek, co mogło świadczyć, że brali udział
w przestępstwie. Do przeszukania były zaledwie dwa maleńkie pokoje,
ciasna kuchnia, łazienka i przedpokój, w sumie około trzydziestu pięciu metrów kwadratowych. Weszli też na strych, bo i tam znajdowały
się rzeczy należące do rodziny. Nie znaleźli nic, co mogłoby pochodzić
z przestępstwa. Pomimo to zabrali Tomka, informując go, że zostaje
zatrzymany do dyspozycji policji na czterdzieści osiem godzin. Tomek
wówczas nie wiedział, że policjanci mają takie prawo. Na czterdzieści
osiem godzin można zatrzymać każdego, nie podając szczególnego powodu. Aby zatrzymać na dłużej, policja musi posiadać nakaz prokuratorski o tymczasowym aresztowaniu. Dziś o zastosowaniu tego środka
decyduje sąd, ale wówczas obowiązywały inne przepisy; to prokurator
decydował o tymczasowym areszcie, przynajmniej na pierwszym etapie postępowania.
    Zaledwie dwie godziny po tym, jak funkcjonariusze policji we-
szli do domu Komendów, Tomek siedział już w małym pokoju Zbigniewa P., funkcjonariusza Wydziału Dochodzeniowo-Śledczego Komendy Wojewódzkiej Policji we Wrocławiu. Nie wiedział jeszcze, co
go czeka. P. to ten sam funkcjonariusz, który bijąc Krzysztofa K. kilka
dni po zbrodni w Miłoszycach, zmusił go do przyznania się do odbycia stosunku z Małgorzatą K. Krzysztof K. był wtedy jego pierwszą
ofiarą i choć cudem uniknął tymczasowego aresztowania, pobyt na

obcy

przeżdzony o odpowiedzialności karnej z art.233§1 kk
nieprawdy lub zatajenie prawdy zeznaję co następuje:
ję we Wrocławiu przy ulicy .... razem z
z trzema braćmi Gerardem Komendą oraz Krzysztofem Klem
O lat i Piotrem Klemańskim w wieku 8 lat.Brat Gerard
zysztof Klemański odbywa Zasadniczą Służbę Wojskową w
na Hallera,natomias brat Gerard jest w tej chwili w
i wraca w dniu 24 listopada 1999 roku.Brat Gerad w Pol
ie pracuje,nie pracuje także moja matkę,natomiast je
oszeniu ulotek.Ja chodziłem do Szół Specjalnych na uli
ów i Kazimierze Wielkiego.Ja Szkołę Podstawową na ul
a Wielkiego ukończyłem kilka lat temu dokładnie nie pa
ojsku ja nie byłem,posiadam kategorię wojskową "E".Pom
mi braćmi jest wszystko dobrze nie mamy z sobą żadnych
w.Z tego co pamiętam to brat Gerad do wojska poszedł w
szedł w 1996 roku lecz nie pamiętam kiedy czy wiosną c
Zaczął on odbywać służbę wojskową w Jednostce w Opolu
we Wrocławiu przy ulicy Czejkowskiego a w wojsku był
nieważ miał jakąś dosługę ja nie wiem o co chodziło.Ja
Gerardem i Krzysztofem Kxxxxkixx Klemańskim chodzi po
sobno.Na dyskoteki chodzimy na terenie Wrocławia ja nie
poza Wrocławiem nie byłem i nic mi nie jest wiadomym a
moich braci.Ja wraz z braćmi gdy jesteśmy na dyskotece
kohol a poza dyskoteką jak się coś trafi.Ja nie posiada
dy natomiast posiadają moi bracia Gerard kategori"B" na
Klema ński kategorii"C".My w rodzinie nie posiadamy sa
ia jeżdżą samochodem naszego wspólnego kolego Krzysztof
lecz sporadycznie.Krzysztof .... posiada samoc
koloru buraczkowego numeru rejestracyjnego tego samocho
tam.Ja nie wiem gdzie znajduje się miejscowość Jelcz La
iłoszyce.i nigdy w takiej miejscowości nie byłem.Czy by
skowicach lub Miłoszycach moi bracia Krzysztof i Gerard
Ja nie posiadam w okolicach Jelecza Laskowic,Miłoszyc i
dziny ani też żadnych znajomych.Czy mają w tych okolic
lub kolegów moi bracia tego nie wiem.Kazysztof Klemańs
o Szkoły Podstawowej przy ulicy Rogowskiej w którym rok
tam naukę tego nie wiem i ukończył tylko tą Szkołę Podst
szkoły ponadpodstawowej nie chodził,Gerard chdził do
ej przy ulicy Muzealnej a następnie do Elektronicznej pr
sudskiego której jednak nie ukończył zrezygnował w III
Gerard zrezygnował ze szkoły tego nie wiem.Ja sylwestra
ziłem w mieszkaniu swojego kolegi Grzegorza N...... we Wr
y nie pamiętam i prócz mnie Grzegorza ...... na tej imp
a Krzysztof ....

komisariacie w Jelczu-Laskowicach odcisnął piętno na całym jego przyszłym życiu. Tomek nie mógł wtedy wiedzieć, że i jego przesłuchanie przez Zbigniewa P. zdecyduje o następnych osiemnastu latach jego życia. Nie wiedział nawet, do jakiej sprawy został zatrzymany przez policję, myślał, że to jakaś absurdalna pomyłka, która za chwilę się wyjaśni.

– Imię i nazwisko – zapytał przesłuchujący, przewijając kartkę w maszynie do pisania i oświadczając wcześniej, że czynność ta nie będzie utrwalana za pomocą urządzeń rejestrujących obraz lub dźwięk. Wystraszony dwudziestotrzyletni mężczyzna, który pierwszy raz w życiu siedział naprzeciw policjanta, odpowiedział:

– Tomasz Konrad Komenda.

– Imiona rodziców – pytał dalej przesłuchujący.

– Jerzy i Teresa.

– Wykształcenie?

– Podstawowe.

– Zatrudniony?

– Nie pracuję, nie pobieram zasiłku dla bezrobotnych.

– Karalność za fałszywe zeznania? – Nie czekając na odpowiedź Tomka, bo wcześniej dokładnie sprawdził jego kartotekę, policjant odnotował: „Według oświadczenia nie karany". Wiedział też, co zapewne zbytnio mu nie odpowiadało, że Tomek nigdy nie był zatrzymany, nawet za jazdę rowerem po spożyciu alkoholu, nigdy nie uczestniczył w żadnej bójce, nie wszczynał awantur, dzielnicowy też miał o nim, tak jak i o całej rodzinie, dobre zdanie. Zbigniew P. zapewne musiał się zastanawiać, jak z takiej osoby zrobić mordercę i gwałciciela, ale skoro już siedział przed nim domniemany sprawca, którego wymodlił sobie po trzech latach postępowania, rozpoczął czynność przesłuchania, informując Tomasza o jego prawach.

Świadek, uprzedzony o odpowiedzialności karnej z artykułu dwieście trzydzieści trzy paragraf pierwszy kk za zeznanie nieprawdy lub zatajenie prawdy, zeznaje, co następuje:

Zamieszkuję we Wrocławiu razem z matką i trzema braćmi, Gerardem, Krzysztofem i Piotrem. Krzysztof obecnie odbywa zasadniczą służbę wojskową, natomiast brat Gerard jest teraz u ciotki w Niemczech i wraca 24 listopada. Brat w Polsce nigdzie nie pracuje, mama też nigdzie nie pracuje, natomiast ja pracuję przy roznoszeniu ulotek. Ja chodziłem do szkoły specjalnej, którą ukończyłem kilka lat temu, ale kiedy dokładnie, nie pamiętam. W wojsku nie byłem, posiadam kategorię wojskową „E". Pomiędzy mną a moimi braćmi jest dobrze, nie mamy między sobą żadnych konfliktów. Ja z bratem Gerardem i Krzysztofem czasami chodzimy po dyskotekach, razem lub osobno. Na dyskoteki chodzimy na terenie Wrocławia. Ja nigdy nie byłem na dyskotece poza Wrocławiem i nic mi nie wiadomo, aby którykolwiek z moich braci też tam był. Gdy jesteśmy na dyskotece, to pijemy alkohol, a poza dyskoteką, jak się trafi. Ja nie posiadam prawa jazdy, natomiast posiadają moi bracia, Gerard kategorii „B" i Krzysztof kategorii „C". My w rodzinie nie posiadamy samochodu, natomiast sporadycznie samochodem naszego wspólnego kolegi Krzysztofa W. jeżdżą moi bracia. To fiat 126p koloru buraczkowego, ale numerów rejestracyjnych nie pamiętam. Ja nie wiem, gdzie znajduje się miejscowość Jelcz-Laskowice ani też Miłoszyce i nigdy w takiej miejscowości nie byłem. Czy byli tam moi bracia Krzysztof i Piotr, nie wiem. Ja nie posiadam w okolicach Jelcza-Laskowice czy Miłoszyc żadnej rodziny ani znajomych. Czy mają tam moi bracia jakichś znajomych, nie wiem. Sylwestra

44

z 1996/97 rok spędziłem w domu w towarzystwie matki, braci i znajomych, nigdzie nie wychodziliśmy. Prócz naszej rodziny byli jeszcze znajomi [tu Tomek podał imiona i nazwiska kilku osób wraz z ich adresami – przyp. G.G.]. Innych osób na tej imprezie nie było. Całe nasze towarzystwo zebrało się gdzieś około godziny 21.00 i przebywaliśmy u mnie w mieszkaniu gdzieś do godziny 6.00 nad ranem 1 stycznia 1997 roku. Nikt z uczestników tej imprezy w tym okresie nigdzie nie wychodził. Wyszliśmy tylko o północy przed blok na pięć, może dziesięć minut, aby zobaczyć strzelające petardy. Przez całą noc piliśmy alkohol i ja pierwszy się upiłem, i położyłem się spać, natomiast wszyscy pozostali pili alkohol gdzieś do godziny 6. Z tego, co pamiętam, nie wypiliśmy całego alkoholu i zostało jeszcze na świętowanie Nowego Roku.

Policjant dopytywał jeszcze szczegółowo o dziewczyny braci, ile mają lat, gdzie chodzą do szkoły, jak wyglądają. Pytał też o dziewczynę Tomka, lecz ten stwierdził, że obecnie takiej nie posiada, a poprzednia zerwała z nim dwa tygodnie temu. Dlaczego? Nie potrafił odpowiedzieć.

„Na tym przesłuchanie w dniu dzisiejszym zakończono o godzinie 10.10" – napisał w protokole policjant.

– Proszę jeszcze przeczytać, jeżeli pan chce, i podpisać na każdej ze stron czytelnym podpisem.

Na dokumencie na ostatniej stronie widnieje odręczny podpis Tomka: „Protokół odczytałem osobiście. Podpisano Tomasz Komenda".

Z pewnością na innych zeznaniach zależało funkcjonariuszowi policji, ale przecież nie spodziewał się, że już na pierwszym przesłuchaniu

Tomek Komenda przyzna się do zbrodni w Miłoszycach. Jeszcze tego samego dnia Tomasz dobrowolnie podpisał oświadczenie.

```
Tomasz Komenda  16 listopada 1999 roku
    Wyrażam zgodę na pobranie krwi do badań.
Podpisano. Tomasz Komenda.
```

Po kilku godzinach Tomek wyszedł z Komendy Wojewódzkiej Policji we Wrocławiu, nadal nie wiedząc, po co został wezwany ani dlaczego go przesłuchiwano i pytano o Miłoszyce, Jelcz-Laskowice, o dziewczyny jego braci i jego dziewczynę. Udał się prosto do mieszkania, do którego miał zaledwie kilka kroków. W domu odbyło się kolejne przesłuchanie, ale tym razem już w rodzinnej atmosferze. Mama i brat dopytywali, co się stało, lecz Tomasz nie wiedział, co im odpowiedzieć. Sam nie znał powodu przesłuchania. Kilka dni później ten sam policjant zadawał te same pytania Gerardowi, starszemu bratu. Pytał o wiek, wykształcenie, miejsce zamieszkania, i tak jak Tomka uprzedził go o odpowiedzialności karnej za składanie fałszywych zeznań lub zatajenie prawdy.

– Ja dość dobrze pamiętam noc sylwestrową z 1996 na 1997 rok i spędziłem ją razem z całą swoją rodziną u siebie w mieszkaniu – tłumaczył brat Tomka, co skrupulatnie notował funkcjonariusz Zbigniew P. w kolejnym protokole.

```
Prócz mojej rodziny, z tego, co pamiętam, to
przed północą do naszego mieszkania przyszli
Krzysztof, Maciej, Dariusz i kilka innych osób,
ale teraz kto dokładnie, nie pamiętam. Gdy wy-
biła północ, po złożeniu sobie życzeń noworocz-
nych wszyscy uczestnicy imprezy sylwestrowej
z naszego mieszkania wyszli na podwórko przed
blok, aby postrzelać z petard oraz złożyć so-
bie życzenia noworoczne z sąsiadami w bloku. Na
```

podwórku spotkałem swoją dziewczynę, z którą miałem małe nieporozumienie. Po wystrzeleniu wszystkich petard wszyscy uczestnicy naszej imprezy sylwestrowej wrócili do naszego mieszkania i mogła to być ok. 0.30, nie później. Prócz uczestników naszej imprezy przyszła do nas do mieszkania moja dziewczyna wraz ze swoją siostrą i koleżanką Anetą. Wszyscy przebywaliśmy w naszym mieszkaniu, bawiliśmy się i piliśmy alkohol. Kilkanaście minut przed godziną 4 ja wraz z Maćkiem, kolegą, wyszliśmy z naszego mieszkania, aby odwieźć do domu koleżankę Magdę i jej siostrę Anetę, ponieważ musiały wrócić do domu na godzinę 4.00. Odwieźliśmy je taksówką i tą samą taksówką wróciliśmy do domu. Mogło nas nie być pół godziny, może 40 minut. Po powrocie do mieszkania dalej bawiliśmy się i piliśmy alkohol aż do świtu. Wszyscy wytrzymali do końca, prócz mojego brata Tomasza, który około godziny 1.00 w nocy położył się spać, ponieważ wypił o jednego za dużo. Nikt z uczestników z naszego mieszkania nie wychodził w tą noc. Ja coś słyszałem o zgwałceniu młodej dziewczyny w tą noc sylwestrową w okolicach Jelcza-Laskowice, chyba z telewizji, bo ja w tej sprawie nic nie wiem. Ja w okolicach Jelcza Laskowic żadnej rodziny nie mam ani też żadnych kolegów czy też znajomych i nigdy w Jelczu-Laskowicach nie byłem. To wszystko, co mam do zeznania w tej sprawie. Na tym protokół w dniu dzisiejszym o godzinie 10.40 zakończono i jako zgodny z moimi zeznaniami własnoręcznie podpisuję. Podpisano. Gerard Komenda.

W sprawie przesłuchano jeszcze matkę Tomasza i ojczyma Mirosława. Darowano jedynie najmłodszemu z synów, sześcioletniemu Piotrkowi. Wszyscy zeznawali w ten sam sposób, ich zeznania były spójne, ale policjant pewnie myślał, że jako rodzinie nie można im wierzyć, bo być może ustalili wspólną wersję zeznań. Zaczęły się więc przesłuchania świadków, osób, które w tę noc były na zabawie sylwestrowej u państwa Komendów. I znowu nic. Wszyscy jednomyślnie przyznawali, że bawili się w mieszkaniu przy ulicy Piłsudskiego, z którego nikt nie wychodził, poza krótką przerwą, kiedy wszyscy tuż po północy poszli wystrzelić petardy i złożyć życzenia sąsiadom. Wszyscy też jednomyślnie mówili, że Tomek ma bardzo słabą głowę i zasnął około pierwszej w nocy. Niezauważony wyjść też nie mógł, bo musiałby przejść koło stołu, przy którym siedzieli goście. Gdyby próbował wyjść z pokoju, w którym spał, i dostać się do drzwi wyjściowych, musiałby minąć kilka osób, ale nikt nie zauważył, aby Tomek tej nocy gdziekolwiek wychodził. W sumie dwanaście osób dało mu alibi, jeślibyśmy nawet wykluczyli cztery, jako najbliższą rodzinę, pozostawało jeszcze osiem niespokrewnionych. Wszyscy musieliby ustalić wspólną wersję i co więcej, nie pomylić się w trakcie przesłuchania, nie powiedzieć czegoś za dużo albo za mało. Tomek miał mocne alibi. I na tym w zasadzie śledztwo przeciwko niemu mogłoby się zakończyć, gdyby nie jeden dokument zamówiony przez Prokuraturę Okręgową we Wrocławiu. Z czarnej wełnianej czapki znalezionej przy ofierze zabezpieczono kilka włosów, a z nich wyodrębniono DNA. Tomkowi pobrano krew do celów badawczych, aby ustalić jego kod genetyczny. Opinię zamówiono w Katedrze i Zakładzie Medycyny Sądowej Pracowni Genetyki Sądowej Akademii Medycznej we Wrocławiu, uchodzącej za jedną z najlepszych w kraju. Dziesięć dni od pobrania materiału biologicznego od Tomka dokument był już gotowy.

Wrocław 25 listopada 1999
Akademia Medyczna
we Wrocławiu

Opinia nr LR.179-99

Z badań dowodów rzeczowych wykonanych w Pracowni Dowodów Rzeczowych Katedry i Zakładu Medycyny Sądowej AM we Wrocławiu z dnia 16.11.1999 r. w sprawie sygn. V Ds. 29/99 zgwałcenia ze szczególnym okrucieństwem i pobicia ze skutkiem śmiertelnym Małgorzaty K.

Badania wykonał zespół biegłych [tu padają tytuły naukowe, imiona i nazwiska pracujących przy sporządzaniu opinii, każdy z nich ma tytuł doktora, więc raczej na swojej pracy znać się powinni - przyp. G.G.].

Sprawozdanie z badań

Do badań nadesłano:

1) Krew Tomasza Komendy w ampułce nr D-462847

Badanie wykonano testem DNA PolyMarkera

Na podstawie wyników badań można wyciągnąć następujące wnioski:

Wnioski

1) W krwi Tomasza Komendy wykazano fenotyp DNA PolyMarkera LDRL BB, GYPA AA, HBGG AB, GC AC.

2) W dowodowym włosie (patrz LR.026-97 opinia p. 2) wykazano fenotyp DNA PolyMarkera: LDRL BB, GYPA AA, HBGG AB, D7S8 AA, GC AC. Włos ten nie może pochodzić od Tomasza Komendy.

3) W dowodowych włosach (patrz LR 026-97 opinia p. 3) wykazano fenotyp DNA PolyMarkera LDRL

BB, GYPA AA, HBGG AB, D7S8 AB, GC AC. Stwierdza
się zbieżność oznaczonych cech polimorficznych
w materiale dowodowym i w krwi Tomasza Komendy.

4) W dowodowym włosie (patrz opinia LR.080-99
uzupełniająca p. 22) wykazano fenotyp DNA Poly-
Markera: LDRL AB, GYPA AB, ABGG AB, D7S8 AB, GC
AC. Włos ten nie może pochodzić od Tomasza Komendy.

Dla policjantów z Komendy Wojewódzkiej Policji we Wrocławiu ten dzień musiał być szczególny. Tylko z plotek wiadomo, że świętowali – może jeszcze nie sukces, ale zapowiedź zwycięstwa po trwającym od trzech lat paśmie porażek. Mimo że nikt nie wiedział, o co chodzi w otrzymanych ciągach liter i cyfr, to bez wątpienia punkt trzeci, stwierdzający zbieżność w materiale dowodowym, a chodziło tu o włos z czapki pozostawionej na miejscu zbrodni oraz dowód w postaci krwi Tomasza Komendy i wyodrębnionego z niej DNA, budził wiele emocji. W końcu znalazł się sprawca. Wszyscy zachłysnęli się sukcesem. Mimo że w ówczesnych czasach dowód w postaci kodu DNA dopiero zyskiwał sławę i uznanie, to już wtedy mówiono, że daje on sto procent pewności. Teraz wszystkie inne tropy trzeba było dopasować do tego i nie zmarnować szansy rozwiązania zagadki śmierci piętnastoletniej dziewczynki. Głównym celem śledczych było pozyskanie twardych dowodów, dzięki którym będzie można obalić zeznania świadków dających Tomaszowi Komendzie mocne alibi. Należało sięgnąć po autorytet, jakim był bez wątpienia doktor Jerzy K. Dziewczyna miała na ciele liczne obrażenia świadczące o tym, że w trakcie gwałtu była gryziona w piersi i w ich okolice. Wszystko to znajdziemy w opisie sekcji zwłok i na zdjęciach, zarówno tych z miejsca zdarzenia, jak i tych wykonywanych podczas sekcji zwłok. Tomasz Komenda, a także jego starszy brat Gerard i młodszy Krzysiek zostali poproszeni o odciśnięcie swoich szczęk w gipsowym odlewie. Wszyscy trzej zgodzili się na taką czynność procesową. Wiedzieli, że ktoś próbuje ich w coś wrobić, więc tym chętniej poddali się badaniom.

Kiedy odlewy były już gotowe, prokurator poprosił o pomoc właśnie doktora Jerzego K. 29 listopada 1999 roku wydał postanowienie o powołaniu biegłego:

Marek J. - prokurator Prokuratury Okręgowej we Wrocławiu, w sprawie zgwałcenia ze szczególnym okrucieństwem i pobicia ze skutkiem śmiertelnym Małgorzaty K., tj. o przestępstwo z art. 197 § 3 kk i inne na podstawie art. 193 i 194 kpk,

Postanowił
1) powołać biegłego sądowego dr Jerzego K. z Zakładu Medycyny Sądowej Akademii Medycznej we Wrocławiu, celem porównania zębów Tomasza Komendy i Gerarda Komendy oraz Krzysztofa Klemańskiego ze śladami obrażeń pozostawionymi na ciele Małgorzaty K. i stwierdzenia, czy wymienieni mężczyźni mogli je pozostawić,
2) przekazać do ekspertyzy wyciski zębów pobrane od Tomasza i Gerarda Komendów oraz Krzysztofa Klemańskiego,
3) zakreślić termin do wydania opinii do dnia 23 grudnia 1999 r.

Uzasadnienie
Prokuratura Okręgowa Wydział V Śledczy we Wrocławiu prowadzi, przejęte z Prokuratury Rejonowej w Oławie, śledztwo V ds. nr 29/99, w sprawie zgwałcenia ze szczególnym okrucieństwem i pobicia ze skutkiem śmiertelnym, tj. o przestępstwo z art. 197 § 3 kk i inne.
W toku śledztwa wykonywane są czynności zmierzające do wykrycia sprawców przedmiotowego przestępstwa.

PROKURATURA
WYDZIAŁ ŚLEDCZY
ul. Podwale 30
50-950 WROCŁAW

OGÓ... ...
(2)

Sygn. akt V Ds. 29/99

POSTANOWIENIE

o powołaniu biegłego

Dnia, 29 listopada 1999 r.

Marek J████████ – prokurator Prokuratury Okręgowej we Wrocławiu w sprawie zgwałcenia ze szczególnym okrucieństwem i pobicia ze skutkiem śmiertelnym Małgorzaty K████████ tj. o przestępstwo z art. 197 § 3 kk i inne,

na podstawie art. 193 i 194 kpk,

postanowił:

1) powołać biegłego sądowego dr Jerzego K████████ z Zakładu Medycyny Sądowej Akademii Medycznej we Wrocławiu, celem porównania zębów Tomasza i Gerarda Komendów oraz Krzysztofa Klemańskiego ze śladami obrażeń pozostawionymi na ciele Małgorzaty K████████ i stwierdzenia, czy wymienieni mężczyźni mogli je pozostawić,

2) przekazać do ekspertyzy wyciski zębów pobrane od Tomasza i Gerarda Komendów oraz Krzysztofa Klemańskiego,

3) zakreślić termin do wydania opinii do dnia 23 grudnia 1999 r.

W myśl art. 197§ 3 w związku z art. 190§ 1 kpk uprzedza się, że za wydanie niezgodnej z prawdą opinii grozi odpowiedzialność karna z art. 233 §1 kk (pozbawienie wolności do lat 3)

W czasie sądowo-lekarskich oględzin ciała i sekcji zwłok Małgorzaty K. ujawniono na piersi prawej pomiędzy linią środkowo-obojczykową a przymostkową przyśrodkowo oraz w tylno-bocznej powierzchni prawego ramienia w ½ jego długości, obrażenia ciała, których charakter uzasadnia przypuszczenia, że mogły one powstać od działania zębów ludzkich.

Ustalono, iż sprawcami przedmiotowego przestępstwa mogą być wymienione na wstępie osoby.

W związku z powyższym, celem wykrycia sprawcy przestępstwa, postanowiono jak na wstępie.

Doktor Jerzy K. z Zakładu Medycyny Sądowej we Wrocławiu uchodzi za jednego z lepszych fachowców w swojej dziedzinie. Ma jednak jedną zasadniczą wadę. Prawie nigdy nie sporządza zleconych mu ekspertyz na czas. Kiedyś w zupełnie innej sprawie sąd chciał go doprowadzić siłą, bo nie dość, że nie wykonał na czas ekspertyzy, to jeszcze nie stawiał się na rozprawach wzywany w charakterze świadka. Zakończyło się na karze finansowej, ale lekarz odwołał się od takiej decyzji i ostatecznie nie poniósł żadnych konsekwencji. Na wszelki wypadek, aby i w tej sprawie nie stało się podobnie, do pomocy wyznaczono mu biegłego sądowego z zakresu techniki kryminalistycznej i mechanoskopii przy Sądzie Okręgowym we Wrocławiu magistra Wiesława S., który jednocześnie był pracownikiem w laboratorium przy Komendzie Wojewódzkiej Policji. Mimo to nikt z pracujących przy sprawie policjantów nie wierzył, że doktor K. dotrzyma terminu wyznaczonego przez prokuraturę, a czekać dłużej nie można było. Rozpoczęto więc po raz kolejny przesłuchania świadków, którzy w nocy z 1996 na 1997 rok bawili się na zabawie sylwestrowej. Okazywano im zdjęcia, na których widniały cztery fotografie: Tomasza Komendy, Gerarda Komendy, Krzysztofa Klemańskiego i wspomnianego wcześniej rowerzysty Ireneusza M. I znów pojawił się problem. Mimo oczekiwań policjantów żadna z dziesiątek przesłuchiwanych osób nie rozpoznała mężczyzny, który mógłby mieć coś wspólnego z morderstwem Małgosi. Co więcej, nikt też nie pamiętał, aby przedstawione osoby były tego wieczoru w Miłoszycach. W miejscowości tej bowiem wszyscy się znali, a obecność obcych zawsze wzbudzała ciekawość. Nawet Krzysztof K., który miał przekazać Małgosię podającemu się za jej brata mężczyźnie, nie rozpoznał na zdjęciach osoby, która oddaliła się z nastolatką. Policjanci uparcie twierdzili, że był nim Tomasz Komenda, ale nikt nie był w stanie rozpoznać go na zdjęciu i wskazać jako osobę, którą ostatni raz widziano w towarzystwie dziewczyny. Mimo że opinia została zamówiona pod koniec listopada, a gotowa miała być końcem grudnia, to wciąż do prokuratury nie wpłynęła. Pomimo ponagleń wysyłanych do doktora K. biegły zwodził, że już lada dzień, że za chwilę będzie zrobiona. Jak dotąd Tomasza Komendę obciążał tylko jeden dowód, ślad DNA, jednak opinia nie była gotowa, a mężczyzna cały czas był na wolności, w dodatku z mocnym alibi. 9 marca 2000 roku funkcjonariusz Zbigniew P. wraz z kolegą z policji podjechał niebieskim nieoznakowanym polonezem pod dom Komendów. Zaproponował Tomaszowi przejażdżkę, szybko wyjaśnił, że chodzi o przeprowadzenie pewnego dowodu, który może go całkowicie oczyścić z podejrzeń, dzięki czemu sprawa się zakończy. Tomek, tak jak za każdym poprzednim razem, wyraził zgodę. Ruszyli w stronę Głogowa – miejscowości oddalonej o ponad sto kilometrów od Wrocławia, niespełna dwie godziny drogi. Tomek jeszcze o tym nie wiedział, ale funkcjonariusz policji owszem. Dzień wcześniej prokurator, już nie Marek J., lecz Stanisław O., napisał postanowienie:

```
Dnia 6 marca 2000 roku Stanisław O. Prokurator
Prokuratury Okręgowej we Wrocławiu w sprawie
zgwałcenia ze szczególnym okrucieństwem i pobi-
cia ze skutkiem śmiertelnym Małgorzaty K.
```

postanowił

Powołać biegłego z zakresu osmologii, nadkomisarza Ireneusza W. z Zespołu Stanowisk Kryminalistycznych w Zielonej Górze Komendy Wojewódzkiej Policji w Gorzowie Wielkopolskim, w celu stwierdzenia:

1) Czy zabezpieczony ślad nr 1 z czapki wykonanej z materiału koloru czarnego zabezpieczonej w trakcie oględzin miejsca znalezienia zwłok Małgorzaty K. w dniu pierwszego stycznia 1997 roku pochodzi od Tomasza Komendy?

2) Przekazać do ekspertyzy materiał dowodowy: ślad zapachowy numer 1 z czapki z materiału koloru czarnego zabezpieczony w trakcie oględzin miejsca znalezienia zwłok Małgorzaty K. w dniu 1 stycznia 1997 roku w Miłoszycach przy ulicy Kościelnej 5.

Materiał porównawczy: ślad zapachowy, porównawczy pobrany w dniu 9 marca 2000 roku w pokojach sekcji kryminalistyki Komendy Powiatowej w Głogowie od Tomasza Komendy.

Zakreślić termin wykonania badania niezwłocznie.

Uzasadnienie

W dniu 1 stycznia 1997 roku w miejscowości Miłoszyce znaleziono zwłoki Małgorzaty K., a obok niej zabezpieczono czapkę wykonaną z materiału koloru czarnego pochodzącą najprawdopodobniej od sprawcy.

Z posiadanych materiałów wynika, iż w/w czynów mógł się dopuścić Tomasz Komenda, w związku z powyższym wydanie postanowienia jest zasadne. Podpisano Prokurator Stanisław O.

POSTANOWIENIE

o ~~zasięgnięciu opinii~~ – powołaniu biegłego *)

Dnia 6 marca 2000 roku

Stanisław O   – prokurator

<small>(imię, nazwisko i stanowisko)</small>

Prokuratury Okręgowej   w Wrocławiu

w sprawie zgwałcenia ze szczególnym okrucieństwem i pobicia ze skutki
śmiertelnym Małgorzaty K

na podstawie art. 193, 194, 195, 198, 201, 202 § 1, 202 § 2, 204 § 1, 2, 209 § 1, 2, 4, 5 kpk.*)

postanowił

1. ~~Zasięgnąć opinii~~ – powołać biegłego *) z zakresu osmologii nadkom.Ireneusza
W   z Zespołu Stanowisk Kryminalistycznych w Zielonej
Górze Komendy Wojewódzkiej Policji w Gorzowie Wielkopolskim

w celu stwierdzenia   1/Czy zabezpieczony ślad zapachowy nr 1 z czapki
wykonanej z materiału koloru czarnego zabezpieczone
w trakcie oględzin miejsca znalezienia zwłok
Małgorzaty   w dniu 1 stycznia 1997 rok
w Miłoszycach pochodzą od Tomasza KOMENDY?

2. Przekazać do ekspertyzy materiał dowodowy: ślad zapachowy nr 1 z czapki
z materiału koloru czarnego zabezpieczonej w trakcie oględzin
miejsca znalezienia zwłok Małgorzaty K   w dniu
1 stycznia 1997 roku w Miłoszycach przy ulicy Kościelnej 5.
materiał porównawczy: ślad zapachowy –porównawczy podbrany
w dniu 9 marca 2000 roku w pokojach sekcji kryminalistyki
Komendy Powiatowej Policji w Głogowie od Tomasza KOMENDY.

*) niepotrzebne skreślić

MS/P Post. 6 – Postanowienie o zasięgnięciu opinii – powołaniu biegłego.
Skład: Drukarnia Nr 1. Zatwierdzono do druku 11.03.99 r.
Druk: Zakład Produkcyjny 77-330 Czarne ul. Pomorska 1. Tel./Fax. (0597) 32-430

O dalszych losach Tomka zdecydują teraz Lukas, numer ewidencyjny 12177, atest numer 11/ZTK/So/2000, i Kir, numer ewidencyjny 11805, atest numer 10/ZTK/So/2000 – psy specjalne, których przewodnikiem był młodszy aspirant Arkadiusz R.

Niebieski polonez, w którym siedział Tomek i dwóch funkcjonariuszy, dotarł pod Komendę Powiatową Policji w Głogowie. Od strony Gorzowa Wielkopolskiego podjechał samochód z Kirem i Lukasem. Funkcjonariusze zaprowadzili Tomka do budynku komendy. Policjant Zbigniew P. wyjął z torby kilka gazików i kazał Tomkowi ściskać je przez kwadrans na zmianę to prawą, to lewą ręką. W pokoju obok inny funkcjonariusz, technik z Komendy Powiatowej Policji w Głogowie, otworzył słoik typu twist, w którym od trzech lat zamknięta była czapka, ta sama, którą zabezpieczono na miejscu zbrodni w Miłoszycach. Na specjalny gazik naniósł zapach z czapki po to, aby psy mogły porównać, czy zapach z czapki jest taki sam jak zapach z gazików, które właśnie miał w rękach Tomasz Komenda. Już bez udziału Tomka w jeszcze innym pomieszczeniu zostały rozstawione słoiki, w których umieszczono zarówno naniesiony na gaziki zapach Tomka, jak i zapach z czapki. Tomek mógł być spokojny, skoro nie było go na miejscu zdarzenia, a czarna czapka nie należała do niego. Mężczyzna miał pewność, że psy się nie pomylą. W przeciwieństwie do ludzi trudno im coś zasugerować. Pies w tym przypadku kieruje się węchem, a nie tym, co powie przewodnik. Nie kieruje się też emocjami, nie wie, że decyduje o losie człowieka. Tomek myślał, że może spać spokojnie. Od zbrodni w Miłoszycach, o której dowiedział się tylko dlatego, że ktoś go o nią podejrzewał, minęły już ponad trzy lata, od jego pierwszego zatrzymania i rewizji w domu – kilka miesięcy. Psy powinny rozwiać wszelkie wątpliwości i potwierdzić, że zaszło kuriozalne nieporozumienie, zaś próba połączenia chłopaka z morderstwem w Miłoszycach – miejscowości, której nazwy dotąd nawet nie znał, to spisek przeciwko niemu. Psy, w przeciwieństwie do doktora K., nie potrzebowały tyle czasu, by na bazie tropu sporządzić opinię. Taka wpłynęła już kilka dni po eksperymencie w Komendzie

Powiatowej Policji z udziałem Tomka oraz Kira i Lukasa. 24 marca
opinia leżała już na biurku prokuratora Stanisława O.

Opinia numer HE-Zg-574/2000

Wydana na podstawie ekspertyzy kryminalistycznej z zakresu badań osmologicznych na zlecenie
Prokuratury Okręgowej we Wrocławiu.

Dotyczącej: zgwałcenia ze szczególnym okrucieństwem i pobicia ze skutkiem śmiertelnym
Małgorzaty K.

Wykonujący badania: nadkomisarz inżynier Ireneusz W.

młodszy aspirant Arkadiusz R.

Sprawozdanie

Materiał dowodowy – ślad zapachowy z czapki koloru czarnego zabezpieczony w trakcie oględzin
znalezienia zwłok, zabezpieczony na pochłaniaczach bawełnianych, które umieszczono w słoiku
o pojemności 0,9 litra, oplombowano ref. nr W 053
i oznaczono jako ślad nr 1

Materiał porównawczy – indywidualny zapach
pobrany na pochłaniaczach bawełnianych od Tomasza Komendy, które umieszczono w słoikach o pojemności 0,9 litra, oplombowano ref. nr A 286

W celu ustalenia:

Czy zabezpieczony ślad zapachowy nr 1 z czapki
wykonanej z materiału koloru czarnego, zabezpieczony w trakcie oględzin miejsca znalezienia
zwłok Małgorzaty K. w dniu 1 stycznia 1997 roku,
pochodzi od Tomasza Komendy

Przebieg badań

1. Informacje ogólne

Badania identyfikacji zapachowej przeprowadzono w oparciu o dostarczony materiał dowodowy i porównawczy oraz ślady pomocnicze i testowe zabezpieczone od osób, które nie są związane z wymienioną sprawą.

Rozpoznanie zabezpieczonych śladów przeprowadzono przy użyciu psów specjalnych o nazwie „Lukas" i „Kir". Podczas trwania identyfikacji zapachowej przewodnik psów nie był informowany o kolejności rozmieszczenia materiału porównawczego w ciągu selekcyjnym.

Dostarczony do badań materiał dowodowy i porównawczy zabezpieczony był prawidłowo zarówno pod względem techniczno-kryminalistycznym, jak i formalnoprawnym.

2. Badania szczegółowe

W trakcie badań wykonano próby sprawdzające sprawność węchową psów oraz próby wykluczające atrakcyjność materiału występującego w ciągu selekcyjnym.

Rozpoznanie zabezpieczonych śladów zapachowych ludzi prowadzono w ten sposób, że psu „Kir" podano do nawęszenia materiał dowodowy zabezpieczony z czapki koloru czarnego oznaczony jako ślad nr 1, a materiał porównawczy pobrany od Tomasza Komendy umieszczono kolejno na stanowiskach: 4, 1, 3

Użyty pies specjalny „Kir" w kolejnych próbach zaznaczył stanowiska: 4, 1, 3

Badania powtórzono z psem „Lukas".

Materiał porównawczy pobrany od Tomasza Komendy umieszczono kolejno na stanowiskach: 3, 5, 2

Użyty pies specjalny w kolejnych próbach wskazał stanowiska: 3, 5, 2

Na tym badania zakończono.

Wnioski

Materiał dowodowy - ślad zapachowy zabezpieczony z czapki koloru czarnego zabezpieczonej w trakcie oględzin miejsca znalezienia zwłok Małgorzaty K., oznaczony jako ślad nr 1, wskazuje zgodność zapachową z materiałem porównawczym pobranym od Tomasza Komendy.

Podpisano zastępca naczelnika laboratorium kryminalistycznego Komendy Wojewódzkiej Policji w Gorzowie Wielkopolskim podinspektor magister Jan J. Ekspert Laboratorium Kryminalistycznego Komendy Wojewódzkiej Policji w Gorzowie Wielkopolskim podinspektor inżynier Ireneusz W.

Choć Tomek jeszcze o tym nie wiedział, to pętla na jego szyi powoli się zaciskała. Kod DNA z czapki zabezpieczonej na miejscu zbrodni był zbieżny z jego kodem, teraz doszedł jeszcze niekorzystny dla niego dowód w postaci opinii biegłego z zakresu osmologii. Wprawdzie nie było jeszcze opinii dotyczącej śladów ugryzień na ciele Małgorzaty K., ale ta lada dzień miała trafić na ręce prokuratora. Nieświadomy, co dzieje się wokół jego osoby, żył pełnią życia. Znalazł dziewczynę i wymarzoną pracę. Zatrudnił się w myjni samochodowej, której właścicielem był mężczyzna mieszkający w Gajkowie, co jak się okaże, również zostanie wykorzystane w sprawie. Tomasz uwielbiał swoją pracę do tego stopnia, że klienci chcieli, żeby to właśnie on mył ich samochody. Był bardzo dokładny i sumienny, żaden z klientów nie miał zastrzeżeń, więc poza opłatą, która wpływała do kasy właściciela myjni, Tomek dostawał napiwki. Pieniędzy stanowczo miał za dużo jak na swoje potrzeby, dlatego chętnie oddawał mamie to, co mu zostawało. Nie myślał też wtedy o wyprowadzce z domu, mimo że cała rodzina mieszkała w dwóch niewielkich pokojach. Na imprezy wychodził, ale tylko z braćmi, rzadko sam, większość czasu spędzał z bliskimi. Życie towarzyskie, poza nielicznymi wyjątkami, jakimi były wyjścia na dyskoteki, sprowadzało się do wspólnych imprez z sąsiadami na podwórku. Na jedną z takich przyjechał nawet patrol policji powiadomiony, że jest trochę za głośno. Na środku podwórka rozstawione były ławki, a przed nimi stał wyniesiony przez jednego z lokatorów telewizor. Wszyscy krzyczeli i gwizdali, trzymając w ręku piwo; kibicowali drużynie piłkarskiej. Policjanci nawet ich nie uspokajali, usiedli tylko przez kilka minut z kibicującymi na ławce i poprosili, żeby trochę się uspokoili, kiedy mecz już się skończy. Nikt nawet nie został wylegitymowany. Z opowieści rodziny i sąsiadów wiadomo, że mieszkańcy stanowili swego rodzaju rodzinę, całe podwórko, kilkanaście rodzin, tworzących prawdziwą wspólnotę. Wszyscy wychowywali się i dorastali razem; kiedy jedna mama musiała wyjść do pracy, inna zajmowała się całą resztą. Kiedy nadeszły wakacje i nie miał kto z dziećmi pojechać nad jezioro, ktoś nagle mówił, że może zorganizować wyjazd. Mimo że samochód zarejestrowany był na pięć osób, wsiadało do niego osiem i wszyscy jechali nad Odrę czy nad stawy.

Kilkaset metrów od wejścia do bramy kamienicy, w której mieszka Tomek z rodziną, mieści się Prokuratura Rejonowa dla Wrocławia-Śródmieście, sto metrów dalej Komenda Wojewódzka Policji, z okien państwa Komendów widać areszt śledczy przy ulicy Świebodzkiej i gmach sądu. Organy ścigania i cały wymiar sprawiedliwości skupione w jednym miejscu, a tuż obok Tomasz Komenda, który nie wiedząc jeszcze o niczym, miał się wkrótce zmierzyć z całym aparatem wymierzonym przeciwko niemu. Mama Tomka, pani Teresa, kiedy pierwszy raz spotkaliśmy się u nich na podwórku, pokazała mi prokuraturę i przedszkole, praktycznie sąsiadujące ze sobą. Opowiedziała wówczas krótką historię, choć nie wiem, czy przygnębiającą, czy może zatrważającą. Jak co dzień wychodziła koło ósmej do pracy i jak co dzień mijała się z prokuratorem. Jak zwykle powiedziała mu dzień dobry, on jak zwykle skinął głową. W tym samym momencie pod prokuraturę podjechało kilka radiowozów. Z jednego z nich w obstawie kilku policjantów wyszedł mężczyzna w pomarańczowym mundurku, skute miał zarówno ręce, jak i nogi, co oznaczało, że jest szczególnie niebezpieczny. Otaczający go policjanci mieli przy sobie długą broń. Rodzice idący z dziećmi do przedszkola przystanęli podobnie jak ich maluchy, ciekawi, co się dzieje przed wejściem do prokuratury. Pani Teresa, co wiem tylko z jej relacji, zapytała prokuratora:

– Taka szopka na oczach tylu dzieci, nie można było zrobić tego dyskretniej?

Prokurator miał jej odpowiedzieć:

– Wcześniej czy później i tak większość do nas trafi, więc niech się przyzwyczajają.

Prokurator, z którym rozmawiała pani Teresa, nie wiedział, że jej syn jest podejrzewany o cokolwiek, ale te słowa zabrzmiały proroczo. Może dlatego tak bardzo utkwiły w jej pamięci.

Na ulicy Piłsudskiego zaroiło się od policyjnych samochodów zarówno tych oznakowanych, jak i operacyjnych, które nie posiadają żadnych szczególnych znaków świadczących, że są to samochody policyjne. Kilka stanęło od frontu kamienicy, w której mieszkał Tomek, kilka zajechało od tyłu, czyli od podwórka, tak aby uniemożliwić ewentualną ucieczkę osobie, która zaraz zostanie zatrzymana. Z samochodu z dumą wyszedł funkcjonariusz Zbigniew P.

– Wchodzimy, padła komenda – powiedział do wszystkich, którzy mogli go w tej chwili usłyszeć.

Kilkunastu policjantów, jedni od podwórka, inni od frontu kamienicy, wspinało się na czwarte piętro, ponad sto schodów. Windy w kamienicy nie było, a czwarte piętro w starej zabudowie odpowiadało siódmemu w nowych blokach. Wszyscy zasapani, ale wbiegli. Drzwi otworzyła pani Teresa. Obeszło się bez przepychanek. Tomek został rzucony na podłogę, skuty kajdankami i wyprowadzony przez dwóch funkcjonariuszy. Pani Teresa, widząc, jak jej upokorzone dziecko zostaje wyciągnięte z domu, płacząc, próbowała się dowiedzieć, o co chodzi. Na odczepne usłyszała, że dowie się wszystkiego od prokuratora. Tego dnia nie zapomni do śmierci. Ten dzień otworzył nowy rozdział nie tylko w jej życiu, ale w życiu całej rodziny, zwłaszcza Tomka. Kilka dni wcześniej prokurator Stanisław O. trzymał w ręce opinię przygotowaną przez doktora K.

Sygn. akt V Ds. 29/99

Opinia wstępna

W trakcie badań porównawczych cech morfologicznych wycisków uzębienia pochodzących od podejrzanych Tomasza Komendy, Gerarda Komendy, cech uzębienia Krzysztofa Klemańskiego, widocznych na kolorowych fotografiach, oraz cech morfologicznych obrażeń prawej piersi u denatki Małgorzaty K., widocznych na fotografiach z sekcji, stwierdza się, że obrażenia te pochodzą od zębów Tomasza Komendy lub innej osoby posiadającej zbieżny układ i zniekształcenia jak zęby Tomasza Komendy.

Całość ekspertyzy wraz z dokumentacją poglądową została przedstawiona w późniejszym terminie.

Podpisano. Biegły Sądowy mgr Wiesław S. dr n. med. Jerzy K.

Opinia, choć na razie wstępna, nie była kategoryczna. Słowa „pochodzą od zębów Tomasza Komendy lub innej osoby" otwierały szeroko furtkę do obrony podczas procesu karnego, ale na tym etapie wystarczyły, by razem z innymi dowodami stanowić podstawę do stawiania zarzutów, a potem do zastosowania tymczasowego

Katedra i Zakład Medycyny Sądowej
AM we Wrocławiu
Ul. Mikulicza-Radeckiego 4
50-368
Wrocław

Wrocław, dnia 17.04.00

Prokuratura Okręgowa
Wydział V Śledczy
Wrocław

Sygn. akt V Ds. 29}99

O p i n i a   w s t ę p n a

W trakcie badań porównawczych cech morfologicznych wycisków uzębienia pochodzących od
podejrzanych Tomasza K o m e n d a i Gerarda K o m e n d a , cech uzębienia Krzysztofa K l e m a ń
s k i e g o, widocznych na kolorowych fotografiach oraz cech morfologicznych obrażeń prawej piersi u
denatki Małgorzaty K   widocznych na fotografiach z sekcji ,stwierdza się, że
obrażenia te pochodzą od zębów Tomasza K o m e n d y lub od zębów innej osoby posiadających
zbieżny układ i zniekształcenia jak zęby Tomasza K o m e n d a.
Całość ekspertyzy wraz z dokumentacją poglądową zostanie przedstawiona w późniejszym terminie.

dr n   Jerzy

BIEGŁY SĄDOWY
z zakresu techniki kryminalistycznej i mechanoskopii
przy Sądzie Wojewódzkim we Wrocławiu

mgr Wiesław

aresztowania. Prokurator Stanisław O. miał już gotowy nakaz zatrzymania, wcześniej jednak postanowił przesłuchać kobietę, która rozpoznała Tomka i twierdziła, że Małgosia to jego dziewczyna. Przypomniano sobie wówczas o notatce policjanta, uczestnika imprezy, na której była też Dorota P. Notatka kończyła się słowami „posiada zapędy sadystyczne". Wszystko w dowodowej układance świadczyło przeciwko Tomkowi, a w zasadzie prawie wszystko, poza jednym, choć ważnym elementem, do siebie pasowało. Detalem osłabiającym hipotezę była przeszłość Tomka, a w zasadzie jej brak. Tomasz miał nieposzlakowaną opinię, wynikającą także z policyjnych kartotek. Nie figurował w żadnych policyjnych bazach, więc również nie pasował do zbrodni, jakiej mógł się dopuścić tylko zwyrodnialec. Inny typ osobowości nie wchodził w grę. Gwałt ze szczególnym okrucieństwem na dziecku i pozostawienie ofiary na pewną śmierć na kilkunastostopniowym mrozie świadczyły o znamiennej brutalności czynu. Sprawca musiał być potworem. Tomek do takiego profilu nie pasował, a ktoś, kto dopuścił się tak okrutnej zbrodni, raczej powinien pochodzić z patologicznej rodziny, gdzie od dziecka panowały przemoc i alkoholizm, rozboje i kradzieże były na porządku dziennym, a kartoteka policyjna pękała w szwach. W grę wchodził jeszcze sadystyczny psychopata, zwyrodnialec z zaburzeniami seksualnymi. Ani do jednego, ani do drugiego profilu Tomek nie pasował. Dwudziestotrzyletni grzeczny chłopiec, nienadużywający alkoholu, bardzo pracowity, mocno związany z rodziną, głównie z matką, posiadał co prawda jedynie podstawowe wykształcenie, a ostatnie klasy ukończył w szkołach specjalnych, ale to nie powód, żeby od razu czynić z niego przestępcę. Tomek po prostu nie lubił się uczyć, co widać było po jego ocenach na kolejnych etapach nauczania. W notatce policjanta pojawiły się jednak słowa „o zapędach sadystycznych". Dlaczego sąsiadka miałaby sobie to wymyślić, może wiedziała coś więcej, co nie wynikało z ogólnej wiedzy o rodzinie Komendów i Tomku. Prokurator Stanisław O. osobiście postanowił przesłuchać Dorotę P. Jej zeznania mogły być ostatnim i ważnym elementem przed postawieniem

Tomkowi zarzutów i umieszczeniem go w areszcie śledczym. Dziesięć dni przed zatrzymaniem Tomka kobieta siedziała w gmachu Prokuratury Okręgowej we Wrocławiu naprzeciw prokuratora Stanisława O. Dorota P. podała dowód osobisty wydany przez naczelnika gminy Kobierzyce w 1977 roku, który potwierdzał jej tożsamość.

– Imię i nazwisko – pytał prokurator.

– Dorota P.

– Imiona rodziców?

– Jan i Helena.

– Karalność za fałszywe zeznania? – zapytał prokurator Stanisław O.

– Niekarana.

– Co pani może powiedzieć o sprawie, w której jest pani przesłuchiwana?

– W latach tysiąc dziewięćset osiemdziesiąt siedem-tysiąc dziewięćset dziewięćdziesiąt pięć zamieszkiwałam w mieszkaniu przy ulicy Świętego Mikołaja we Wrocławiu. Było to mieszkanie mojego konkubenta. W tym momencie chciałam sprostować, w tym mieszkaniu przebywałam do kwietnia tysiąc dziewięćset dziewięćdziesiątego szóstego roku. Następnie zamieszkałam na ulicy Bolesławieckiej.

To właśnie w tym samym mieszkaniu odwiedziłem Dorotę P. kilkanaście lat po tym, gdy złożyła swoje zeznania przed prokuratorem.

– Gdy mieszkałam przy ulicy Świętego Mikołaja, poznałam panią Mariannę, matkę pani Teresy Komendy, matki Tomka i Gerarda. Ona mieszkała pod numerem ósmym, obok mojego mieszkania. Pani Marianna była rencistką w wieku około sześćdziesięciu pięciu lat. Była osobą schorowaną.

Utrzymywałam z nią bardzo dobre kontakty, wręcz się z nią zaprzyjaźniłam. Pomagałyśmy sobie. Ja jej robiłam zakupy, a ona nieraz przygotowywała mi posiłki. Pani Marianna była biedna. Często nie miała na czynsz, często też nie miała pieniędzy na swoje utrzymanie. Z tego, co wiem, miała trzy córki, jedna przez pewien czas mieszkała u niej, druga na stałe w Niemczech, a trzecia, pani Teresa, mieszkała w centrum, przy ulicy Piłsudskiego, z tyłu Komendy Wojewódzkiej Policji. Kiedy pani Teresa wyprowadziła się od matki, niemal codziennie bywała u niej. Nigdy nie przychodziła sama, zawsze był z nią jej mąż z czworgiem dzieci, dwoma synami z pierwszego małżeństwa i z dwoma z drugiego. Ci z pierwszego małżeństwa mieli na imię Tomasz i Gerard Komenda, a tych młodszych nie pamiętam. Według mojej oceny wykorzystywali oni babcię. Polegało to na tym, że objadali ją, mimo że ona nie miała pieniędzy na swoje utrzymanie i, jak wyżej powiedziałam, to ja jej pomagałam. Pamiętam takie zdarzenie, że jednego dnia, jak mnie nie było w domu, zniknęło z lodówki pani Marianny pięć kilogramów mięsa mielonego, które było przeznaczone dla mnie. Na moje pytanie, co się z tym mięsem stało, pani Marianna rozpłakała się i powiedziała, że była jej córka z dziećmi. Ja zrozumiałam, że to mięso oni zjedli lub zabrali. Z tego, co wiem, pani Teresa i jej starsi synowie wyłudzali od babci pieniądze. Wyłudzali również je ode mnie, żebrali je, wymyślając jakieś niestworzone sytuacje. Po pieniądze przychodziła pani Teresa albo jej syn.

W tym miejscu okazano świadkowi album fotograficzny zawierający 4 fotografie znajdujące się
w tomie XIII, k. 2310.

Po zapoznaniu się z albumem fotograficznym
świadek zeznaje:

- Rozpoznaję mężczyzn, których fotografie znajdują się pod numerami dwa i cztery. Są to starsi
synowie pani Teresy, córki pani Marianny, o których wcześniej zeznawałam, o imieniu Gerard
i Tomek.

- Z urzędu stwierdza się, że na fotografii numer dwa jest fotografia Tomasza Komendy, a na
fotografii numer cztery zdjęcie Gerarda Komendy -
odczytał prokurator.

- Właśnie Tomasz Komenda przychodzi do mnie
po pieniądze, było to bardzo często. Zawsze mówił, że pieniądze są mu potrzebne na kwiaty dla
narzeczonej. Pamiętam takie zdarzenie, daty dokładnie nie pamiętam, było to w 1996 roku. Tomasz Komenda poprosił mnie o pożyczenie dwudziestu złotych, jak twierdził, pieniądze te
są mu potrzebne na kwiaty dla narzeczonej oraz
na przejazd autobusem do Jelcza, a ściślej mówiąc, do jakiejś miejscowości w okolicach Jelcza. Mówił o dziewczynie, że ona chodzi do
szkoły średniej we Wrocławiu. Zresztą ja się
o to jego zapytałam, a chodziło mi o to, czy ona
jest taka sama jak on, miałam na myśli ułomność
psychiczną Tomasza Komendy, niedorozwój psy-
chiczny, bo o tym mówiła mi jego matka Teresa.
Tomasz Komenda powiedział mi, że ta dziewczyna
jest normalna, zdrowa. Przypominam sobie, że
on powiedział, że ona chodzi do szkoły średniej

po podstawówce. Wtedy ja dałam mu dwadzieścia złotych, których nigdy nie oddał, podobnie jak wcześniejszych pożyczek. W czasie innych rozmów z Tomaszem Komendą, związanych z pożyczkami pieniężnymi, mówił, że spotyka się z tą narzeczoną na dworcu we Wrocławiu bądź na parkingu w okolicach dworca. Z tego, co wiem, na parkingu tym Tomasz mył samochody. Tomasz Komenda bardzo często mówił o tej narzeczonej, ciągle pojawiała się nazwa w okolicach Jelcza, gdzie ona miała mieszkać. Nie pamiętam nazwy, ale mówił, że jest to pod Jelczem. Mieszkając jeszcze przy ulicy Świętego Mikołaja, zauważyłam jeszcze, że Tomasz i Gerard Komendowie przyprowadzali jakieś nieznane mi dziewczyny, które były w ich wieku. Wówczas ich babcia była zmuszana do opuszczania mieszkania, choć nie wiem, gdzie szła. Nieraz ich spotykałam tego dnia, kiedy u nich, a w zasadzie u niej bywały te dziewczyny, jak byli pod wpływem alkoholu i bardzo wówczas wulgarnie mówili o nich „szmaty", kur...". Wręcz w tym wulgaryzmie byli wyrafinowani, wręcz pewnych wulgaryzmów w życiu nie słyszałam i nie wiem, jak można takie wymyślić. Daty dokładnie nie pamiętam, ale oglądałam program w telewizji „997". Tam była omawiana sprawa zabójstwa młodej dziewczyny i jej zgwałcenie w Miłoszycach w noc sylwestrową tysiąc dziewięćset dziewięćdziesiąt sześć na siedem. Pokazywano tam portrety pamięciowe w liczbie czterech. Na trzech z nich rozpoznałam Tomasza Komendę, Gerarda Komendę i ich ojczyma. To wszystko, co mam do zeznania w tej sprawie.

Protokół kończyły słowa: „Na tym przesłuchanie zakończono w dniu 10.04.2000 roku o godzinie 13.40". Pod dokumentem widniały dwa podpisy. W lewym dolnym rogu podpisał się prokurator Prokuratury Okręgowej we Wrocławiu Stanisław O., z prawej Dorota P.

Po tym protokole przesłuchania świadka prokurator musiał przedsięwziąć jakieś kroki, albo zignorować zeznania świadka, albo postawić zarzuty Tomaszowi Komendzie. Kod DNA z czapki znalezionej na miejscu zdarzenia był zbieżny z kodem DNA Tomasza Komendy. Psy podczas eksperymentu również wskazały, że czapka należała do niego, do tego dochodził kluczowy dowód w postaci opinii, która – choć nie w sposób kategoryczny – stwierdzała, że ugryzienia na ciele dziewczyny pasują do uzębienia Tomasza Komendy. Tomek jednak bez wątpienia nie był psychopatą ani seryjnym gwałcicielem, ale przecież zawsze mógł nim zostać. Każdy przestępca przecież kiedyś jakoś zaczyna. Może to pierwszy gwałt i morderstwo Tomasza Komendy i dobrze, żeby były ostatnie – tak zapewne myślał wówczas prokurator O. Bez wahania podpisał nakaz zatrzymania mężczyzny.

Prokuratora Stanisława O. poznałem ponad dziesięć lat wcześniej, przy okazji zupełnie innej sprawy, choć i o zbrodnię w Miłoszycach nie omieszkałem go wtedy zapytać. Mówił wówczas, że jest pewny. Dziś natomiast, kiedy spotkałem go po osiemnastu latach od tamtych wydarzeń, już taki pewny nie był. Wyznał, że miał wątpliwości, ale dowody były jednoznaczne, pewnie dziś też wydałby nakaz zatrzymania, ale może uzupełniłby jeszcze materiał dowodowy. O co, nie za bardzo wiedział, bo i z tą sprawą po podpisaniu nakazu zatrzymania i umieszczenia Tomasza Komendy w areszcie śledczym już więcej styczności nie miał. Wówczas został od niej odsunięty. Pytania rodzą się same. Dlaczego trafiła akurat do niego, skoro przełożeni wiedzieli, że za chwilę sam będzie miał problemy? Może właśnie dlatego? Może przełożeni byli pewni, że kto jak kto, ale on wyda taką, a nie inną decyzję? W końcu jego dni były już policzone. Wszyscy wiedzieli, że brał łapówki i chodził po agencjach towarzyskich z gangsterami, za co zresztą kilka lat później został skazany. Miał, jak zresztą wielu wówczas przedstawicieli wymiaru sprawiedliwości, skłonność do nadużywania alkoholu, która go w końcu zgubiła. I choć wielu twierdzi, że to najgorszy element i takie osoby nie powinny nigdy pracować w prokuraturze, to dużej części z nich brakuje tego, co ma prokurator Stanisław O. A zostało mu sumienie, a w zasadzie jego wyrzuty. Już po odsunięciu od obowiązków, po tym jak sam został zatrzymany i tymczasowo aresztowany, opowiadał o przestępstwach swoich kolegów, i to zarówno ze świata przestępczego, jak i prokuratury, adwokatury czy spośród sędziów. Spora część jego zeznań znalazła później potwierdzenie w aktach oskarżenia, kierowanych do sądu przez prokuratora G. z Lublina, który przecierał oczy ze zdumienia, gdy słuchał o gangstersko-policyjno-prokuratorsko-sądowych powiązaniach. Dziś, sam skazany, pozbawiony funkcji i uprawnień emerytalnych, cały czas jeździ po różnych sądach, zeznając przeciwko swoim dawnym kolegom. Oczywiście kolegów już nie ma. Nie żal mi go, ponieważ sam przysłużył się do losu Tomasza Komendy, ale nie wiedzieć czemu darzę go pewnego rodzaju sympatią, może dlatego, że jako jedyny z prokuratorów, którzy zgotowali Tomkowi taki los, zgodził się porozmawiać o tej sprawie. Inni nie mają sobie nic do zarzucenia. On przynajmniej ma jakieś refleksje po tym, co się wydarzyło. Być może w sprawie Tomasza Komendy chciał mieć czyste sumienie, zanim sam na długie miesiące trafi do aresztu śledczego.

Zanim samochód z Tomkiem dojechał do Prokuratury Okręgowej we Wrocławiu, policjanci postanowili na osobności porozmawiać z nim w gmachu Komendy Wojewódzkiej Policji. Dziś wiem, że rozmowa nie była dla niego przyjemna. Zbigniew P., funkcjonariusz z wieloletnim stażem, który pracę zaczynał jeszcze w Milicji Obywatelskiej, wiedział, jak przesłuchiwać podejrzanych. Kto wie, czy nie uczył się tego od swoich dawnych kolegów ze Służby Bezpieczeństwa. Oni wiedzieli, jak bić, żeby nie zostawiać śladów. I Tomek takich nie miał, mimo że, jak twierdzi, w gmachu policji został praktycznie skatowany, uderzany głównie w potylicę. Przez wiele lat po tym przesłuchaniu uskarżał się na bóle głowy. Policjant miał mu też powiedzieć, że jeżeli nie przyzna się przed prokuratorem do stawianych mu zarzutów, to już nigdy nie zobaczy się ze swoją matką. W areszcie, do którego miał zaraz trafić, wiedziano, jak się obchodzić z pedofilami. Rozmowa trwała kilka godzin, Tomek twierdzi, że został dokładnie poinstruowany, jak ma zeznawać. Policjanci zapewniali go, że wystarczy przyznanie się do odbycia stosunku z dziewczyną, za co najwyżej zostanie oskarżony o gwałt. Była to swego rodzaju gra funkcjonariuszy, którzy mieli świadomość, że prokurator tylko na podstawie takich wyjaśnień oskarży Tomka o gwałt ze szczególnym okrucieństwem i pobicie ze skutkiem śmiertelnym. Im wystarczyło tylko tyle. Wiedzieli, że prokurator zrobi swoje. Ciągle padały groźby, że jeżeli zezna inaczej w prokuraturze, to wrócą do budynku policji, ale żywy na pewno już stamtąd nie wyjdzie. To słowa Tomka, ale trudno mu nie wierzyć. Następnego dnia, 18 kwietnia 2000 roku, po nocy spędzonej w policyjnym areszcie Tomek o godzinie dziesiątej dwadzieścia siedział już przed prokuratorem Stanisławem O. Pierwsze przesłuchanie z listopada pamiętał. Wtedy zeznawał jako świadek, więc uprzedzony o odpowiedzialności karnej, musiał mówić prawdę. Dziś jego sytuacja zmieniła się diametralnie, mimo że mógł kłamać, bo podejrzany ma takie prawo, po odczytaniu zarzutu z artykułu 197 kk przyznał się odczytanego mu oskarżenia o gwałt i chciał złożyć wyjaśnienia. Dobrze pamiętał słowa, które dzień wcześniej padły z ust Zbigniewa P., funkcjonariusza z Wydziału Dochodzeniowo-Śledczego Komendy Wojewódzkiej Policji we Wrocławiu.

– Co ma pan do powiedzenia w tej sprawie? – zapytał prokurator.

– Treść przedstawionego mi w dniu dzisiejszym zarzutu zrozumiałem. Wiem, o co jestem podejrzany.

Na protokole z dwutysięcznego roku prokurator podkreślił znajdujące się poniżej oświadczenia słowa, w których Tomek przyznaje, że wie, o jakim przestępstwie mowa.

Przyznaję się do popełnienia zarzucanego mi przestępstwa i chcę złożyć następujące wyjaśnienia: w noc sylwestrową z 31 grudnia 1996 roku na 1 stycznia 1997 roku do godziny drugiej przebywałem w swoim domu przy ulicy Piłsudskiego. Około godziny 20-21 zaczęła się impreza sylwestrowa, w której brałem udział. Z tego, co pamiętam, byli u nas znajomi, kilka osób [tu Tomek wymienił wszystkich z imienia i nazwiska - przyp. G.G.]. W czasie tej imprezy był spożywany alkohol w umiarkowanych ilościach. W sumie z czasem wszyscy byli pijani. Ja też byłem pijany, ale czułem się na siłach. Około godziny 2 w nocy ja opuściłem mieszkanie i sam pojechałem autobusem miejskim do miejscowości Gajków. Najpierw tramwajem normalnym pojechałem na plac Grunwaldzki, a następnie stamtąd autobusem, numeru nie pamiętam, udałem się do tego Gajkowa.

Policjanci, którzy według Tomka dzień wcześniej kazali mu złożyć takie zeznania, nawet nie pokusili się o sprawdzenie rozkładów jazdy tramwajów i autobusów miejskich. Musieliby zadać sobie zbyt wiele trudu, aby sprawdzić, czy trzy lata temu w noc sylwestrową takie w ogóle kursowały. A nie kursowały. Ponad wszelką wątpliwość. Zresztą nie trzeba być zbyt rozgarniętym, żeby przypuszczać, że w sylwestra raczej żadna komunikacja miejska nie kursuje. Prokurator, słuchając dalszych wyjaśnień podejrzanego, zapomniał dopytać Tomka o tak istotny szczegół.

W Gajkowie mieszka mój kolega o imieniu Tomek, nazwiska nie pamiętam, nie znam jego dokładnego adresu, mieszka koło kościoła. Ten kolega jest w wieku około 30 lat, wzrostu wysokiego, jest wyższy

ode mnie, włosy ma koloru blond, krótkie, nie
nosi okularów, nie nosi brody, nie posiada żadnych znaków charakterystycznych. Poznałem go
w okresie, jak pracowałem w myjni samochodowej na ulicy Rogowskiej we Wrocławiu. Prostuję,
poznałem go wcześniej, kiedy pojechaliśmy do
Gajkowa grać w piłkę nożną z tamtejszymi chło-
pakami. W Gajkowie znajduje się boisko piłkar-
skie. W sumie byłem w Gajkowie dwa razy. Jest
to wieś, jest tam kościół, nie ma żadnego baru.
Nie potrafię bliżej opisać tej miejscowości. Tomek mieszka w willi, obecnie nie za bardzo potrafię ją wskazać. Wracając do mojego przyjazdu
do Gajkowa w noc sylwestrową 1996/1997, to byłem
tam około godziny trzeciej. Tomek był w domu.
Był lekko pod wpływem alkoholu. Chwilę byłem
u niego, po czym zaproponowałem, aby pojechać na
dyskotekę do miejscowości Miłoszyce. W okolicy
tylko tam jest dyskoteka, mówił mi o tym ten
Tomek. Poszliśmy pieszo, szliśmy tam około pół
godziny. Nie pamiętam nazwy tego lokalu, jest on
na poboczu. Tej nocy było zimno, był też śnieg.

Ostatnie zdanie było prawdziwe, tamtej nocy temperatura wynosiła kilkanaście stopni poniżej zera. Śnieg też był, choć niewielki. Co
do reszty, to w zasadzie w całości się nie zgadzała. Tomasz – praco-
dawca Komendy – nie był jego kolegą, tylko właścicielem myjni samochodowej, w której dwudziestotrzylatek znalazł zatrudnienie. Nawet
nie mówili sobie po imieniu. Z Gajkowa do Miłoszyc jest rzeczywiście pół godziny, ale biegiem, i to dość szybkim, a dyskoteka Alcatraz,
o której mówił Tomek, znajduje się nie na poboczu, tylko w samym
centrum wioski Miłoszyce.

Na tej dyskotece Tomek był krótko, potem poszedł z powrotem, ja zostałem. On był tylko około pół godziny, nie wiem, dlaczego poszedł tak szybko. Ja zostałem i piłem piwo. Piwo kupiłem sobie sam. Na dyskotece poznałem dziewczynę o imieniu Kaśka. Nie wiem, ile miała lat, była ubrana w jasne dżinsy, koszulę białą, włosy miała czarne, długie do ramion. Tańczyłem z nią, piła alkohol, nie wiem jaki. Na dyskotece byliśmy do końca. Gdy już ją zamykali, razem poszliśmy do pobliskiego lasku i tam odbyłem z nią stosunek, kochaliśmy się na ziemi. Ja byłem ubrany dość lekko, sweter, kurtka, nie miałem czapki ani rękawic. Stosunek odbył się bez żadnego przymusu z mojej strony, po prostu ja chciałem i ona chciała. Następnie ona poszła do domu, sama, nie wiem gdzie, a ja pojechałem do Wrocławia. Pieszo poszedłem do Gajkowa. Z Gajkowa pojechałem autobusem, nie wiem jakiej linii, do Wrocławia. Pamiętam, że wysiadłem obok domu handlowego „Podwale". W domu byłem około 6.00-6.30. W domu byli wszyscy i widzieli, jak przyszedłem. Nikt ze mną nie rozmawiał na temat, gdzie byłem, bo od razu poszedłem spać. Myślę, że widzieli na pewno, jak o godzinie 2.00 wychodziłem z domu. W protokole przesłuchania w charakterze świadka z dnia 16 listopada 1999 roku nie podałem powyższych okoliczności, bo się bałem policji. Nie potrafię tego wytłumaczyć, ja się po prostu boję policji.

W tym ostatnim zdaniu Tomek też nie kłamał. Bał się policji, i to panicznie, ale instynkt samozachowawczy był silniejszy. Było już jednak za późno. Po tym, co powiedział, pętla na jego szyi w zasadzie już się zacisnęła. Prokurator pod koniec przesłuchania jeszcze raz zadał Tomkowi pytanie, czy zrozumiał treść stawianego mu zarzutu i czy przyznaje się do popełnienia przestępstwa. Stanisław O. wiedział, że siedzi przed nim wystraszony, przerażony młody mężczyzna, który może nie jest najinteligentniejszą osobą, jaką spotkał w swoim zawodowym życiu, ale też nie jest mordercą. Zapewne dlatego rzucono mu koło ratunkowe, dzięki któremu Tomek mógł wyjaśniać dalej.

Na początku źle zrozumiałem treść zarzutu, do jego popełnienia nie przyznaję się. Nie znam Małgorzaty K. Nic nie wiem na temat jej zgwałcenia.
[...]
Marianna jest moją babcią i mieszka na placu 1 Maja we Wrocławiu. Często ją odwiedzam, nieraz przychodzę sam, nieraz z moją mamą i braćmi. Po prostu ją odwiedzamy, pożyczamy nieraz od niej pieniądze, moja mama razem z babcią przygotowują posiłki. Babcia utrzymuje się z emerytury, nie potrafię określić, czy jest biedna, czy bogata. Pożyczone pieniądze jej oddajemy. Nigdy nie było takiej sytuacji abym ja lub mój brat Gerard sprowadzali dziewczyny do mieszkania babci i wtedy ona musiałaby je opuszczać. Ja nigdy nie myłem samochodów na parkingu pod dworcem głównym we Wrocławiu. Robiłem to na ulicy Bałuckiego i na placu Kościuszki koło dawnego „KDM". Wcześniej nigdy nie jeździłem w okolice Jelcza czy Miłoszyc, nigdy nie miałem dziewczyny w tych okolicach, nigdy też nie pożyczałem od nikogo pieniędzy na kwiaty dla niej czy na przejazdy. W 1996 roku brat Gerard miał białe audi 80. Było ono na niego zarejestrowane. Ja nie mam prawa jazdy. Jeżeli chodzi o alkohol, to nie nadużywam

go, jak piję, to z reguły wódkę. To wszystko, co
mam do wyjaśnienia w dniu dzisiejszym. Na tym
protokół zakończono w dniu 18.04.2000 roku o godzinie 12.00 i po odczytaniu podpisano. Tomasz
Komenda. Prokurator Prokuratury Okręgowej Stanisław O.

Nazajutrz, 19 kwietnia 2000 roku, prokurator miał już na biurku
gotowy wniosek do Sądu Rejonowego dla Wrocławia-Śródmieście,
V Wydział Karny, Sekcja do Spraw Tymczasowego Aresztowania o za-
stosowanie tymczasowego aresztowania na okres trzech miesięcy dla
Tomasza Komendy wraz z opisem czynu, jakiego miał się dopuścić,
i uzasadnieniem wniosku. Musiał ze szczegółami opisać, co zrobił
podejrzany wraz z innymi dotąd nieustalonymi sprawcami. Należałoby przestrzec osoby wrażliwe, by szczególnie nie zagłębiały się
w treść tego dokumentu. Cytuję go tylko dlatego, by czytelnik miał
świadomość, że sąd to też ludzie – kierują się nie tylko przepisami,
lecz także emocjami. Co miał zrobić sąd? Mógł się tylko przychylić
do wniosku prokuratury.

W nocy z 31 grudnia 1996 roku na 1 stycznia
1997 roku w Miłoszycach, działając ze szczególnym
okrucieństwem, wspólnie i w porozumieniu z innymi dotychczas nie ustalonymi osobami, dopuścił się zgwałcenia Małgorzaty K., w następstwie
czego doznała ona obrażeń w postaci podbiegnięć
krwawych i rozerwania śluzówki pochwy, tkanek
miękkich pomiędzy pochwą a odbytem z następowym dużym krwotokiem zewnętrznym, podbiegnięć
krwawych śluzówki i ścian odbytu, podbiegniętych krwią wrzecionowatych pęknięć śluzówki odbytu stanowiące trwałą chorobę realnie zagrażającą życiu, to jest o przestępstwo z art. 197

§ 3 kk w związku z art. 197 § 1 kk, art. 156 § 3
kk w związku z art. 156 § 1 punkt 2 kk w związku
z art. 11 § 1 kk.

Prokurator Stanisław O. drobnym druczkiem na wzorze dokumentu opisywał dowody, jakimi dysponuje, wskazując na współsprawstwo Tomasza i innych dotąd nieustalonych osób. W treści uzasadnienia przytoczył wymienione już wcześniej dowody w postaci zbieżnego kodu DNA, opinii, z której wynikało, że to Tomasz Komenda gryzł swoją ofiarę podczas gwałtu, a także dowodu zapachowego, czyli wyniku ekspertyzy osmologicznej. Swój wniosek uzasadniał tym, że dowody zebrane w przedmiotowym śledztwie wysoce uprawdopodobniają udział w zbrodni, jakiej miał się dopuścić Tomasz, oraz że istnieje uzasadniona obawa, iż będzie on utrudniał prowadzone postępowanie karne poprzez nakłanianie innych osób do składania zeznań na jego korzyść. Tomek został doprowadzony do sądu na posiedzenie w sprawie aresztowania. Krzyczał, że nie jest mordercą, a jego zeznania zostały na nim wymuszone groźbami i biciem. Mówił, że jest niewinny i że policja wrabia go w gwałt oraz śmierć dziewczyny. Sąd w składzie jednoosobowym nie słuchał jego skarg, tylko uspokajał, tłumacząc, że zakłóca pracę wymiaru sprawiedliwości. Po kilkunastu minutach sędzia przychylił się do wniosku prokuratora. Tomek prosto z sądu został przetransportowany do sąsiadującego z nim przez ścianę aresztu śledczego przy ulicy Świebodzkiej. Miał tu zostać na najbliższe trzy lata. Nie wiedział jeszcze, że spędzi w areszcie i zakładzie karnym pół swojego życia.

Akt oskarżenia

Po zatrzymaniu Tomka 18 kwietnia 2000 roku i tymczasowym aresztowaniu prokurator wielokrotnie wnioskował do sądu o przedłużenie aresztu. Uzasadniał to tym, że podejrzanego muszą przebadać biegli sądowi z zakresu psychologii, że należy go poddać obserwacji psychiatrycznej, że nie zostały wykonane jeszcze wszystkie czynności zaplanowane przez prokuraturę. Za każdym razem podkreślał, że orzeczona kara może być wysoka, więc środek w postaci tymczasowego aresztowania należy przedłużać. Sąd zgadzał się z wnioskami prokuratury, lecz w sprawie miłoszyckiej tak naprawdę niewiele się już działo. W końcu sprawdzono połączenia komunikacji miejskiej we Wrocławiu. Okazało się, że Tomek nie mógł się dostać do Miłoszyc w sposób, jaki opisywał w protokole przesłuchania. Przyjęto jednak, że to była linia obrony, bo faktycznie dotrzeć tam musiał inaczej, jednakże nie ustalono jak. Rozważano wersję, że w sprawę byli zamieszani jego brat Gerard i ojczym, którzy jakoby mieli pojechać z Tomkiem białym audi, które faktycznie Gerard posiadał. Mężczyzna miał pojechać do Miłoszyc i tam dokonać zbrodni, ale szybko obalono tę tezę. Poproszono dyrekcję szkoły, aby przesłała archiwalną dokumentację dotyczącą Tomasza, przeprowadzono wywiad środowiskowy, zapytano Wojskową Komendę Uzupełnień we Wrocławiu o przebieg służby wojskowej – odpowiedź była taka, że jej w ogóle nie odbył w związku z niezdolnością wynikającą z kategorii E, jaka została mu nadana. Wykonano szereg mniej lub bardziej istotnych czynności, po czym 13 listopada 2000 roku prokurator Stanisław O. wydał postanowienie o zamknięciu sprawy. Przez ponad dziewięć miesięcy trwania śledztwa jedyny kontakt ze światem zewnętrznym nawiązał Tomek przez swego pełnomocnika mecenasa W. Matka po raz pierwszy mogła się spotkać z synem dopiero po dziewięciu miesiącach. Jedną z ostatnich decyzji, jaką podjął prokurator O., zanim go odsunięto od sprawy, była właśnie zgoda na widzenie matki z synem i postanowienie o zakończeniu śledztwa. Potem przejął sprawę kolejny prokurator – Tomasz F. To on 2 kwietnia 2001 roku, a więc prawie równy rok od zatrzymania Tomasza Komendy, skierował do Sądu Okręgowego we Wrocławiu akt oskarżenia przeciwko mężczyźnie, oskarżając go o gwałt ze szczególnym okrucieństwem i pobicie ze skutkiem śmiertelnym Małgorzaty K. Szesnastostronicowy dokument był kwintesencją rocznej pracy kilku prokuratorów i ponad czterech lat nieudolnych zmagań policjantów z Komendy Wojewódzkiej Policji. Mając na względzie znaczenie dokumentu i to, jak bardzo wpłynął na życie dwudziestotrzyletniego wówczas człowieka, który kolejne osiemnaście lat spędził w różnych zakładach karnych, chciałem jego uzasadnienie przytoczyć w całości, choć wiele szczegółów tej sprawy już opisałem. To swego rodzaju spis treści z przytoczonymi konkretnymi dowodami, zeznaniami świadków, widziany oczyma prokuratora. Zważywszy na wagę sprawy, nie jest to tekst obszerny. Widziałem o wiele bardziej merytoryczne i dłuższe akty w bardziej błahych procesach. Ocenę dokumentu pozostawiam jednak czytelnikowi. Jak już pisałem, chciałem przytoczyć cały dokument, pewne jego treści ze względu na brutalność opisu musiałem jednak pominąć.

Po odczytaniu samego aktu oskarżenia prokurator Tomasz F. zaczął czytać jego uzasadnienie:

Uzasadnienie

W dniu 1 stycznia 1997 roku o godzinie 8.40 do Komisariatu Policji w Jelczu-Laskowice zgłosiła się Jadwiga K., zawiadamiając, iż jej 15-letnia córka Małgorzata nie wróciła z dyskoteki odbywającej się w pobliskich Miłoszycach, na którą udała się w godzinach wieczornych dnia poprzedniego.

Ponieważ Małgorzata nie wróciła do miejsca swojego zamieszkania o godz. 13.05 funkcjonariusze wskazanego Komisariatu przyjęli formalnie pisemne zawiadomienie o zaginięciu osoby.

W międzyczasie ok. godz. 13 policjanci z tej samej jednostki uzyskali od Józefa R. informację, że na terenie jego posesji - w Miłoszycach przy ulicy Kościelnej - leżą zwłoki młodej dziewczyny. Trzydzieści minut później to zgłoszenie zostało potwierdzone.

Przybyła na miejsce około godziny 13.30 ekipa dochodzeniowo-śledcza dokonała oględzin przy udziale biegłego z zakresu medycyny sądowej zwłok - jak się okazało Małgorzaty K. - były nagie poza skarpetkami, ułożone na wznak na sukience koloru ciemnego. W pobliżu zwłok ujawniono porozrzucaną damską bieliznę: bluzkę, rajstopy, biustonosz, figi, a nadto inne przedmioty, między innymi **czarna wełniana czapka, którą specjalnie zabezpieczono de ewentualnej przyszłej ekspertyzy osmologicznej**.

Zabezpieczono także inne ślady biologiczne, w tym: włosy i próbki kału. W wyniku oględzin zesztywniałych, zamarzniętych zwłok stwierdzono liczne obrażenia umiejscowione na całym ciele, a w szczególności w obrębie piersi, narządów płciowych i rozerwanego odbytu. Pies tropiący nie podjął żadnych śladów zapachowych między innymi z uwagi na panującą wówczas temperaturę w granicach -10, -15 stopni Celsjusza.

Mając na uwadze rodzaj stwierdzonych poważnych obrażeń u denatki i określoną wstępnie przez lekarza pogotowia domniemaną przyczynę zgonu: „zgwałcenie, wykrwawienie, zamarznięcie" - zaistniało uzasadnione podejrzenie, że zgon Małgorzaty K. był następstwem przestępczego działania.

Z tych powodów Prokurator Prokuratury Rejonowej w Oławie wszczęła śledztwo, następnie kontynuowane przez Wydział V Śledczy Prokuratury Okręgowej we Wrocławiu - w toku którego ustalono następujący stan faktyczny.

W dniu 31 grudnia 1996 r. Małgorzata K. wyszła około godziny 19.00, w towarzystwie swojej koleżanki Iwony, z mieszkania położonego w Jelczu-Laskowicach przy ulicy Hirszfelda. Obie miały udać się do klubu „Alcatraz" w Miłoszycach, gdzie odbywała się dyskoteka sylwestrowa.

Po rozpoczęciu około godziny 20.00 dyskoteki Małgorzata K. uczestniczyła w niej, przebywając w towarzystwie koleżanki Iwony oraz innych koleżanek i kolegów. Spożywała alkohol pod postacią piwa i wina musującego. Około godziny 0.20 dnia 1 stycznia 1997 roku Małgorzata K. nie była już widziana przez koleżanki. W tym czasie przebywała w towarzystwie, poznanego na zabawie sylwestrowej, mieszkańca Miłoszyc, Krzysztofa K., z którym 3-4 razy wychodziła na zewnątrz budynku, w którym odbywała się dyskoteka. Wówczas z powodu spożytego alkoholu czuła się źle i wymiotowała. Około godziny 1.00–1.20 Krzysztof K. wyszedł z nią po raz kolejny z budynku dyskoteki. Małgorzata K., ubrana jedynie w sukienkę, poszła z nim w kierunku rogu budynku dyskoteki, od strony ulicy Głównej. Dalej źle się czuła. Krzysztof stał obok niej. W tym czasie podeszło do nich dwóch młodych mężczyzn. Jeden z nich zwracając się do niej po imieniu, miał do niej pretensje, że jest ona pod działaniem alkoholu. Krzysztofowi K. przedstawił się imieniem Irek i powiedział, że jest bratem Małgorzaty oraz że odprowadzi ją do domu. Wobec tego, że Małgorzata nie protestowała, Krzysztof K., przyjmując, że rzeczywiście ten Irek jest bratem Małgorzaty, pozostawił ją z nim (w czasie, gdy drugi mężczyzna odszedł na bok), a sam wrócił na dyskotekę. Widział, że Małgorzata poszła z Irkiem w kierunku ulicy Kościelnej i przeszła z nim przez bramę posesji należącej do Państwa R.

Prokurator najwyraźniej zapomniał wspomnieć w swoim uzasadnieniu, że Krzysztof K. to nie kto inny, jak świadek, który kilka dni po morderstwie sam przyznał się na komisariacie, że to on odbył stosunek z Małgorzatą. Być może bezprawne działania policji zdaniem prokuratora nie miały większego znaczenia w całym śledztwie i nie było sensu wspominać o nich w uzasadnieniu. Gdyby jednak sąd miał pełen ogląd sytuacji, może inaczej ustosunkowałby się do samego aktu oskarżenia.

Drugą z osób obserwujących to zdarzenie był kolega Krzysztofa K., mieszkaniec Miłoszyc – Andrzej W., który poznał Małgorzatę na tej samej imprezie. Andrzej W. widział, jak do idącej z wymienionym mężczyzną Małgorzaty K. podszedł jeszcze jeden młody mężczyzna. Według jego zeznań obaj mężczyźni prowadzili Małgorzatę K. pod ręce i przeszli z nią obok jego domu położonego przy ulicy Głównej, kierując się, poprzez ulicę Wrocławską, w stronę miejscowości Jelcz-Laskowice.

W stosunku do drugiego z kluczowych świadków, Andrzeja W., również miała być stosowana przemoc na komisariacie policji, o czym nie napisano ani słowa w uzasadnieniu. Zdaniem funkcjonariuszy na początkowym etapie śledztwa to Andrzej W. wraz z Krzysztofem K. mieli być sprawcami zbrodni. Mężczyźni mieli zaciągnąć Małgosię na posesję państwa R. i tam dokonać brutalnego gwałtu. Na wykryciu sprawców gwałtu i morderstwa policjantom zależało tak bardzo, że byli gotowi poświęcić dwóch młodych chłopców, by ogłosić swój sukces. Mężczyźni mieli dużo szczęścia, bo poza ich słowami, wymuszonymi – tak przynajmniej twierdzili – biciem przez funkcjonariuszy, nic nie wskazywało na udział w zbrodni.

Iwona - koleżanka Małgorzaty - około godziny 1.00, nie widząc jej na sali dyskoteki, rozpoczęła jej poszukiwania. Rozmawiała z uczestnikami zabawy, ale nie mogła się dowiedzieć, dokąd ona poszła. Udała się więc do szatni i zabrała z niej kurtkę Małgorzaty, a następnie powróciła do swojego domu.

Jadwiga i Krzysztof, rodzice Małgorzaty, powrócili do swojego mieszkania około godziny 4.00 i zaniepokoili się nieobecnością córki. Telefonicznie dowiedzieli się, że Iwona ma u siebie kurtkę Małgorzaty, ale nie wie, gdzie znajduje się ich córka. Rano rozpoczęli w Miłoszycach, także przy udziale innych osób, poszukiwania, wobec bezskutecznych wyników poszukiwań Jadwiga K. powiadomiła o zaginięciu córki.

Dalsze czynności śledcze, ich przebieg opisano już w części wstępnej niniejszego aktu oskarżenia.

W trakcie przeprowadzonych oględzin stwierdzono, że denatka ubrana była jedynie w skarpety. Na jej twarzy, klatce piersiowej i kończynach górnych ujawniono ziemiste, szarawe zabrudzenia, a we włosach dużą ilość wyschniętych łodyg roślin, patyków, kawałków kory oraz pojedyncze pióra ptasie, najprawdopodobniej pochodzące od drobiu, i szczątki łańcuszka wykonane z metalu koloru srebrnego. Na jej ustach i policzku stwierdzono zaschnięty zaciek.

W czasie wykonywania oględzin miejsca zdarzenia oraz zwłok zabezpieczono materiał dowodowy w postaci: sukienki koloru ciemnego, na której leżały na wznak zwłoki, rozrzucone dwa guziki, figi koloru białego, zawierające włosy łonowe, oraz trzy guziki znajdujące się pod figami i rajstopy koloru czarnego, które leżały w odległości 1,5 m od zwłok, a nadto **czapkę wełnianą koloru czarnego zawierającą włosy**, która leżała pomiędzy zwłokami a figami. Zabezpieczono również niekompletną bluzkę damską, znalezioną w odległości 2,5 m od zwłok, a także biustonosz z koronkowym obszyciem. Po odwróceniu zwłok pod pośladkami Małgorzaty K. ujawniono linkę metalową. Na zapleczu stodoły, w odległości około 2,5 m od narożnika tylnej ściany, ujawniono miejsce kształtu

owalnego, mniej ośnieżone ze śladami otarć na-
wierzchni trawiastej, i plamy zaschniętej cieczy
koloru brunatnoczerwonego, odpowiadające swoim
wyglądem krwi.

Miejsce, o którym wspomniał prokurator, jest prawdopodobnie
tożsame z tym, w którym doszło do samego gwałtu. Potem sprawca
lub sprawcy przenieśli ciało z narożnika tylnej ściany na przód stodoły. W jakim celu, tego nie ustalono. Może już po samym gwałcie
sprawcy chcieli schować dziewczynę do stodoły, ale z jakiegoś powodu im się to nie udało. To jednak tylko jedna z wielu hipotez, jakie się pojawiały w tej kwestii.

W bezpośredniej bliskości ujawniono i zabezpieczono sznurówkę
koloru czarnego. Jak się okaże po dwudziestu latach od zbrodni, dowód ten był bardziej istotny niż czapka, ale wtedy, nie wiedzieć z jakich powodów, nie stanowił dla śledczych ważnego tropu mogącego
posłużyć do ustalenia faktycznego sprawcy.

W odległości jednego metra od opisanej plamy,
w kierunku stodoły, ujawniono na podłożu ślady
kału. W pobliżu tego miejsca ujawniono i zabezpieczono zegarek elektroniczny, analogowy,
marki QQ na pasku z tworzywa sztucznego koloru
czarnego oraz leżącą obok niego sznurówkę koloru czarnego. Podczas oględzin znaleziono i zabezpieczono do dalszych badań leżące w pobliżu
miejsca zdarzenia dwie puste butelki, po wódce,
oraz koronkową czarną chusteczkę.

Na ścianie stodoły, na wysokości 1,2–1,5 metra od podłoża, w pobliżu miejsca znalezienia
zwłok Małgorzaty ujawniono i zabezpieczono do
dalszych badań tkwiące w deskach oraz pomiędzy
nimi włosy. Ponadto ujawniono i zabezpieczono

znajdujące się w pobliżu tego miejsca zabrudzenia z ziemi i piasku zawierające drobiny słomy, trawy i fragmenty włosów.

Zarówno w toku oględzin miejsca zdarzenia, jak również wykonanych następnie, podczas trwania śledztwa przeszukania pomieszczeń mieszkalnych i gospodarczych u różnych osób, nie znaleziono butów ani też srebrnej biżuterii Małgorzaty K.

Przed przystąpieniem do sekcji zwłok z jamy ustnej narządów płciowych i odbytu Małgorzaty zostały pobrane wymazy, które następnie poddano badaniom przy użyciu testu PHOSPHATESMO KM, służącego do wykrywania obecności fosfatazy obecnej w nasieniu męskim. Testy te dały wynik negatywny.

W styczniu 1997 roku w Zakładzie Medycyny Sądowej Akademii Medycznej we Wrocławiu przeprowadzono sądowo-lekarskie oględziny i sekcję zwłok Małgorzaty K. U denatki stwierdzono następujące obrażenia ciała: zmiany pourazowe stanowiące pojedyncze podbiegnięcia krwawe oraz podbiegnięcia i niepodbiegnięte krwią otarcia naskórka na twarzy, pojedyncze plamkowate podbiegnięcia krwawe oraz podbiegnięte i niepodbiegnięte krwią otarcia naskórka na kończynach górnych, podbiegnięcia krwawe, podbiegnięte krwią otarcia naskórka na klatce piersiowej - w tym układ podbiegniętych krwią otarć naskórka i na ramieniu prawym ułożeniu półeliptycznym i eliptycznym, najprawdopodobniej odpowiadającym układowi uzębienia ludzkiego, plamkowate podbiegnięcia krwawe i otarcia naskórka na biodrach, także linijne i smugowate, niepodbiegnięte krwią otarcia naskórka - liczne na kończynach dolnych, na pośladku prawym i w okolicach krzyżowej, podbiegnięcie krwawe i otarcie naskórka na małżowinie usznej prawej, geometryczny układ otarć naskórka na udzie prawym, podbiegnięty krwią - mogący odpowiadać ukształtowaniu powierzchni buta, rozległe podbiegnięcia krwawe i rozerwanie śluzówki pochwy, tkanek miękkich pomiędzy pochwą a odbytem, z następowym dużym krwotokiem zewnętrznym, podbiegnięcie krwawe śluzówki i ściany odbytu, wrzecionowate pęknięcia śluzówki odbytu oraz podbiegnięte krwią wyrywanie części włosów łonowych. Opisane obrażenia powstały od działania narzędzia lub narzędzi tępych, tępokrawędzistych. Obrażenia narządów płciowych mogły również powstać od takich narzędzi. Z uwagi na rozległość obrażeń pochwy nie udało się ustalić, czy z denatką odbywano stosunki płciowe, czy też nie, ani tego, czy mogła być ona zdeflorowana na krótko przed śmiercią. Rozmieszczenie i charakter obrażeń oraz zabrudzenia na ciele denatki w zestawieniu ze spostrzeżeniami poczynionymi przez biegłego z zakresu medycyny sądowej z miejsca zdarzenia świadczą o tym, że przełamywano jej opór poprzez przytrzymywanie za ramiona, przewracanie na ziemię i wleczono po niej i być może jednocześnie zdzierano z niej odzież i obuwie. Nie można przy tym wykluczyć, iż odbyto z nią stosunek lub stosunki płciowe, a następnie spowodowano rozległe obrażenia pochwy i odbytu oraz krocza poprzez wkładanie z dużą siłą narzędzi

tępych, tępokrawędzistych. Narzędziem takim mogły być ręka lub palce. Charakter tych obrażeń
świadczy o działaniu sprawców ze szczególnym
okrucieństwem.

Tomek Komenda był na sali sądowej na ławie oskarżonych, kiedy
prokurator wręcz cytował opinię z Zakładu Medycyny Sądowej. Była
też jego matka i rodzice zamordowanej Małgorzaty. Gdyby nie ostatnie zdanie, Tomek w ogóle nie wiedziałby, o co został oskarżony, ale
padające kolejno słowa – otarcie, podbiegnięcie krwawe i inne me-
dyczne sformułowania – nie napawały go optymizmem. Choć nigdy wcześniej nie miał do czynienia z sądem, zdawał sobie sprawę,
że to, o czym przed chwilą czytał prokurator, nie wróży nic dobrego.
Rodzice Małgorzaty, którzy siedzieli po drugiej stronie sali sądowej,
w miejscu zarezerwowanym dla prokuratora i oskarżycieli posiłko-
wych, płakali, patrząc z pogardą i nienawiścią na siedzącego naprzeciwko mężczyznę. I trudno się im dziwić. Przed salą sądową, kiedy
wprowadzano Tomka, matka Małgorzaty K. rzuciła się na niego.
Gdyby nie interwencja konwojujących go policjantów, mogłoby się
to skończyć pobiciem doprowadzanego przez panią Jadwigę. Na jednej z rozpraw, choć nie wiem, czy zostało to gdziekolwiek odnotowane, pan Krzysztof – ojciec Małgosi – próbował wnieść na teren
sądu nóż. Można się tylko domyślić, do czego go potrzebował. Całe
szczęście szczegół ten zauważyli policjanci podczas rewizji przy wejściu do budynku.

Przeprowadzona w Instytucie Ekspertyz Sądowych
w Krakowie analiza chemiczno-toksykologiczna
próby krwi i moczu pobranej ze zwłok Małgorzaty
dała wynik ujemny. W próbie krwi nie wykazano
bowiem alkaloidów z grupy opium oraz często im
towarzyszących pochodnych kwasu barbiturowego
i benzodiazepin. W próbie moczu natomiast nie

stwierdzono obcych, trudnolotnych związków organicznych.

Badanie krwi i moczu denatki pobranych w dniu 3 stycznia 1997 roku w czasie sekcji wykazało obecność 0,9 promila alkoholu we krwi i 1,7 promila w moczu. Wykazanie wyraźnie większej zawartości alkoholu w moczu niż we krwi, zdaniem biegłego z zakresu medycyny sądowej Jerzego K., który sporządził w tej sprawie opinię sądowo-lekarską, świadczy o tym, że alkohol we krwi Małgorzaty w chwili jej zgonu znajdował się w fazie eliminacji, a więc od czasu spożywania przez nią alkoholu musiało upłynąć co najmniej kilka godzin. Z uwagi, że nie zdołano ustalić zarówno ilości alkoholu spożytego przez Małgorzatę, jak i czasu tego spożywania, na podstawie wspomnianej opinii, zeznań przesłuchanych w sprawie świadków oraz uzyskanych wyników badań krwi i moczu na zawartość alkoholu ustalono, że Małgorzata K. alkohol spożywała podczas pobytu na zabawie sylwestrowej, tj. od godziny 20.00 do czasu, kiedy była widziana przez świadków, a mianowicie do godziny 1.00-1.20.

Na podstawie dodatkowej ustnej opinii dokonującego sądowo-lekarskich oględzin ciała i sekcji zwłok Małgorzaty K. - dr. K. ustalono, że stwierdzone u denatki obrażenia narządów płciowych i odbytu stanowią długotrwałą chorobę realnie zagrażającą życiu w znaczeniu art. 156 § 1 pkt. 2 kk. Ustalono również, ale jedynie orientacyjnie, biorąc pod uwagę, że plamy opadowe w czasie wykonywania przez niego badania zwłok na miejscu zdarzenia znikały, że od chwili śmierci Małgorzaty K. do czasu tego badania mogło upłynąć od 10 do 12 godzin. Wymieniony biegły stwierdził ponadto, iż opierając się na swoim doświadczeniu sądowo-lekarskim, biorąc pod uwagę niską temperaturę otoczenia, obnażenie denatki, szczupłość jej ciała i stosunkowo dużą zawartość alkoholu w jej krwi, że czas, w którym mogła istnieć realna możliwość uratowania jej życia, od chwili pozostawienia jej przez sprawców zdarzenia do czasu jej zgonu, mógł wynosić od 2 do 3 godzin.

To była jedna z najbardziej przerażających informacji w tej sprawie, zwłaszcza dla rodziców Małgorzaty K. Gdyby ktokolwiek usłyszał jej wołanie o pomoc, a przecież krzyczała: „Mamo, mamo", dziewczyna nadal mogłaby żyć. Rodzice nastolatki nie mogli wybaczyć prokuratorowi, że nie postawił najcięższego z możliwych zarzutów, czyli popełnienia morderstwa, za które groziłoby nawet dożywocie. Dla nich postawienie zarzutu dokonania gwałtu ze szczególnym okrucieństwem i pobicia ze skutkiem śmiertelnym, przy którym to przestępstwie górna granica kary wynosiła piętnaście lat pozbawienia wolności, było kpiną ze strony prokuratury. Rodzice Małgosi byli przekonani, że siedzący przed nimi mężczyzna, na sali sądowej zamknięty w specjalnej klatce, kiedyś może wyjść na wolność. Dla nich jedynym wyrokiem mógł być wyrok śmierci, choć zdawali sobie sprawę, że taki zapaść nie mógł.

Według hipotezy postawionej przez biegłego sprawca ciężkich uszkodzeń narządów płciowych nie odbył z Małgorzatą stosunku płciowego z wytryskiem nasienia. Biegły nie mógł wykluczyć, że sprawca wprowadził wzwiedzionego członka do pochwy denatki. Charakter stwierdzonych obrażeń

świadczy o dużej brutalności i zdecydowanym
działaniu sprawców. Z doświadczenia sądowo-le-
karskiego biegłego wynika natomiast, że takie
działanie mogło zostać wywołane skłonnościami
sadystycznymi sprawcy, albo też, co w praktyce
występuje częściej, było jakby zemstą za niedys-
pozycję seksualną napastnika. Brutalne trakto-
wanie napadniętej kobiety łącznie z możliwością
pozbawienia jej życia może być wywołane i dość
często bywa właśnie chwilową niedyspozycją seksualną, wynikającą najczęściej z upojenia alkoholowego oraz stresu spowodowanego konkretną
sytuacją.

Pani Teresa, matka Tomka, właśnie dowiadywała się, że wychowała potwora. W ciele chłopca, którego od dzieciństwa tuliła, który spośród całej czwórki rodzeństwa był z nią najbardziej związany. Zawsze uważała go za bardzo wrażliwe dziecko, które nie skrzywdziłoby nikogo, a zwłaszcza żadnej z kobiet, bo zawsze odnosił się do nich z szacunkiem. Teraz słyszy, że jej syn jest bestią w ludzkiej skórze, psychopatycznym, zaburzonym seksualnie zwyrodnialcem, mordercą i gwałcicielem. Słysząc te słowa z ust prokuratora, przez cały czas płakała. Wiedziała, że takiego syna nie wychowała i że teraz obcy ludzie będą decydować, kim tak naprawdę jest jej Tomek. To ona znała go najlepiej, nie biegli psychiatrzy, psychologowie, eksperci, wszyscy wypowiadający się na temat czynów, których miał się dopuścić. Ona była pewna, że jej syn, stojący w klatce na sali sądowej, znalazł się w niej niesłusznie, że dziewczynę skrzywdził ktoś zupełnie inny. Płakała, ale była w stanie stawić czoła zarzutom i zmierzyć się z tą sprawą, wierząc w jedyny możliwy wyrok, wyrok uniewinniający. Dlatego postanowiła być na każdej rozprawie, mimo że słuchanie takich rzeczy o własnym dziecku było nie do zniesienia.

Prokurator natomiast cytował dalsze wnioski z ekspertyzy biegłego doktora Jerzego K.:

Według hipotezy stawianej przez biegłego denatka krążyła wokół miejsca, w którym doznała obrażeń krocza, i przemieszczała się w kierunku domu Państwa R. i z powrotem. Jeżeliby natomiast przyjąć, że była ona przemieszczana do miejsca, w którym znaleziono jej zwłoki, to mogło się to odbyć w ten sposób, że jej ciało napastnik lub napastnicy przeciągnęli na miejsce znalezienia, trzymając ją za ręce lub pod pachami. Biegły przeprowadzający oględziny znalezionych w pobliżu zwłok majtek denatki stwierdził na wewnętrznej ich stronie, na wysokości narządów płciowych, bardzo delikatne zabrudzenia pochodzące od krwi. Zabrudzenia te mogły powstać, jego zdaniem, od krwotoku z narządów rodnych, a same plamy mogły wskazywać przy tym, że już przed doznaniem przez denatkę rozległych obrażeń istniały w obrębie jej narządów płciowych mniejsze krwawiące obrażenia. Obrażeniami takimi mogła być pęknięta przy defloracji błona dziewicza, a sama defloracja mogłaby nastąpić w krótkim czasie przed doznaniem przez nią ciężkich obrażeń. W czasie sądowo-lekarskiej sekcji zwłok Małgorzaty K. biegły nie stwierdził w jej macicy zmian charakterystycznych dla menstruacji. Nie mógł jednak wykluczyć, że niewielkie ślady krwi na jej bieliźnie mogły pochodzić od krwawienia z pękniętej błony dziewiczej bądź też z otarcia nabłonka czy błony śluzowej pochwy w następstwie np. wkładania palca do pochwy, przed brutalnym rozerwaniem narządów płciowych. Uwzględniając wynik sekcji zwłok i stan bielizny denatki, biegły z całą pewnością stwierdził, że po rozerwaniu narządów płciowych denatka nie miała na sobie majtek. Zestawiając odmienność śladów krwi na majtkach od wyglądu późniejszych śladów krwi pozostawionych na miejscu znalezienia zwłok, można przyjąć, że stwierdzone obrażenia powstały u denatki dwufazowo. Pierwsze - niewielkie, po których zakładała majtki i była w nie ubrana, a drugie - ciężkie, przy doznaniu których nie miała już na sobie bielizny.

Na podstawie tychże opinii i zawartych w nich stwierdzeń ustalono, że przyczyną zgonu Małgorzaty K. było wykrwawienie niewielkiego stopnia z równoczesnym wychładzaniem jej organizmu, ale zasadniczym czynnikiem było zamarznięcie.

Prowadzone w tej sprawie czynności operacyjne w połączeniu z procesowymi ustaleniami doprowadziły do przyjęcia uzasadnionej hipotezy, że sprawcą zgwałcenia Małgorzaty K. może być mieszkaniec Wrocławia - Tomasz Komenda, którego zatrzymano w dniu 18 kwietnia 2000 roku.

Niestety materiał operacyjny zebrany przez funkcjonariuszy policji z Wrocławia nie został odtajniony, pozostał jedynie do wglądu sądu, a ten się z nim zapoznał. Opis biegłego w żadnym stopniu nie wskazywał na nikogo konkretnego, chyba że po prostu pasował do numeru PESEL Tomasza Komendy. Może jest jakaś zbieżność, a pisząc już zupełnie ironicznie: może tego typu działanie charakterystyczne jest dla osób o imieniu Tomasz lub - idąc dalej - osoby o imieniu Tomek, której nazwisko zaczyna się na literę K. Od lat spotykam się z policjantami, którzy pracują w pionie operacyjnym. W zasadzie mogą oni wprowadzić do postępowania wszystkie dane, każdą informację, czy to przez osobowe źródło informacji, informatora czy podsłuch. Tyle że Tomek musiałby mieć coś wspólnego z morderstwem, by pion operacyjny uzyskał jakieś informacje dotyczące jego udziału w zbrodni. Znaną od lat metodą pozyskiwania danych przez pion operacyjny jest umieszczenie w celi podejrzanego innego przestępcy albo skazanego, który za określone korzyści jest w stanie powiedzieć wszystko o swoim koledze spod celi. Wiem, że takie osoby znalazły się w otoczeniu Tomasza Komendy, kiedy był osobą tymczasowo aresztowaną. Opowiadały prowadzącym funkcjonariuszom, że Tomek kiedyś mówił o podróży do Miłoszyc w noc sylwestrową. Tyle że Tomek nigdy nikomu nie opowiadał, za co siedzi, choć wielu wiedziało, bo takie informacje w zakładach karnych rozchodzą się szybciej niż na wolności. Nie miał się czym chwalić. Pedofil i morderca dziecka, bo przecież piętnastoletnia Małgorzata była jeszcze dzieckiem, w hierarchii więziennej ma mniejsze prawa niż szczur czy karaluch, które to zwierzęta, nie wiedzieć czemu, upodobały sobie takie miejsca, jak zakłady karne czy areszty śledcze. Choć nie znam materiału operacyjnego, z doświadczenia wiem, że w tym konkretnym przypadku tak było. Inne możliwości pozyskiwania informacji o Tomku były niemożliwe, skoro bez wątpienia nie był sprawcą zbrodni. Innego zdania był prokurator. Wierząc w słuszność swoich racji, kontynuował odczytywanie aktu oskarżenia:

```
Powyższe ustalenia co do sprawstwa Tomasza Ko-
mendy znalazły potwierdzenie w toku przeprowa-
dzonych czynności śledczych, a w szczególności
wyników specjalistycznych ekspertyz. Na przy-
jęcie, iż wymieniony jest jednym ze sprawców
gwałtu, wskazują trzy opinie.
```

Tu prokurator podaje opinie z zakresu analizy DNA, badań uzębienia Tomasza Komendy i badań śladów osmologicznych. Tymi samymi dowodami, bo innych nie był w stanie znaleźć posługiwał się, zatrzymując Tomka i wnioskując o przedłużenie kolejnego aresztu, a teraz uzasadniając skierowanie aktu oskarżenia do sądu. Oczywiście można uznać te dowody za mocne, tyle że nie korelują one z zeznaniami świadków, którzy dawali Tomkowi alibi, oraz osób, które powinny go widzieć na dyskotece w Miłoszycach, a nie widziały. W końcu nikt nie ustalił, jak Tomek znalazł się w klubie w noc sylwestrową z 1996 na 1997 rok, co wydawałoby się ustaleniem kluczowym. Na szali zawisły dwa rodzaje dowodów: materialne i osobowe. Do tej drugiej kategorii należało przyznanie się Tomka do gwałtu i potwierdzenie, że był w Miłoszycach feralnej nocy, o czym nie mógł zapomnieć prokurator w dalszej części aktu oskarżenia.

Tomasz Komenda po raz pierwszy był przesłuchiwany w dniu 18 kwietnia 2000 roku po zatrzymaniu.

Aż trudno uwierzyć, że prokurator, decydując się na zatrzymanie człowieka, nie znał podstawowych faktów. Akta czytał chyba od połowy, bo gdyby było inaczej, wiedziałby, że Tomasz Komenda przesłuchiwany był po raz pierwszy kilka miesięcy wcześniej, a dokładnie 16 listopada 1999 roku, tuż po tym, jak policjanci weszli do jego domu na przeszukanie o godzinie siódmej piętnaście. Tego faktu nie znał, bo chyba się go nie doczytał w aktach, ale zaznajomił się z protokołem przesłuchania Tomasza Komendy występującego już w charakterze podejrzanego z 18 kwietnia 2000 roku, o którym mówił na sali rozpraw:

Wówczas nie przyznał się do popełnienia zarzucanego mu czynu i wyjaśnił, iż w dniu 1 stycznia 1997 roku wyszedł ze swojego mieszkania o godzinie 2.00 i sam autobusem MPK pojechał do miejscowości Gajków celem odwiedzenia znajomego, Tomasza S. Do wskazanej miejscowości dojechał około godziny 3.00. Z jego relacji wynika, iż tenże znajomy był pod wpływem alkoholu. Tomasz S. na jego pytanie odpowiedział, iż w Miłoszycach odbywa się dyskoteka. Obaj pieszo udali się do pobliskich Miłoszyc na wskazaną dyskotekę. Tomasz S. był tam przez pół godziny, po czym wrócił do domu. Tomasz Komenda pozostał na dyskotece sam i poznał tam dziewczynę o imieniu Kasia, z którą przebywał do czasu zakończenia dyskoteki. Następnie oboje udali się w ustronne miejsce, gdzie dobrowolnie - na ziemi - odbyli stosunek płciowy. Tomasz Komenda stwierdził, iż był wtedy ubrany dość lekko i nie miał czapki. Po tym Tomasz Komenda pożegnał się z dziewczyną i poszedł do Gajkowa, skąd autobusem wrócił do Wrocławia, wysiadając na przystanku przy domu towarowym „Podwale" ok. 6.00-6.30.

Z Tomaszem Komendą nie przeprowadzono nawet wizji lokalnej w miejscu, w którym miał odbyć stosunek z dziewczyną. To jedna z podstawowych czynności, jakie się wykonuje, gdy podejrzany – w tym przypadku już oskarżony – mówi o faktach, miejscach i zdarzeniach. Tomek nie znalazłby się w tej miejscowości, w klubie Alcatraz, w którym rzekomo miał się bawić, a co dopiero w miejscu, w którym odbył stosunek. Na wspomnienie zasługuje jeden fakt, o którym zapomniał powiedzieć prokurator: Tomek Komenda w charakterze świadka przesłuchiwany był po raz drugi, nie zaś – jak zauważył w akcie oskarżenia prokurator – po raz pierwszy. Mówił, że stosunek z dziewczyną o imieniu Kaśka odbył w pobliskim lasku. Ów lasek prokurator zastąpił wyrażeniem „ustronne miejsce". O lasku ani słowa w akcie oskarżenia. W pobliżu dyskoteki w odległości przynajmniej 500 metrów nie ma żadnego lasku, są tylko zabudowania. Trzeba jednak przyznać, że nie pominął wszystkich faktów, które świadczyły na korzyść Tomka. W akcie oskarżenia przytoczył zeznania rzekomego kolegi Tomasza S. z Gajkowa.

Świadek Tomasz S. zeznał, iż zna Tomasza Komendę, gdyż w przeszłości grał z nim w piłkę w Gajkowie. Jednocześnie zaprzeczył, aby w noc sylwestrową z 31.12.1996 na 1.01.1997 roku przebywał w jego towarzystwie, gdyż wówczas uczestniczył osobiście w imprezie sylwestrowej zorganizowanej w szkole podstawowej w Gajkowie, której do końca jej trwania nie opuszczał. Relację tego świadka potwierdzają: jego żona Iwona oraz jego teść pan Jan. Nadto, jak ustalono, w krytyczną noc sylwestrową nie było żadnych połączeń autobusowych z Wrocławia do Gajkowa. Wynika to z zeznań kierownika ds. autobusów Wydziału Komunikacji Zbiorowej we Wrocławiu i kserokopii rozkładu jazdy.

Tymi słowami powinno się zaczynać postanowienie o umorzeniu śledztwa przeciwko Tomaszowi Komendzie. Zdanie to jednak znalazło się na czternastej, czyli niemal ostatniej stronie, aktu oskarżenia. Pisząc umorzenie, prokurator powinien w uzasadnieniu dodać, iż skoro podejrzany nie był w stanie dotrzeć na miejsce zdarzenia, to nie mógł również popełnić zarzucanego mu czynu. Śledztwo należy więc umorzyć z braku dostatecznych dowodów wskazujących na popełnienie przez podejrzanego przypisywanych mu czynów. Zamiast umorzyć postępowanie i oczyścić Tomasza Komendę z zarzutów, prokurator wbrew logice postanowił go jednak oskarżyć. W tym przypadku sam fakt, że Tomka nie było na imprezie, nie stanowił przeszkody, by oskarżyć go o gwałt ze szczególnym okrucieństwem i pobicie ze skutkiem śmiertelnym. Fakt, że Tomasza Komendy w Miłoszycach nie było, ponieważ nie miał jak się dostać do wioski w sylwestrową noc, nie przesądzał o tym, że nie popełnił zarzucanego mu czynu. Sam już się pogubiłem, czytając akt oskarżenia przeciwko Tomkowi. Nie wiedziałem, mimo że dokument czytałem kilka razy, czy w końcu Tomek był w Miłoszycach i dokonał gwałtu, czy go tam nie było, ale gwałtu dokonał. Dokument czytałem wielokrotnie, ale żałuję, że nie było mnie na sali sądowej, kiedy prokurator referował jego treść. Ciekaw jestem min słuchających go osób i tego, czy zgromadzeni cokolwiek z tego zrozumieli. Na tym jednak prokurator nie poprzestał.

Tomasz Komenda, będąc przesłuchiwany po raz drugi w dniu 19 kwietnia 2000 roku przez Sąd w czasie posiedzenia w przedmiocie zastosowania tymczasowego aresztowania [...]

Już w tym krótkim fragmencie w zasadzie nic się nie zgadzało. Tomek dwukrotnie przesłuchiwany był w charakterze świadka, zarzuty usłyszał podczas trzeciego przesłuchania. Może gdyby sprawa dotyczyła włamania do kiosku, nie byłoby to istotne, ale właśnie ważyły się losy młodego człowieka, który na wiele lat miał trafić za kraty. Może też przez szacunek dla rodziców Małgorzaty, którzy byli obecni na sali sądowej, prokurator powinien jednak być lepiej przygotowany.

[...] nadal zaprzeczał dokonania gwałtu i odwołał swoje uprzednie wyjaśnienia, twierdząc, iż krytycznej nocy cały czas przebywał w miejscu swojego zamieszkania, którego nie opuszczał. Wymieniony następnie, będąc przesłuchiwany dwukrotnie w dniu 5 stycznia 2001 roku i w dniu 2 lutego 2001 roku, również nie przyznał się do dokonania gwałtu, po czym stwierdził, iż nie będzie w tej sprawie składał już jakichkolwiek wyjaśnień.
Opisana treść składanych przez Tomasza Komendę wyjaśnień w powiązaniu z wynikami przedstawionych powyżej ekspertyz wskazuje, iż wprowadza

on w sposób nieudolny kwestię swojego alibi na czas krytycznego zdarzenia.

Bez wątpienia jeździł on do Miłoszyc, ponieważ w 1996 roku pożyczał pieniądze od Doroty P., które, jak twierdził, potrzebne mu były na kwiaty dla narzeczonej oraz na przejazd autobusem do Jelcza-Laskowic. W rozmowie z wymienioną twierdził, że ta dziewczyna uczęszcza do średniej szkoły we Wrocławiu.

Jak ustalono, Małgorzata K. uczęszczała do Zasadniczej Szkoły Handlowej we Wrocławiu do klasy pierwszej, do której to szkoły uczęszczała także dziewczyna brata Tomasza Komendy – Gerarda – Magdalena W.

Ta zbieżność wskazuje, iż Tomasz Komenda mógł znać wcześniej Małgorzatę K.

W toku śledztw wobec uzasadnionych wątpliwości co do stanu poczytalności Tomasza Komendę poddano badaniom przeprowadzonym przez biegłych lekarzy psychiatrów.

W wyniku przeprowadzonych badań biegli lekarze psychiatrzy zgodnie orzekli – ostatecznie po przeprowadzonej obserwacji sądowo-psychiatrycznej, iż Tomasz Komenda nie miał w krytycznym czasie zniesionej ani ograniczonej w stopniu znacznym zdolności rozpoznania znaczenia zarzucanego mu czynu i pokierowania swoim postępowaniem. Biegli stwierdzili, że jego stan pozwala na uczestnictwo w prowadzonym postępowaniu karnym.

Z opinii sądowo-psychiatrycznej wynika, że u Tomasza Komendy nie stwierdzono upośledzenia umysłowego. Biegły wskazał na pierwotnie mniej wartościowy układ nerwowy badanego i zwrócił uwagę na rozpoznaną osobowość o mało złożonej strukturze, niskim poziomie funkcjonowania, niedojrzałą zarówno w sferze emocjonalno--poznawczej, jak i społecznej.

Tomasz Komenda nigdy nie był karany sądownie, a z wywiadu kuratora sądowego wynika, iż w miejscu zamieszkania posiada dobrą opinię.

Do odrębnego postępowania wyłączono materiały w sprawie współudziału co najmniej dwóch nieustalonych mężczyzn – w gwałcie dokonanym na Małgorzacie K.

Podpisano. Prokurator Prokuratury Okręgowej Tomasz F.

Może wśród czytelników książki o Tomaszu Komendzie znajdą się przyszli absolwenci prawa, którzy zdecydują się zostać prokuratorami. Z tego aktu oskarżenia powinni wyciągnąć wnioski, jak nie pisać pism procesowych. Sam dokument, moim zdaniem, powinien się zaś znaleźć w literaturze prawniczej w części poświęconej błędom popełnianym przez prokuratorów sporządzających akty oskarżenia.

Seryjny gwałciciel – sprawa druga

Kilka miesięcy przed gwałtem i morderstwem Małgorzaty K., w nocy z 10 na 11 sierpnia, w okolicach ośrodka wypoczynkowego, oddalonego o kilka kilometrów od centrum Jelcza-Laskowic, trwała dyskoteka. Jedną z wielu bawiących się wtedy osób była małoletnia wówczas Bożena H. Dziewczyna, wracając do domu po północy, wybrała niebezpieczną i mało uczęszczaną jak na nocne spacery trasę. Zapewne była obserwowana. W pewnej chwili z zarośli wyskoczył mężczyzna i uderzył ją w tył głowy. Ledwo przytomną ofiarę wciągnął w pobliską gęstwinę. Zerwał z niej odzież i siłą rozdzielił nogi. Najpierw wkładał jej palce do pochwy, potem całe pięści, a następnie odbył z nią stosunek zakończony wytryskiem. W czasie gwałtu miał z nią rozmawiać i powiedzieć, że pochodzi z Wrocławia. Kobieta miała też krzyczeć i wołać o pomoc. Miejsce, w którym była gwałcona, sąsiadowało z wcześniej już wspomnianym ośrodkiem, a dobiegające krzyki usłyszał inny mężczyzna, Piotr K., który od razu pobiegł w stronę, skąd dochodziły przerażające odgłosy. Mężczyzna dopadł do sprawcy leżącego jeszcze na Bożenie H. i z całej siły uderzył go grubym kijem w plecy. Ten uciekł, pozostawiając nagą i bezbronną kobietę na ziemi. Widok gwałconej kobiety musiał być dla Piotra K. tak podniecający, że zamiast jej pomóc, zaciągnął ją do pobliskiego zagajnika.

Tam dziewczyna została zgwałcona po raz drugi, tym razem przez swojego wybawcę. Po wszystkim mężczyzna odprowadził ofiarę na przystanek PKS przy ulicy Oławskiej w miejscowości Jelcz-Laskowice. Sprawę podwójnego gwałtu dziewczyna zgłosiła organom ścigania. Tożsamość Piotra K. została natychmiast ustalona, mężczyzna znany był już wcześniej policji. Podczas przesłuchania nawet nie wypierał się faktu, że odbył stosunek z kobietą, ale przysięgał, że chciała tego sama, dziękując w ten sposób za uratowanie życia. Sąd skazał go, nie podzielając jego opinii. Kobieta ponad wszelką wątpliwość wskazała Piotra K. na okazaniu przeprowadzonym przez lustro weneckie jako tego, który jako drugi dokonał gwałtu. O pierwszym sprawcy nie potrafiła jednak wiele powiedzieć, gdyż zaszedł ją od tyłu, choć zarzekała się, że podczas rozmowy widziała jego twarz i jest w stanie go rozpoznać. Powinna poznać też jego głos, bo podczas stosunku rozmawiali. Kilka tygodni po zdarzeniu, będąc w restauracji, zauważyła mężczyznę, który siedział przy stoliku z żoną i dziećmi. Przerażona natychmiast wybiegła z lokalu i powiadomiła policję o tym, że rozpoznała swojego gwałciciela. Policja zatrzymała wskazanego mężczyznę. Podczas okazania Bożena H. zarzekała się, że to on był pierwszym sprawcą. Człowiek ten z gwałtem nie miał jednak zupełnie nic wspólnego. Był przypadkową osobą, która o niewłaściwej godzinie i w niewłaściwym miejscu znalazła się w restauracji, w której była również poszkodowana. Prokuratura odniosła połowiczny sukces; w stosunku do pierwszego z zatrzymanych zapadł wyrok skazujący, zaś wobec drugiego, który był pierwszym gwałcicielem, sprawa została umorzona ze względu na brak wykrycia sprawcy.

Po trzech latach od tego gwałtu, kiedy Tomasz Komenda był już oskarżonym w sprawie miłoszyckiej, oławska prokuratura przypomniała sobie, że na wolności pozostaje jeszcze jeden sprawca gwałtu Bożeny H. Porównano wtedy zabezpieczony kod DNA Tomka ze sprawy gwałtu na Małgorzacie K. z kodem genetycznym zabezpieczonym po gwałcie na Bożenie H. Kody okazały się zbieżne. Sprawa ta bez wątpienia wzmocniłaby tylko zbrodnię w Miłoszycach, w której przez cały czas brakowało mocnych dowodów. W celu potwierdzenia sprawcy ściągnięto Tomka z aresztu śledczego na okazanie do Komendy Wojewódzkiej Policji we Wrocławiu. W jednym rzędzie razem z innymi mężczyznami ustawiono go za lustrem weneckim. Z drugiej strony czekała Bożena H. Być może próbowano jej podpowiadać, kto może być pierwszym sprawcą, kobieta kategorycznie zaprzeczała, aby była nim którakolwiek z okazanych jej osób. Prokuratura nie zdecydowała się oskarżyć Tomasza, dysponowała bowiem jedynie wątpliwym kodem DNA, wyizolowanym wówczas mało precyzyjną metodą.

Policjantom z Komendy Wojewódzkiej Policji we Wrocławiu nie było to na rękę, ale Prokuratura Rejonowa w Oławie sprawę gwałtu na Bożenie H., w którym uczestniczyć miał Tomasz Komenda, umorzyła. Tomek wiedział jednak, że wokół niego dzieje się coś złego. Okazanie do sprawy gwałtu z Jelcza-Laskowic na Bożenie H., potem przesłuchanie we Wrocławiu na okoliczność zgwałcenia Małgorzaty K., pobranie śladów zapachowych, krwi, wycisków szczęk, wszystko to sprawiało, że czuł niepokój, mimo iż miał czyste sumienie. Tak było do kwietnia, kiedy został zatrzymany do sprawy miłoszyckiej. Wtedy też wypożyczono akta umorzonej sprawy gwałtu na Bożenie H. Kiedy Tomasz został już aresztowany i toczył się jego proces w sprawie gwałtu i pobicia ze skutkiem śmiertelnym Małgorzaty K., do prokuratury w Oławie listem poleconym wpłynęło pismo z Prokuratury Okręgowej we Wrocławiu. 20 lutego 2002 roku leżało już na biurku szefa prokuratury.

```
V Ds. 37/01                      Wrocław 2002-02-15


Pan
Prokurator Rejonowy w Oławie


W  załączeniu  zwracam  po  wykorzystaniu  akta
sprawy  tamtejszej  Prokuratury  umorzonej  posta-
nowieniem  z dnia 27 czerwca 1997 roku.
```

Jednocześnie zauważam

Na karcie nr 118-120 (akt wskazanej powyżej sprawy) znajduje się opinia Katedry Medycyny Sądowej, Pracownia Hemogenetyki Akademii Medycznej we Wrocławiu z dnia 16.12.1996 roku.

Z treści opinii wynika jednoznacznie, iż na dowodowych figach stwierdzono nasienie ludzkie, w którym wykazano fenotyp DNA PolyMarkera: LDR, BB, GYPA AA, HBGG AB, D7S8, AB, GC AC.

Z kolei w toku sprawy nr V Ds. 29/99 [skierowano w niej akt oskarżenia przeciwko Tomaszowi Komendzie - przyp. G.G.] dotyczącej dokonanego w nocy z 31 grudnia 1996 roku na 1 stycznia 1997 roku w Miłoszycach gwałtu ze szczególnym okrucieństwem na osobie Małgorzaty K,

Tj. o czyn z art. 197 § 3 kk i inne - ustalono, iż:

1) Ekspertyza tej samej co powyżej pracowni z dnia 25.11.1997 roku nr LR. 197-99 wykazała, że we krwi Tomasza Komendy stwierdzono fenotyp DNA PolyMarkera: LDRL BB, GYPA AA, HBGG AB, D7S8 AB, GG AC

2) Kolejna opinia pracowni z dnia 5.02.1997 roku nr LR 026-97 wykazuje w trzech włosach zabezpieczonych na miejscu znalezienia zwłok Małgorzaty K. taki sam fenotyp DNA PolyMarkera. Zatem jest zbieżność oznaczonych cech polimorficznych w materiale dowodowym i we krwi Tomasza Komendy.

Skoro zatem sekwencje literowe fenotypu DNA ustalonego w toku postępowania dotyczącego gwałtu dokonanego na osobie Bożeny H. odpowiadają wyizolowanemu DNA Tomasza Komendy, oznaczać

to może, że wymieniony jest jednym ze sprawców
tego przestępstwa.

Traktować to bez wątpienia należy jako nową
okoliczność w postępowaniu dotyczącym gwałtu na
Bożenie H. i konieczne jest rozważenie celowo-
ści podjęcia tejże sprawy do dalszego prowadzenia przez tamtejszą Prokuraturę.

Aktualnie Tomasz Komenda przebywa w Areszcie
Śledczym we Wrocławiu do dyspozycji Sądu Okręgo-
wego we Wrocławiu III Wydział Karny w sprawie
III K 113/01.

Podpisano Naczelnik Wydziału Śledczego Prokuratury Okręgowej we Wrocławiu Waldemar K.

Trudno doszukiwać się szczerych intencji w działaniach naczelnika Prokuratury Okręgowej we Wrocławiu. Czytając akta dotyczące
sprawy gwałtu Bożeny H., powinien mieć bowiem świadomość, że
żadne nowe okoliczności nie pojawiły się w tej sprawie. Prokuratura
Rejonowa w Oławie znała wyniki analizy DNA i uznała je za zbyt
słabe na to, by je wykorzystać jako dowód obciążający Tomasza Komendę. Dlatego w 1999 roku postępowanie zostało umorzone. Oce-
niając to obiektywnie, wypada dojść do wniosku, że żaden nowy dowód nie zaistniał. Wznowienie postępowania byłoby jednak wygodne
dla Prokuratury Okręgowej we Wrocławiu. Sprawa Tomasza, w której był oskarżony o gwałt ze szczególnym okrucieństwem i pobicie
ze skutkiem śmiertelnym Małgorzaty K., stanęłaby w innym świetle,
gdyby przeciwko niemu toczyło się jeszcze jedno postępowanie dotyczące przestępstwa na tle seksualnym. Inicjowanie kolejnego postępowania obciążało Tomasza Komendę odium seryjnego gwałciciela.

Prokuratura w Oławie wznowiła śledztwo w sprawie dotąd nieusta-
lonego sprawcy gwałtu na Bożenie H. Szukać oczywiście go nie musiała,
bo pismo z prokuratury wskazywało Tomasza Komendę jako możli-
wego (domniemanego) sprawcę.

Wrocław 2002-02-15

Pan

Prokurator Rejonowy

w Oławie

55-200 Oława ul. I – go Maja 41

W załączeniu zwracam po wykorzystaniu akta sprawy tamt. Prokuratury nr Ds. 619/97 p-ko Jarosławowi T█████ podejrzanemu o dokonanie gwałtu na osobie Bożeny H█████ – umorzonej postanowieniem z dnia 27 czerwca 1997 r.

Jednocześnie zauważam ;

Na karcie nr 118-120 (akt wskazanej powyżej sprawy) znajduje się opinia Katedry Medycyny Sądowej , Pracownia Hemogenetyki Akademii Medycznej we Wrocławiu z dnia 16.12.1996 r.

Z treści opinii wynika jednoznacznie , iż na dowodowych figach stwierdzono nasienie ludzkie , w którym wykazano fenotypy **DNA PolyMarkera; LDRL, BB, GYPA AA, HBGG AB, D7S8, AB, GC AC.**

Z kolei w toku sprawy nr V Ds. 29/99 (skierowano w niej akt oskarżenia wobec Tomasza Komendy), a następnie jej kontynuacji pod nr V Ds. 37/01, dot. dokonanego w nocy z 31 grudnia 1996 r. na 1 stycznia 1997 r. w Miłoszycach gwałtu ze szczególnym okrucieństwem, na osobie Małgorzaty K█████
tj. o czyn z art. 197§3 kk i inne – ustalono, iż;

1) Ekspertyza tej samej co powyżej pracowni z dnia 25.11.1999 r. nr LR.179-99 wykazała , że we krwi Tomasza Komendy stwierdzono fenotypy **DNA PolyMarkera; LDRL BB, GYPA AA, HBGG AB, D7S8 AB, GC AC** - (patrz załącznik nr 2).

2) Kolejna opinia pracowni z dnia 5.02.1997 r. nr LR.026-97 wykazuje w trzech włosach zabezpieczonych na miejscu znalezienia zwłok Małgorzaty K█████

15 marca 2002 roku, a więc kilkanaście dni po wpłynięciu pisma z Prokuratury Okręgowej do Prokuratury Rejonowej w Oławie, prokurator Renata P. podpisywała właśnie postanowienie o wszczęciu śledztwa przeciwko Tomaszowi Komendzie. Tym samym na podstawie dowodów, którymi dysponowała, umarzając śledztwo przeciwko Tomaszowi Komendzie, musiała go oskarżyć. Pytanie o sumienie prokurator P. pozostawmy otwarte. Przynajmniej nie musiała prowadzić śledztwa, ponieważ w aktach sprawy miłoszyckiej zgromadzono większość dowodów: opinie biegłych, wywiad środowiskowy dotyczący Komendy oraz akt oskarżenia w sprawie gwałtu na Małgorzacie K., i już w maju wysłała do sądu akt oskarżenia przeciwko Tomaszowi, oskarżając go o gwałt. Prokuratura Okręgowa we Wrocławiu, która oskarżyła Tomka, musiała zacierać ręce, a prokurator P. spełniła oczekiwania przełożonych. Osoba, która oskarżyła Komendę o gwałt na Bożenie H., jest dzisiaj czynnym i awansującym prokuratorem. Sprawa ta trafiła wówczas do Sądu Rejonowego w Oławie. Zapewne wszyscy dobrze się czuli, gratulując sobie kolejnego sukcesu, wszyscy poza jedną osobą. Tomek osadzony w areszcie śledczym we Wrocławiu właśnie otwierał kopertę z Prokuratury Rejonowej w Oławie, w której był akt oskarżenia. Niedługo po tym koledzy odcinali go ze sznura. Pod osłoną nocy próbował popełnić samobójstwo, wieszając się na okiennej kracie. Przeżył, choć w jego życiu nie zmieniło się wiele, poza tym, że teraz był już seryjnym gwałcicielem, doprowadzanym na dwie rozprawy.

Ta druga nie trwała zbyt długo. Pierwszy termin Sąd Rejonowy w Oławie II Wydział Karny wyznaczył na 2 stycznia 2003 roku. Tej sprawie dziennikarze nie mogli się przyglądać, gdyż sędzia prowadząca wyłączyła jawność postępowania, argumentując, że jego relacjonowanie pomogłoby naruszyć dobre obyczaje i narazić na szkodę interes społeczny. Na pierwszy termin Tomek stawił się doprowadzony przez policjantów. Kiedy był prowadzony przez korytarz Sądu Rejonowego w Oławie, przed drzwiami sali rozpraw, na której za chwilę miał się rozpocząć jego proces, zauważył dobrze mu znaną osobę. Była to mama Małgorzaty K., a obok niej stała nieznana mu dotąd dziewczyna. Chwilę później, kiedy usiadł na ławie oskarżonych, stawił się świadek, Bożena H. Tomek już wiedział, że to właśnie tę kobietę miał zgwałcić, choć nigdy wcześniej jej nie widział. Rozprawa w pierwszym terminie nie odbyła się. Obrona poprosiła o odroczenie procesu w związku z tym, iż nie zdążyła zapoznać się z aktami. Sędzia wyznaczyła kolejny termin na 6 marca 2003 roku.

Na drugiej rozprawie również stawiła się pokrzywdzona wezwana w charakterze świadka. Tomasza Komendę przywieziono z aresztu śledczego we Wrocławiu do Sądu Rejonowego w Oławie. Po krótkim wstępie sędzia poprosił prokuratora o odczytanie aktu oskarżenia, po czym spytano Tomasza, czy przyznaje się do zarzuconego mu czynu i czy chce złożyć wyjaśnienia. Tomek wstał i spokojnym głosem powiedział, że przedstawiony mu zarzut zrozumiał, ale się do niego nie przyznaje. Odmówił też składania wyjaśnień, do czego miał prawo, i oświadczył, że nie będzie odpowiadał na pytania. Sąd rozpoczął przesłuchanie świadka Bożeny H. W 1999 roku, kiedy pierwszy raz okazano jej Tomasza Komendę, kobieta kategorycznie stwierdziła, że to nie on był sprawcą. Jednak na rozprawie w 2003 roku jej zeznania wyglądały już nieco inaczej.

```
Z lokalu wyszłam około godziny dwunastej, ku-
piłam jeszcze colę i chrupki i szłam tak pomału
główną drogą w stronę, jak się idzie w stronę
cmentarza. Po drugiej stronie szedł Tomasz Ko-
menda, dodam, że tą drogą wracało wiele osób
z dyskoteki. Początkowo oskarżony szedł przeciwną
stroną ulicy, w pewnym momencie z naprzeciwka
nadjechał samochód na długich światłach, w każ-
dym bądź razie oślepił mnie i gdy mnie minął,
zobaczyłam, że Komenda już jest za mną. Zaczęłam
trochę się bać, ale szłam dalej. Koło cmentarza
```

stało kilka samochodów, a pośrodku nich biały
maluch, koło którego, tego malucha, stał Piotr K.
Komenda był już bardzo blisko mnie i kiedy mi-
nęłam cmentarz i Piotra K., i nagle za cmenta-
rzem otrzymałam silny cios w głowę, wydaje mi
się, że jakimś patykiem, w każdym razie jakimś
narzędziem. Chciałam szybko zawrócić w stronę
Piotra K., bo nie upadłam po uderzeniu, i wtedy
oskarżony jedną ręką złapał mnie za szyję od
tyłu tak, jakby objął mnie tą ręką od przodu,
a drugą wsadził mi do gardła i powiedział, że
jak będę krzyczała, to mnie udusi. Zawróciliśmy
kawałek i on mnie wciągnął niedaleko koło drogi
w krzaki, to było od strony parkingu. W tych
krzakach przewrócił mnie na ziemię i kazał mi
ściągnąć spodnie.

Kobieta ze szczegółami opowiadała, co działo się dalej. Pytana
przez sędziego, czy mężczyzna siedzący na ławie oskarżonych to ten,
który ją zgwałcił, odpowiedziała, że tak:

– Komenda został przeze mnie zapamiętany, ponieważ ma wklę-
słe oczy, chcę powiedzieć głęboko osadzone, był szczupły tak jak dzisiaj – uzasadniała.

Dopytywana po ośmiu latach od gwałtu, dlaczego Tomasza Komendy
nie rozpoznała pod koniec 1999 roku, kiedy był jej okazywany, odpowiedziała tylko tyle, że wtedy nie przyjrzała się jego oczom i nie
miała pewności. Bożenie H. Tomasza Komendę okazywano dwa razy:
w Oławie, kiedy za lustrem weneckim stał w szeregu z trzema innymi
mężczyznami, i we Wrocławiu, kiedy funkcjonariusze Komendy Wojewódzkiej Policji zawieźli ją do zakładu karnego. Ani za pierwszym,
ani za drugim okazaniem nie rozpoznała Tomasza i nic nie mówiła
o „wklęsłych" oczach. Podczas rozprawy najwyraźniej wróciła jej

pamięć. Kiedy Komendę prowadzono sądowymi korytarzami, Bożena H. stała przed salą rozpraw wraz z matką Małgorzaty K., która bardzo dobrze znała twarz Tomka. Widywała go wiele razy na innych salach sądowych w związku z oskarżeniem o zgwałcenie i śmierć jej dziecka.

W trakcie postępowania w sprawie o gwałt na Bożenie H., którego dopuścić miał się Tomasz Komenda, w Sądzie Okręgowym we Wrocławiu już zapadł wyrok w jego sprawie związanej ze śmiercią Małgorzaty K. Wyrok skazujący Tomka na piętnaście lat więzienia został dołączony do akt sprawy gwałtu na Bożenie H. To postępowanie również miało się ku końcowi. Na rozprawę wezwano jeszcze Piotra K., tego samego, który po tym, jak uratował dziewczynę, sam ją zgwałcił. Mężczyzna przesłuchiwany przed sądem mówił, że nie jest w stanie rozpoznać Tomasza Komendy, bo nie widział jego twarzy. A zna go jedynie z portretów pamięciowych publikowanych w mediach w związku ze zbrodnią miłoszycką.

Pod koniec 2004 roku, dzień przed Wigilią, Tomek po raz kolejny został doprowadzony do oławskiego sądu. Po tym, jak został skazany w pierwszej instancji przez Sąd Okręgowy we Wrocławiu na piętnaście lat pozbawienia wolności, nie liczył już na nic. Skoro w sprawie Małgorzaty K. jako osoba niewinna został skazany na piętnaście lat więzienia, nie wierzył, że teraz wyrok będzie sprawiedliwy. Choć miał jeszcze cień nadziei, szybko pozbył się złudzeń. I w tej sprawie został skazany. Tym razem na cztery lata. Tomek nie był już zwykłym mordercą i gwałcicielem. I choć odwołał się od obu wyroków, to do czasu ich prawomocnych rozstrzygnięć, na kilka lat zyskał miano seryjnego gwałciciela. Nie zdziwiłoby go, gdyby pod celę przyszedł dyżurny i wręczył mu list, w którym Tomasz znalazłby kolejny akt oskarżenia. Po tych wyrokach – piętnaście i cztery lata pozbawienia wolności – sądził, że nie może spodziewać się niczego gorszego. Nawet nie wiedział, jak bardzo się mylił.

Pierwsze spotkanie
z Tomkiem Komendą

Prokuratora Roberta Tomankiewicza znałem już od kilku lat. Poznaliśmy się przy zupełnie innej sprawie. W czerwcu 2017 roku to jego podwładny Dariusz Sobieski zdecydował o zatrzymaniu do morderstwa w Miłoszycach Ireneusza M., drugiego podejrzanego, który razem z Tomkiem miał zamordować Małgosię. To miała być oficjalna rozmowa przed kamerą. Kiedy ekipa telewizyjna rozstawiała się i przygotowywała do tak zwanej setki, czyli wywiadu, zwróciłem uwagę, że w pokoju naczelnika wiszą dwie flagi i jeżeli kamera to zarejestruje, prokurator może mieć potem problemy. Ta pierwsza, biało-czerwona, była jak najbardziej na swoim miejscu, ale ta niebieska z gwiazdkami mogła być źle odczytana przez jego przełożonych. To oczywiście był żart, ale flaga Unii Europejskiej rzeczywiście wisiała i do dnia dzisiejszego wisi w pokoju Tomankiewicza.

Zanim zaczęliśmy oficjalną rozmowę, naczelnik zapytał o Tomka:

– Wiem, że widział się pan z Tomaszem Komendą w dwa tysiące szóstym roku, co pan o nim sądzi?

Prokurator Tomankiewicz był już wtedy zaznajomiony z moim materiałem na temat zbrodni w Miłoszycach, który realizowałem dwanaście lat temu. Na pewno nie oglądał go z nudów, ale w jakimś konkretnym celu.

– Co sądzę? Przecież oboje wiemy, że trzymacie od osiemnastu lat niewinnego gościa pod celą.

– Co też pan opowiada, przecież został skazany przez wszystkie instancje, sąd okręgowy, sąd apelacyjny i Sąd Najwyższy.

– To po co pan pyta? – trochę kąśliwie zapytałem prokuratora.

– Tak po prostu, bo wiem, że widział się pan z nim kilka lat temu.

Po raz kolejny odpowiedziałem prokuratorowi, że trzymają w zakładzie karnym niewinną osobę.

– Dlaczego pan tak uważa? – zaczął dopytywać naczelnik Tomankiewicz.

– On nie pasuje do tej historii. Jeżeli oglądnął pan mój materiał z dwa tysiące szóstego roku, to powinien pan wyciągnąć odpowiednie wnioski.

– To znaczy?

– To znaczy to, co powiedziałem wcześniej, to się wszystko kupy nie trzyma, gdzie on, gdzie sprawa z Miłoszyc i jak się ma do tego teraz zatrzymany Ireneusz M.?

W 2006 roku odwiedziłem Tomka Komendę w zakładzie karnym we Wrocławiu przy ulicy Klęczkowskiej. Wtedy jeszcze wpuszczali mnie za więzienne mury. Rozmowę z Tomkiem pozwolono nawet nagrać w celi. Wtedy, choć dziś tego żałuję, moim celem nie było oczyszczenie Tomasza z zarzutów, ale próba wydobycia od niego, z kim dokonał morderstwa. Skoro został skazany, a sprawców miało być dwóch, to powinien znać tego drugiego. W tej sprawie pojawiało się wiele hipotez. Wówczas skupiłem się zaledwie na jednej. Pytałem o syna bogatego biznesmena, który razem z Tomkiem miał dopuścić się zbrodni. Kilkakrotnie pytałem Tomka o nazwisko L. Mimo że chciał mi pomóc i liczył, że ja pomogę jemu, to nazwisko to z nikim mu się nie kojarzyło. Pytałem także o wyrok i o to, dlaczego się przyznał. Tomek ze swoją szczerością i prostotą odpowiedział:

– Tak mnie bili, że gdyby kazali mi się przyznać, że zabiłem pana papieża, to też bym się przyznał.

Z całego ponadgodzinnego wywiadu z Tomkiem tylko te słowa znalazły się w realizowanym przeze mnie materiale z 2006 roku. Sam zastanawiałem się, dlaczego w reportażu umieściłem tylko tę wypowiedź, skoro pojechałem na to spotkanie w innym celu. Pojechałem, żeby zapytać, z kim Tomasz K. zamordował Małgorzatę K. Jednak już wtedy miałem przeczucie, że ta sprawa do mnie kiedyś wróci. Już wtedy Tomek nie pasował do tej zbrodni, być może wówczas powinienem się zastanowić, jak pomóc mężczyźnie, choć dziś z perspektywy czasu wiem, że nie miałem takiej możliwości. Pamiętam, jak ślęczałem nad aktami w archiwum Sądu Okręgowego we Wrocławiu, rozmawiałem z pełnomocnikiem rodziny zamordowanej, z samymi rodzicami, ze wspomnianym już wcześniej prokuratorem Stanisławem O. Wszystko układało się w jedną spójną całość, tylko Tomek jakoś do tej całości nie pasował. Może gdyby był wytatuowanym mięśniakiem, cwaniaczkiem spod celi… W zakładzie karnym przy ulicy Klęczkowskiej spotkałem już prawie trzydziestoletniego chłopca, który mimo swojego wieku wyglądał jak małe, przerażone dziecko, wychudzone, wygłodzone, na którego twarzy rysował się potworny ból. Mimo że wtedy o tym nie myślałem, to dziś wiem, że każdego dnia Tomek przeżywał koszmar. Pierwszą rzeczą, jaką zrobiłem po wizycie u prokuratora Tomankiewicza, było odnalezienie w archiwum programu „Superwizjer" materiału sprzed dwunastu lat. *Kod zbrodni* – taki tytuł mu wtedy nadałem. Z perspektywy czasu, technologii i możliwości realizacyjnych zdjęć, materiał nadal robił wrażenie. Po dwunastu latach, z dużo większym bagażem doświadczeń dziennikarskich, wiem, że dziś nie zrealizowałbym tego lepiej. Oglądałem program dziesiątki razy. Wypowiedź Tomka około stu. Pamiętam jeszcze jeden szczegół naszej rozmowy, kiedy witaliśmy się przed nagraniem, Tomek powiedział:

– Czekałem na pana sześć lat, wierzy mi pan, że jestem niewinny. Bardzo współczuję rodzicom Małgorzaty K., że stracili córkę, ale to nie ja ją skrzywdziłem, tylko ludzie z miejscowości Miłoszyce.

Zza kamery mówiłem Tomkowi, że przecież się przyznał, że na miejscu zbrodni były jego ślady biologiczne. W odpowiedzi usłyszałem:

– To prawda, przyznałem się do tego, ale tylko z tego powodu na policji się przyznałem, bo pan policjant, ci, którzy mnie zatrzymali, powiedzieli, że mają na mnie takie dowody, jakie mają, i zaczęli mnie bić, żebym się do tego przyznał. Że ta sprawa za długo trwa, że nie mogą znaleźć prawdziwych sprawców i ja muszę się do tego przyznać, bo inaczej nie wyjdę żywy z ich pokoju. I po prostu tak mnie bili, że nawet bym się przyznał, że strzelałem do pana papieża Jana Pawła II.

Większość przestępców, których spotkałem przed naszym pierwszym spotkaniem i po nim, tak właśnie mi mówiła; przyznałem się, bo mnie bili. Taka zazwyczaj jest linia obrony. Nie ma dokładnych statystyk, ale przyjmuje się, że w zakładach karnych w Polsce niewinnie skazanych osób jest między jeden a trzy procent. Biorąc pod uwagę, że obecnie jest około osiemdziesiąt tysięcy osób osadzonych, to liczba odsiadujących wyrok za niewinność i tak jest zatrważająca. Może być ich nawet około dwóch tysięcy, choć nie sądzę, żeby wśród nich znalazła się tak dramatyczna historia jak ta, która jest udziałem Tomasza Komendy. Przygotowując się do realizacji tego tematu, przeczytałem niemalże wszystkie publikacje dotyczące tego zagadnienia. Nie znalazłem wśród nich podobnego przypadku. Co więcej, o niesłusznie skazanych powstał bardzo ciekawy raport przygotowany przez Łukasza Chojniaka i Łukasza Wiśniewskiego. Dwóch prawników badało ten problem, ale ograniczali się tylko do obszaru apelacji poznańskiej. Przypadku Tomka nie opisywali, bo jest to stosunkowo nowa sprawa i spoza obranego przez nich rejonu. Poznałem autorów tego opracowania, kiedy rozmawialiśmy w studiu TVN 24 o Tomku. Aż tak dramatycznej historii w ich raporcie nie ma.

Wiem, że Tomek był mi wdzięczny za rozmowę i za to, że ktoś go w końcu wysłuchał. Może liczył na coś więcej, może niepotrzebnie wzbudziłem w nim jakieś nadzieje, bo wtedy wszystkie kroki prawne były już wyczerpane. Sąd okręgowy, sąd apelacyjny, Sąd Najwyższy, nikt nie zauważył fatalnej pomyłki. Oczywiście o współsprawcy gwałtu i zabójstwa dziewczyny nic mi nie powiedział, bo i powiedzieć nie mógł. Nazwisko L., o którym mu mówiłem, kojarzył jedynie ze śledztwa, w którym mężczyzna, syn bogatego biznesmena, w sprawie rzeczywiście się pojawił, ale bez wątpienia był to fałszywy trop. Pewna kobieta, która w śledztwie figurowała jako świadek incognito, zeznała, że miała go widzieć na dyskotece w Miłoszycach, kobieta miała być potem zastraszana, ktoś miał nawet próbować ją zgwałcić. Mimo że była ona świadkiem anonimowym, to odnalazłem ją i przeprowadziłem wywiad. Dziś już wiadomo, że wszystko sobie wymyśliła. Miała pewien powód. Jej syn był na dyskotece w Miłoszycach w noc morderstwa Małgorzaty K. Miał na imię Irek, a to właśnie rzekomy Ireneusz miał zabrać dziewczynę z dyskoteki, a potem zgwałcić. Zapewne chodziło jej o to, by odciągnąć jakiekolwiek podejrzenia od syna, stąd wprowadziła do śledztwa syna bogatego biznesmena, który miał się dopuścić gwałtu. W pewnym sensie mężczyzna był pokrzywdzony, bo ludzie szybko zaczęli mówić, że ojciec na pewno dał łapówkę, żeby wyciągnąć syna z tarapatów, że za pieniądze w naszym kraju można zrobić wszystko. To, co zazwyczaj ludzie mówią w małych miejscowościach o policjantach, prokuratorach czy sądach, że wszyscy są skorumpowani i przepłaceni. Bez wątpienia syn bogatego przedsiębiorcy z Jelcza-Laskowic ze sprawą nie miał nic wspólnego. Jemu także należą się przeprosiny, bo plotki o tym, że jest mordercą, po okolicy krążą do dziś. Tomek go nie znał, tak jak i nie znał tego drugiego, z którym miał się dopuścić zbrodni, bo w zbrodni nie brał udziału. W zakładzie karnym, w jego celi, spędziliśmy parę ładnych godzin, poza sprawą pytałem go, jak sobie radzi, czy mu ciężko. Wiedziałem, że było, ale nie chciał dać tego po sobie poznać. Coś jeszcze bardzo istotnego zdecydowało, że warto mu było uwierzyć. Od sprawy minęło już kilka lat, wielu już dawno zapomniało, za co Tomek siedzi, a przestępstwo, którego się dopuścił, wśród współwięźniów nie jest mile widziane. Pomimo tego Tomek zgodził się na rozmowę przed kamerą i chciał pokazać twarz. Wiedział, że powiemy, za co siedzi, tym samym sprawa do niego wróci, współwięźniowie przypomną sobie, że jest pedofilem, gwałcicielem i mordercą, a tacy w zakładach karnych są piętnowani. Zgodził się, że nagrywamy wywiad, ale jego warunkiem było to, że w materiale nie ukryjemy jego twarzy. Trudno było mu nie wierzyć, tylko co w takim razie z dowodami, które go obciążały, włosy, czapka, ugryzienie na piersi Małgorzaty K. Czapkę potrafił wyjaśnić, bo twierdził, że nigdy w życiu w żadnej nie chodził, swoich włosów na niej już nie za bardzo, mówił wtedy, że ktoś musiał je podrzucić, bo przede wszystkim nigdy go w Miłoszycach nie było, zaś opinia związana ze śladami zębów na ciele dziewczyny została według niego sfałszowana. Przyznanie się do dobrowolnego stosunku z nastolatką wyjaśnił już wcześniej. Słowo przeciwko dowodom, kiepsko to wówczas wyglądało. Pasowało tylko jedno, nie sprawiał wrażenia gwałciciela i mordercy. To jednak nieco za mało, żeby móc mu uwierzyć. Zarzekał się, że tej nocy był w domu i ma na to świadków. Miał, owszem, tyle że większość to rodzina i przyjaciele, a takim sądy rzadko dają wiarę. Dużo mówił wtedy o matce, ale dziś trudno mi w pamięci odszukać jego słowa, na pewno pochwalił się, że ma dziewczynę. To dokładnie zapamiętałem, ponieważ kiedy zamykali go w areszcie śledczym, nie był związany z żadną kobietą, a kilka tygodni przed tym, jak został zatrzymany, rozstał się ze swoją partnerką. Skąd więc dziewczyna? Szybko mi wyjaśnił, że poznał ją zupełnie przez przypadek – listownie. Pokazał mi chyba nawet jej zdjęcie, dużo pisali do siebie, była też u niego na widzeniu, ale potem związek – a może bardziej znajomość – się rozpadł. Trudno, by dziewczyna czekała na mężczyznę, który ma do odsiedzenia ponad dwadzieścia lat. Znam także i takie przypadki, że czekają, ale to zazwyczaj miłość sprzed postawionych zarzutów albo małżeństwa z dziećmi. Pytałem go wtedy, czy sądzi, że taki związek ma w ogóle sens. Odpowiadał, że co ma być, to będzie.

Mówił również, że pisał list do redakcji programu „Superwizjer", aby ktoś zajął się jego sprawą. Przeprosiłem go, wtedy nie wszystkie listy trafiały na moje biurko. Korespondencję mógł odebrać ktoś inny, kto przeczytał, zastanowił się i odłożył kopertę na półkę z listami od osadzonych. Listów takich do redakcji przychodziło najwięcej, zwłaszcza po emisjach materiałów, w których mowa była o niesłusznych zarzutach, bezzasadnym areszcie, błędach wymiaru sprawiedliwości. Tomek pisał także do Rzecznika Praw Obywatelskich. W odpowiedzi dostał informację, że rzecznik nic w jego sprawie nie może zrobić, ponieważ wyczerpały się wszystkie możliwości prawne.

Podziękowałem mu za rozmowę i powiedziałem, że zadzwonię do rzecznika prasowego zakładu karnego z informacją, kiedy materiał wyemitują w telewizji. Ukazał się 22 października 2006 roku na antenie TVN. Wtedy byłem pierwszym i jedynym dziennikarzem, który przyjechał do Tomka. Inni zazwyczaj podczas kolejnych rozpraw próbowali biec za konwojującymi go policjantami, pytając, dlaczego zabił Małgosię i co chciałby powiedzieć jej rodzicom. Pierwszy raz i na to publicznie mógł odpowiedzieć:

– Bardzo współczuję rodzicom Małgorzaty K., że stracili córkę, ale to nie ja ją skrzywdziłem, tylko ludzie z miejscowości Miłoszyce.

Ten drugi

Przez prawie dwanaście lat nie miałem kontaktu ze sprawą, zresztą przez ponad dziesięć nic praktycznie się w niej nie działo. Tomek jak był w więzieniu, tak był. W ostatnich latach trzykrotnie występował o warunkowe przedterminowe zwolnienie z zakładu karnego. Nigdy się to nie udało. Po czwartym razie zrezygnował, bo wiedział, że nie ma to większego sensu. Spodziewał się, że decyzja i tak będzie odmowna, nie spełniał podstawowego, choć nieoficjalnego kryterium, które stanowią przyznanie się do winy i wyrażenie żalu za popełnienie zbrodni. Nie zamierzał jednak przyznać się do czegoś, czego nie zrobił, a jedynie pod takim warunkiem mógłby w ogóle myśleć, że ktokolwiek pochyli się nad jego losem. Żaden sędzia nie wziąłby na siebie takiej odpowiedzialności, aby zwolnić człowieka oskarżonego o gwałt i pobicie ze skutkiem śmiertelnym, a w zasadzie to już o morderstwo, ponieważ sąd zmienił kwalifikację prawną. Trudno też się dziwić sędziom, którzy odmawiali mu takiego przywileju, jakim jest warunkowe przedterminowe zwolnienie. Łatwo wyobrazić sobie, jaka byłaby reakcja rodziców zamordowanej dziewczyny czy choćby mediów.

Przeczytałem całe akta penitencjarne Tomka, nie było ich zresztą zbyt wiele. W ciągu tych kilkunastu lat osiemnaście nagród, cztery upomnienia. Biorąc pod uwagę, że miał przywileje, jak choćby dodatkowe widzenia z matką, to więźniem musiał być raczej wzorowym. Zresztą z tego, co wiadomo, Tomek nie wychylał się w zakładzie karnym, nie należał do więźniów grypsujących, zresztą nie mógłby nawet, bo osoby z jego zarzutem nie są dopuszczane do subkultury więziennej. O sprawie raczej już się nie mówiło w mediach, więc Tomkowi współosadzeni odpuścili, już mało kto pamiętał, za co siedzi. Tomek zresztą wymyślił sobie własną historię: jeżeli ktokolwiek o cokolwiek go spyta, powie, że siedzi za brutalne zabicie swojego sąsiada. Mijały kolejne dni, miesiące i lata. Jedynym urozmaiceniem czasu były widzenia, rozmowy z matką, braćmi, ojczymem, regularne telefony do rodziców. Czyli w zasadzie nic, co zapowiadałoby, że może dojść do jakiegoś przełomu. Krótka wzmianka w wiadomościach wrocławskich, które oglądał Tomek, coś jednak zmieniła. W czerwcu 2017 roku pojawiła się informacja, że do sprawy morderstwa w Miłoszycach zatrzymany został Ireneusz M. Kilka tygodni później pod zakład karny w Strzelinie podjechała srebrnoszara kia.

Informacja o tym, że zatrzymany został Ireneusz M., dotarła także do mnie. Trudno, żebym nie zainteresował się sprawą, skoro kiedyś robiłem materiał o tym drugim, który wówczas nie okazał się tym drugim, a jedynie kolejnym błędnym tropem, jakich było wiele w tej sprawie. Skoro jednak prokuratura zdecydowała się zatrzymać mężczyznę, i to po ponad dwudziestu latach od zbrodni, to musiał być ku temu jakiś powód wynikający z materiału dowodowego.

Umówiłem się na oficjalną rozmowę z prokuratorem Tomankiewiczem z Prokuratury Krajowej Dolnośląskiego Wydziału Zamiejscowego do Spraw Przestępczości Zorganizowanej i Korupcji we Wrocławiu. Ekipa telewizyjna była już gotowa. Wcześniej szybko przeliczyłem, ile czasu potrzebowała prokuratura na znalezienie Ireneusza M., i zapytałem prokuratora Tomankiewicza:

– Dwadzieścia lat, sześć miesięcy i czternaście dni – tyle potrzebowaliście, żeby wykryć sprawcę, nie za długo?

– Dla nas, dla naszego wydziału jest to zaledwie kilka miesięcy. Sprawa zbrodni miłoszyckiej była dość głośna we Wrocławiu i okolicach i była to sprawa, która co jakiś czas wracała jak bumerang. Wracała medialnie, ale również w rozmowach prokuratorów, policjantów. Wracała jako sprawa nie do końca wyjaśniona, niewykryta, trudna, być może niewykrywalna. Tak się złożyło, że powstał ten wydział, Dolnośląski Wydział do Spraw Przestępczości Zorganizowanej i Korupcji we Wrocławiu, który z założenia miał się zajmować najtrudniejszymi sprawami, i w tym czasie ta sprawa w pewnej rozmowie wróciła.

– Co więc było takim punktem, żeby wrócić do tej sprawy po dwudziestu latach, właśnie teraz?

– Tak jak powiedziałem, ten wydział został powołany do najtrudniejszych spraw i ta właśnie wróciła w pewnych rozmowach, o których mówić nie mogę, i powstała pewna koncepcja, aby o tej sprawie nie tylko rozmawiać, ale również wrócić do niej i zmierzyć się z nią. I taką decyzję podjęliśmy. Wystąpiliśmy do sądu o akta tej sprawy, okazało się, że tam ich nie ma, a są w Prokuraturze Krajowej już analizowane, więc mogę założyć, że i tak ta sprawa byłaby nam przydzielona. Ale zwróciliśmy się o to, aby przekazano nam te akta do analizy, abyśmy mogli spróbować wrócić i zmierzyć się z tym postępowaniem, żeby je ostatecznie wyjaśnić.

Prokuratora Tomankiewicza uwielbiam za to, jak mówi. Zanim włączy się kamera, jest normalnym człowiekiem. Nawet palimy w jego gabinecie, co rzecz jasna jest zabronione, jak w każdym urzędzie, a w urzędzie prokuratorskim przede wszystkim powinno się przestrzegać pewnych zasad. Niestety prokurator Tomankiewicz pali tak samo dużo jak ja, więc pewnie zamiast siedzieć w gabinecie, przez cały czas musielibyśmy stać w palarni. Kiedy włącza się kamera, przestaje być normalnym facetem i staje się typowym urzędnikiem z gotowymi prokuratorskimi formułkami, przygotowanymi już wcześniej i niemalże recytowanymi. Sprawa, o której rozmawialiśmy, choć tę prowadził prokurator Dariusz Sobieski, Tomankiewiczowi była szczególnie bliska.

– Ostatecznie to znaczy, że już jest wyjaśniona? – już przy włączonej kamerze zapytałem prokuratora Tomankiewicza, który znów zamienił się w urzędnika o kamiennej twarzy.

– Nie jest jeszcze wyjaśniona, ale mamy pełną świadomość tego, że prawdopodobnie jako prokuratura podchodzimy do tej sprawy po raz ostatni, i dlatego chcemy wyjaśnić wszystkie okoliczności tej zbrodni.

– Jak długo analizowaliście akta, żeby znaleźć tego drugiego potencjalnego sprawcę?

– Po przejęciu sprawy wykonaliśmy różne czynności, o pewnych mogę już dzisiaj powiedzieć. Oczywiście analizowaliśmy kilkaset protokołów zeznań świadków, ale oprócz tego wyszliśmy z założenia, że trzeba sprawdzić przeszłość kryminalną ustalonych osób, które brały udział w dyskotece sylwestrowej. Chcieliśmy sprawdzić, czy jakiś uczestnik bądź uczestnicy tej zabawy sylwestrowej popełnili w późniejszym czasie przestępstwa na tle seksualnym. Kiedy analizowaliśmy zeznania przesłuchanych w sprawie osób, naszą uwagę przykuły zeznania Ireneusza M., które zostały złożone zaledwie kilka dni po tej zbrodni, a dokładnie czwartego stycznia tysiąc dziewięćset dziewięćdziesiątego siódmego roku. Te zeznania wywołały nasze duże zdziwienie, bo były absolutnie nienaturalne. Ireneusz M. był na dyskotece, w której uczestniczyło około dwustu, trzystu osób, można założyć około stu, stu pięćdziesięciu dziewczyn, natomiast w zeznaniach mówił tylko o jednej i w sumie z kontekstu tych zeznań nie wiadomo, dlaczego mówił właśnie o niej. Opisywał sposób zachowania tej dziewczyny i opisywał bardzo precyzyjnie, jak była ubrana. To było nienaturalne i w zestawieniu z innym materiałem dowodowym zgromadzonym w tej sprawie można było ustalić, że opisuje on właśnie Małgorzatę K. Natomiast już zupełnie potwierdzeniem dla nas, że ma on związek z tą zbrodnią, było to, gdy opisał, że ta dziewczyna miała skarpetki koloru białego wystające znad butów. Gdy porównaliśmy ten opis z tym, jak była ubrana Małgorzata tego dnia, to było jasne, że tylko sprawca mógł wiedzieć, że miała ona jasne skarpetki pod getrami i pod butami. Dla osoby, która widziała ją na dyskotece, te skarpetki były niewidoczne, natomiast osoba, która widziała ją rozebraną, nagą, mogła widzieć te skarpetki. To dało nam pewność, że ma on związek z tą zbrodnią. Jednocześnie badaliśmy przeszłość kryminalną Ireneusza M. i okazało się, że w przeszłości dopuścił się on kilku gwałtów, był za te gwałty karany sądownie, a sposób jego zachowania w czasie tych gwałtów był bardzo zbliżony do sposobu działania sprawcy, który dopuścił się zbrodni w Miłoszycach.

– To były już gwałty po zbrodni w Miłoszycach?

– To były już gwałty po zbrodni w Miłoszycach, dodatkowo już niejako przy okazji, chociaż może brzmi to nieładnie, ale podczas prowadzenia czynności w sprawie tej zbrodni ustaliliśmy niezgłoszony, kolejny gwałt, którego dopuścił się Ireneusz M. w dwa tysiące siódmym roku, i również o ten gwałt zostały mu uzupełnione zarzuty.

– To proszę mi powiedzieć, kim jest sprawca. To bestia w ludzkiej skórze?

– To są określenia medialne, dla nas jest to osoba w tej chwili podejrzana, co do której zgromadziliśmy materiał dowodowy, który w mojej ocenie ponad wszelką wątpliwość wskazuje, że jest on sprawcą tej zbrodni.

– Czy w innych zbrodniach również działał brutalnie?

– Były to zachowania brutalne, bo chcę podkreślić dodatkowo jeszcze, że oprócz tego, co przed chwilą powiedziałem, wykonaliśmy również inne czynności, o których w tej chwili ze względu na dobro śledztwa mówić nie mogę. Natomiast zgromadziliśmy inny, bardzo mocny materiał dowodowy, który wskazuje na sprawstwo Ireneusza M.

– Jak on się zachowywał podczas zatrzymania i wtedy, kiedy stawialiście mu zarzuty? Był zaskoczony tym, że stawiacie mu zarzut zbrodni sprzed dwudziestu lat?

– Ireneusz M. nie został zatrzymany, ponieważ w czasie, gdy ustaliliśmy, że jest on sprawcą tej zbrodni, odbywał karę pozbawienia wolności w jednym z zakładów karnych w Polsce właśnie za przestępstwo gwałtu. Został przewieziony tutaj do prokuratury na czynności, został mu przedstawiony zarzut gwałtu ze szczególnym okrucieństwem i zarzut zbrodni, jakim jest morderstwo, i mogę powiedzieć, że był bardzo zaskoczony faktem przedstawienia mu tego zarzutu.

– Wiedział, po co został przywieziony do prokuratury i z jakim zarzutem będzie musiał się zmierzyć?

– Nie wiedział, dowiedział się o tym dopiero, kiedy czytał przedstawiony mu zarzut.

– Był zaskoczony?

– Był bardzo zaskoczony.

– Myślał, że ta sprawa go ominęła?

– Był przekonany, że ta sprawa nigdy nie zostanie wykryta.

– Ile zostało mu do odbycia kary z poprzednich wyroków?

– Przewidywany dla niego koniec kary do poprzednich spraw to jest dwa tysiące dwudziesty rok.

– Gdyby nie sprawa z Miłoszyc, to kto wie, może wyszedłby niedługo na wolność i popełniał kolejne tego typu zbrodnie.

– Nie możemy tego wykluczyć, biorąc pod uwagę wcześniejsze jego zachowanie, czyli powracanie do tego typu przestępstw.

– Proszę mi powiedzieć, ile osób, według pana, przed panem i prokuratorem Sobieskim czytało akta sprawy miłoszyckiej?

– Nie mam takiej wiedzy.

– To ja panu powiem. – Tu wymieniłem nazwiska pięciu prokuratorów, zastrzegając, że to nie wszystkie. – I co, i nikt wcześniej nie znalazł w nich Ireneusza M.? Przecież on był wymieniony w pierwszym tomie akt. Ktoś poza wami je czytał, bo mam wrażenie, że nie, skoro dopiero prokurator Sobieski i pan znaleźliście prawdziwego sprawcę?

– Wyniki tego wcześniejszego śledztwa wskazują, że nie dopatrzono się… Przynajmniej nic mi nie wiadomo, aby zauważono te pewne elementy, na które my zwróciliśmy uwagę. Muszę natomiast podkreślić to, co już powiedziałem wcześniej: nie o wszystkich dowodach mogę powiedzieć i być może w tamtych czasach inni prokuratorzy nie mieli możliwości uzyskania tych dowodów.

– Ale jest coś nowego, coś przełomowego, jakiś nowy materiał biologiczny, jakieś nowe DNA?

– Nie mogę w tej chwili na to pytanie odpowiedzieć ze względu na dobro śledztwa.

– Panie prokuratorze, ja mam inne wrażenia, przecież dopiero prokurator Sobieski przyłożył się do sprawy, rzetelnie przeczytał akta i szybko znalazł sprawcę.

– To byłoby duże uproszczenie. Oczywiście zaangażowanie prokuratorów, bo nie był to tylko jeden w tym wydziale, który tą sprawą się zajmował, było ogromne, ale był też powołany zespół przy Komendzie Wojewódzkiej we Wrocławiu i policjanci też bardzo zaangażowali się w tę sprawę, i te czynności przyniosły takie efekty. Natomiast, czy to zaangażowanie było większe niż poprzednich osób, które się tą sprawą zajmowały, nie jestem w stanie ocenić, dlatego że z tamtymi osobami nie pracowałem.

– A może to też powinno być przedmiotem oceny tutejszej prokuratury, czy aby wszyscy dopełnili swoich obowiązków, badając tę sprawę?

– W tej chwili skoncentrowani jesteśmy na głównym kierunku i celu do osiągnięcia w tej sprawie. Natomiast przy okazji tych czynności odpowiemy na wiele pytań, nazwijmy to: poza tym głównym celem, to jest udowodnieniem sprawcy bądź sprawcom, że dopuścili się tej zbrodni.

– Stawiam, panie prokuratorze, tezę, że gdyby nie wasz wydział, to sprawca wyszedłby za chwilę na wolność i gwałcił dalej. To wy wykonaliście pracę, którą należało wykonać dużo wcześniej, być może do wielu gwałtów, których dopuścił się Ireneusz M. w ogóle by nie doszło. Może prokuratorzy, którzy prowadzili tę sprawę, znacznie wcześniej powinni sprawdzić, czy wśród osób bawiących się na dyskotece w Miłoszycach byli sprawcy przestępstw seksualnych. Dlatego pytam: czy potrzebne były kolejne gwałty i dwadzieścia lat na wyjaśnienie?

– Mam ogromną satysfakcję, że prokuratorom tego wydziału udało się ustalić sprawcę tej zbrodni, natomiast jeszcze dużo pracy przed nami i tak naprawdę o ostatecznym sukcesie będziemy mogli mówić dopiero po prawomocnym wyroku sądu w tej sprawie. Natomiast nie jestem w stanie oceniać pracy poprzednich osób, które pracowały przy tej sprawie, dlatego że tej pracy nie obserwowałem, nie widziałem i nie wiem, z jakimi problemami te osoby się spotykały. To są pytania, które do nich należałoby kierować.

– Czy w tej sprawie sprawdziło się to, co zazwyczaj się sprawdza, że sprawca jest w pierwszym tomie akt?

– Zasada, że morderca znajduje się w pierwszym tomie akt, w tym przypadku się sprawdziła.

– To była trudna sprawa. Czy czas jej pomógł, te dwadzieścia lat?

– Wręcz przeciwnie, nie pomógł i cały czas nie pomaga, minęło dwadzieścia lat i to jest ogromny szmat czasu. Trudno nawet dziś wymagać od przesłuchiwanych przez nas świadków, aby istotne dla nas fakty pamiętali, a mamy jeszcze wiele rzeczy do wyjaśnienia. Wokół tej sprawy narosło sporo legend, baśni, mitów, różnie można to nazwać, które dzisiaj musimy wyjaśnić. Z tego kłębka różnych informacji, które są nieprawdziwe czy półprawdziwe, musimy wyciągnąć prawdę.

– Czy Ireneusz M. pamiętał o tym, co zrobił dwadzieścia lat temu?

– Ireneusz M. jest osobą, która nigdy do niczego się nie przyznała, i nie zakładamy, aby było inaczej w tej sprawie, ale jego ewentualne oświadczenia procesowe są dla nas zupełnie nic nieznaczące, bo dysponujemy bardzo mocnym materiałem dowodowym.

Rozmowę tę przeprowadziliśmy, kiedy jeszcze Tomasz Komenda przebywał w zakładzie karnym i prokurator tylko zdawkowo odpowiedział, że został on prawomocnie skazany na dwadzieścia pięć lat więzienia. Jednak oboje wiedzieliśmy, że w więzieniu w Strzelinie siedzi niewinny mężczyzna.

Już po oficjalnym wywiadzie przed kamerą na dalszą rozmowę prokurator Tomankiewicz zaprosił prokuratora Sobieskiego. Poprosiłem wtedy o spotkanie z Ireneuszem M. Napisałem oficjalne pismo o możliwość widzenia z tymczasowo aresztowanym. Prokuratorzy mieli ustosunkować się do mojej prośby. Poprosili o to, aby nagrać Ireneusza M. tak, żeby podczas rozmowy były widoczne jego twarz, mimika, spojrzenie, reakcje na zadawane pytania. Obiecałem, że zrobię wszystko, co w mojej mocy, żeby takie nagranie dostarczyć. Wywiad miał trafić także do psycholog, która specjalizuje się w psychologii kryminalnej i będzie analizowała szczegóły naszej rozmowy.

Dzień później prokuratorzy otrzymali moją prośbę o możliwość przeprowadzenia rozmowy z tymczasowo aresztowanym do sprawy prowadzonej przez Wydział Zamiejscowy Prokuratury Krajowej we Wrocławiu przeciwko Ireneuszowi M. Szybko otrzymałem odpowiedź, że prokurator Dariusz Sobieski, który prowadził postępowanie, zgadza się na przeprowadzenie wywiadu z tymczasowo aresztowanym. Pismo o podobnej treści, informujące o zgodzie na rozmowę z tymczasowo aresztowanym, trafiło da aresztu śledczego we Wrocławiu przy ulicy Świebodzkiej.

– Tak, wiemy o sprawie tyle, że sam tymczasowo aresztowany nie jest przekonany, czy chce z panem rozmawiać – usłyszałem od rzeczniczki prasowej aresztu.

Kilka tygodni wcześniej rozmawiałem z matką Ireneusza M., która była u niego na widzeniu. Wtedy mężczyzna wyrażał chęć spotkania i rozmowy ze mną. Poinformowałem o tym panią rzecznik. Odpowiedziała jedynie, że to prawda, ale na razie Ireneusz M. nie zgadza się na nagrywanie tej rozmowy. Przyjąłem to i poprosiłem o spotkanie bez rejestracji, bez wnoszenia kamer czy dyktafonów. Na to już była zgoda. Rzeczniczka poprosiła tylko, abym nie rozmawiał z osadzonym o warunkach panujących w zakładzie karnym. Kilka dni później byłem już w areszcie śledczym przy ulicy Świebodzkiej. Stary poniemiecki budynek z cegły połączony z sądem i prokuraturą. Wszystko w jednym miejscu. Ciężkie żelazne drzwi i jak przed każdym zakładem karnym czy aresztem śledczym domofon. Przed drzwiami tablica ogłoszeń, na której rozpisane są dni i godziny widzeń oraz regulamin obowiązujący odwiedzających. Po kilku minutach byłem w środku. Standardowo oficer poprosił o wyjęcie wszystkiego z kieszeni, pokazanie torby, z którą praktycznie się nie rozstaję, choć nie ma w niej nic poza laptopem i dyskiem zewnętrznym, kilkoma długopisami i ołówkami,

jakimiś kartkami i notesem. Torbę kazał położyć na maszynie do prze-
świetlania. Dowód osobisty musiałem zostawić już wcześniej, ponieważ jest podstawą do wystawienia wejściówki. Zgodnie z regulaminem
zostałem zapytany, czy nie wnoszę jakiejś broni, środków odurzają-
cych, urządzeń do rejestracji wizji lub dźwięku. W zasadzie wszystko
poza kartką i długopisem musiałem zostawić już przy samym wejściu. Za chwilę pojawił się funkcjonariusz, który prowadził mnie do
rzeczniczki zakładu karnego. Najpierw pierwsza żelazna furtka, potem
druga, w końcu schody i kolejna żelazna furtka. Dziedziniec robił wrażenie. Wysokie mury z drutem kolczastym u góry. Wieże strażnicze
z każdej strony, a na nich funkcjonariusze z długą bronią. Niezliczona
ilość okien z kratami to oczywiście cele.

Rzeczniczka okazała się przemiłą osobą. W żołnierskich słowach
wytłumaczyłem jej, że następnym razem będę chciał wejść do tymczasowo aresztowanego z ekipą telewizyjną. Kilka minut później siedziałem już w miejscu, w którym zazwyczaj osadzeni spotykają się ze
swoimi obrońcami. Strażnik przyprowadził Ireneusza M. Siedzieliśmy
naprzeciwko siebie, a z drugiej strony sali naszej rozmowie bacz-
nie przyglądał się funkcjonariusz służby więziennej. Całe spotkanie
trwało może piętnaście minut i sprowadzało się do tego, żeby przekonać Ireneusza M. do rozmowy przed kamerą. Udało się. Dwa tygodnie później spotkaliśmy się już w większym gronie. Na ustawienie
kamery, światła, przygotowanie dźwięku i rozmowę mieliśmy tylko
dwie godziny. Wywiad odbył się w świetlicy znajdującej się na drugim piętrze. Ireneusz M. tak jak poprzednim razem został wprowadzony przez strażnika. Kamery były już gotowe. Mężczyzny jednak
nie udało się przekonać do rozmowy, w której pokaże twarz. Poprosiłem jednak operatora, aby ustawił dwie kamery, jedna z nich miała
rejestrować Ireneusza M. tak, by nie ukazywać jego twarzy, druga
zaś, o czym nie chcieliśmy informować aresztowanego, miała nagry-
wać całą jego postać. Wydawało mi się, że jestem dobrze przygotowany. Nie byłem, a dalszego przebiegu wydarzeń zupełnie się nie
spodziewałem. Ireneusz M. wszedł na świetlicę i w lewej ręce trzymał

kominiarkę, a raczej coś, co kominiarkę przypominało. Usiadł na przygotowanym dla niego krześle i ku mojemu przerażeniu założył na głowę przygotowane nakrycie. Wyglądał, jakby był członkiem Ku Klux Klanu, ale choć wyglądał komicznie, oświadczył, że wcale nie zamierza tego z głowy zdjąć. Nie pomogło naciągane przekonywanie, że w pomieszczeniu jest za ciepło, że po dziesięciu minutach rozmowy zemdleje, bo udusi się w czymś, co przypominało worek ze sterczącym czubkiem. Wygląd okazał się jednak jakimś argumentem. Pokazałem mu w monitorze podłączonym do kamery, jak będzie się prezentował w trakcie naszej rozmowy. Oznajmiłem mu, że gdybyśmy robili inny materiał, przykładowo o rasizmie, o czarnoskórych mieszkańcach Polski, to zgodziłbym się na taki kadr, ale nie w tym przypadku. Powiedziałem mu wprost, że gdybym chciał rozmawiać z członkiem Ku Klux Klanu, to zakrycie w ten sposób twarzy wchodziłoby w grę, ale jest podejrzewany o gwałt i morderstwo, a nie o rasizm. Przekonywanie Ireneusza M. zabrało nam cenne pół godziny, pomógł dopiero najgłupszy z argumentów, jakie wpadły mi do głowy. Ireneusz M. zdjął z głowy worek, a jedna z kamer zaczęła rejestrować jego sylwetkę bez ukazywania twarzy, druga nagrywała go w pełnym planie.

Mężczyzna przedstawiał swoją wersję wydarzeń przez całe sześćdziesiąt minut wywiadu. Według mnie kłamał. Dwadzieścia pięć klatek na sekundę pomnożone przez sześćdziesiąt sekund w jednej minucie, pomnożone przez trzy tysiące sześćset sekund w jednej godzinie. Klatka po klatce. Kłamstwo po kłamstwie.

– Sylwester z tysiąc dziewięćset dziewięćdziesiątego szóstego na dziewięćdziesiąty siódmy rok, co pan wtedy robił?

– Pojechałem, jak zresztą wszyscy tam, dużo ludzi pojechało się bawić na sylwestra do Miłoszyc. Po drodze spotkałem kolegę R. Powiedział mi, że gdzieś tam jest sylwester i tak dalej. Pojechaliśmy na tego sylwestra, bawiliśmy się tam. Ogółem powiem, bawiliśmy się tam do końca, do godziny czwartej rano. Po godzinie czwartej rano poszedłem, wsiadłem, pojechałem do domu. I na tym się później…

za jakiś czas dowiedziałem się później, chyba na drugi dzień, że ktoś tam nie żyje, jakaś dziewczyna została zamordowana tam, później dowiedziałem się. Przyjechali do mnie na rewizję, zabrali mi wszystkie ubrania, przekipiszowali mi dom, zabrali mi wszystkie ubrania, no wszyściutko mi pozabierali, przepytali żonę i na tym... Za jakiś czas znów przyszli, pobrali krew, sprawdzali moje DNA, sprawdzali moje rzeczy, rozpoznawali mnie na zdjęciach itede. Nic nie było, DNA się nie zgadzało. Mija dwadzieścia lat i zostaję do tej sprawy ponownie aresztowany i przywieziony tutaj w związku z tym, że miałem rzekomo dokonać tego morderstwa. W uzasadnieniu tego, bo jeszcze nie mam aktu oskarżenia, nie mam dostępu do akt, nie mogę nic powiedzieć na ten temat, bo nie wiem, tylko tyle, co się domyślam, bo mogę mówić tylko to, co się domyślam, to też nie są jakieś tego... Zostaje wszystko ogłoszone w ten sposób, że zostaje zamordowana dziewczyna. Z akt sprawy wynika to, że doszło do stosunku, miała dziewczyna ta stosunek pochwowy i odbytowy, była dziewicą, z tego wynika, została rozerwana tkanka wrzecionowata, z tego, co mi lekarze wytłumaczyli, to jest błona dziewicza, i po prostu zamarzła. Została pozostawiona i zamarzła, i siedzi tam za to osoba tam jedna już dwadzieścia lat, bo to dwadzieścia lat temu było. Z tego, co mi pan redaktor mówi, bo myślałem, że ta osoba jest z tamtych okolic, ale jak pan redaktor mówi, że ona jest z Wrocławia i przyjechała autobusem, no to moim zdaniem, nie chcę nic insynuować, oczernić kogoś, bo to jest żaden problem... Bo moje zdanie jest takie, że jeżeli osoba przyjeżdża autobusem i dwanaście kilometrów idzie w jakimś danym kierunku na piechotę i nikogo, zaznaczyć trzeba, nikogo tam nie znając, no to coś jest nie tak. Dwa – mówił dalej Ireneusz M. – Skąd wiadomo, że tam było więcej osób. Znalezione DNA, tyle osób, że wskazuje tam, że te osoby w ogóle tam były, świadczy, że te osoby miały kontakt z tą osobą, nawet też nie do końca, bo jeżeli ja siądę na krzesło, trzeba liczyć, że było to dwadzieścia lat temu, każden nosił długie włosy, jeżeli ja siądę na krzesło, spadnie mi jakiś włos i pójdzie z tego i druga osoba siądzie na tym, to ten włos zostaje na krześle i ma nawet możliwość przyczepienia się do tej osoby i zahaczając na swetrze ten włos to, co to oznacza, że ta osoba tam była? Nie, jest dużo różnych nieścisłości. Dwa, był sylwester, jeden z drugim składał sobie życzenia, wiadomo, jak jest na sylwestrach dużych takich, jak ten był, wiadomo, to jest dyskoteka sylwestrowa, tam się składa życzenia, każden każdemu. Składa się, wiadomo, szampana się ma, szampana czy tam jakiś napój i obojętnie co, buzi się daje itede. Buźka, buźka, wszystkiego w nowym roku najlepszego, żeby się tam w nowym roku powodziło, wszelkiego rodzaju są te życzenia. Całuje się w usta, w policzek i tak dalej, i tak dalej, tak że nie można mówić, że znalezione DNA przy osobie tej, przy tej Małgosi zmarłej, należą do sprawców. Bo nie można w ten sposób powiedzieć, nie można w ten sposób powiedzieć z tego względu, że na miejscu zdarzenia nie znaleziono tych DNA, bo te DNA które odkrywają, były tylko na jej ubraniach, a skoro są na jej ubraniach, nie mogą świadczyć o tym, że ta osoba dokonała tego przestępstwa. Bo to tylko tyle, że prawdopodobnie, bo też nie można powiedzieć, że ta osoba miała z tym kontakt, prawdopodobnie miała kontakt, dla mnie to jest niedopuszczalne. Wykopując siedemnastego listopada, ekshumując, dochodzi do ekshumacji tych zwłok, nie wiem, co szukane było, znaczy wiem, ponownego DNA i tak dalej, konfrontacji jakiejś tam, no już nie pamiętam dokładnie. Dla mnie to jest chore, żałuję tylko tych rodziców, bo jako rodzice przeżywają następną traumę, szok. Podwójny pogrzeb swojego dziecka, co prawda była młodą dziewczyną, puścili ją na tą dyskotekę rodzice, nie można mieć do tego żalu, bo ja też mam dzieci dorosłe, co prawda nie takie, ale wtedy byłem dokładnie w tym samym wieku, wszyscy młodzi byliśmy, bo to dwadzieścia lat temu było. Ale to nie znaczy, że ktoś tam był, to ktoś tego dokonał. Tam mogła dokonać tego trzecia osoba, która w ogóle tam nie była, o ile tego dokonała, skąd wiadomo, że były trzecie osoby, bo to, że znaleziono DNA, to jeszcze o niczym nie świadczy.

Słuchając Ireneusza M., zastanawiałem się, o czym on mówi. Siedzący przede mną mężczyzna nie potrafił skonstruować ani jednego poprawnego zdania. Rozmowa trwała już pół godziny, aresztowany nieustannie mówił i choć wszystko, co powiedział, było od rzeczy i bez sensu, to należało dać mu się wygadać. W przeciwnym razie na stawiane pytania już tak chętnie by nie odpowiadał.

– Względem mnie, według osób, które to czytały, tak samo lekarze, wynika, że to mogła dokonać jedna osoba, a szukania teraz, kto to zrobił, co, dlaczego… Jeżeli przyniosą taki efekt i będzie skazana osoba, słusznie, nie tak, jak mi powiedział policjant, winny, niewinny, siedzieć powinny, tylko osoba, która to dokonała, to jestem za tym, żeby tego sprawcę ukarać, tego, kto to zrobił, ale jeżeli osoba nie zrobiła tego, a posadzić osobę niewinną, żeby siedziała, no to nie można do tego podchodzić w ten sposób. Tak samo, jak wywiera się presję na świadkach, którzy zostali przesłuchani wtedy. Świadkowie przesłuchiwani wtedy, nie będę mówił nazwiskami, bo nie wypada nawet mówić nazwiskami, bo ta osoba jedna, która się przyznała, o ile, o ile to jest ta osoba, to nawet chodziłem z nią do szkoły.

Monolog trzeba było zakończyć i przejść do pytań. Strażnik siedzący na sali pokazywał na zegarku, że mamy jakieś pół godziny do zakończenia rozmowy.

– Czytałem pana zeznania, te z czwartego stycznia tysiąc dziewięćset dziewięćdziesiątego siódmego roku, i z nich wynika, że na imprezie pan był.

– Tak, byłem i nie zaprzeczam tego.

– Był pan również na posesji, gdzie została zamordowana Małgorzata K.

– Tak, trzymałem tam rower.

– I trzy butelki wódki albo dwie.

– Tak, trzymałem tam rower i na rowerze był alkohol, może i tak, teraz to już nie wiem, ale trzymałem tam rower, nie zaprzeczam, bo to było dwadzieścia lat temu, szczegółów już teraz nie pamiętam. Tam byłem do ganku, ale tam, gdzie ta dziewczyna była zamordowana, to już nie, bo to było dalej jakieś pięćdziesiąt metrów to nie jest metr, dwa, to jest pięćdziesiąt metrów i mnie tam nie było.

– Dzisiaj jest pan tymczasowo aresztowany, można powiedzieć: za skarpetki? Dzisiaj, jak twierdzi prokurator, tylko osoba, która dokonała gwałtu, mogła widzieć skarpetki Gosi, to jak pan to wytłumaczy?

– Wytłumaczę to prosto, tłumaczenie jest tutaj... – Ireneusz M. lekko się zawiesił, nie wiedząc, co powiedzieć. – Dla mnie jako zwykłego laika jest... – I znów nie wiedział co powiedzieć, ale po kilku sekundach wymownej ciszy kontynuował: – Znaczy każda osoba, logicznie myśli, jest tak. Znaczy ją mieli wyprowadzić około dwunastej w nocy. Zgon nastąpił o godzinie pierwszej. Dokładnie nie pamiętam, bo to wiem z mediów. Ja te skarpetki opisywałem, jak żeśmy wrócili, bo był sylwester, była dwunasta godzina. Wszyscy składali sobie życzenia. Wiadomo, tego się nie składa godzinę czy dwie, ale około pół godziny to trwało. Po pół godziny poszliśmy, wypiliśmy po kielichu, jeszcze żeśmy tańczyli, a tańczyłem tyle, aż się zmęczyłem. Usiadłem na scenie i na scenie opisuję około dziesięciu osób, które siedziały w tym momencie na scenie. To jest około drugiej godziny, po drugiej, nawet mi policjant opisywał, że są zdjęcia z tamtej imprezy i że tam byłem, że jest to wiarygodne, że byłem do czwartej rano.

– Ale nie wytłumaczył mi pan tych skarpetek? – Musiałem mu przerwać, obawiając się, że kolejne pół godziny będzie prowadził monolog.

– Teraz, jeżeli ja opisuję, że któraś osoba była, chłopaki, dziewczyny, nie tylko dziewczyny, jednej dziewczyny tam były skarpetki i nie tylko jednej dziewczyny tam były skarpetki, bo tam było opisywane, kto tam siedział. I opisywałem, jak oni byli ubrani. Skoro opisywałem, jak oni byli ubrani, i to było po drugiej w nocy, jak logika wskazuje, skoro zgon nastąpił o godzinie pierwszej, a opisywałem po godzinie drugiej, no to kto to mógł być? Na pewno nie ta dziewczyna, chyba że zmartwychwstała i przyszła tam posiedzieć sobie. Raczej nie ta dziewczyna, a skarpety każden może mieć podobne skarpety. Teraz dwa. Trzeba podejść do tego w tą stronę, że do dnia dzisiejszego, mija dwadzieścia jeden lat za parę dni, nie okazano mi, nie okazano mi nawet zdjęcia tej dziewczyny, tylko te zarysy w aktach, co są czarno-białe. Dla mnie to jest chore, bo jeżeli ja mam kogoś rozpoznać, to ja powinienem rozpoznać bynajmniej po zdjęciu. Nie wiem, czy ja przypadkiem nie tańczyłem z tą dziewczyną, bo tańczyłem z wieloma dziewczynami, nie po dwunastej, ale przed dwunastą może i po dwunastej, bo ja nie wiem, nie wiem, nie powiem, bo ja tańczyłem z dużą ilością dziewczyn, życzenia składałem. Tak jak każden jeden, któren poszedł się bawić. Nie poszłem siedzieć, chlać, tylko poszłem się tam bawić, więc jeżeli się bawiłem, no to tańczyłem, bo ja tańczę w parze, i tańczyliśmy w parach i tak jak to już było zeznawane ileś razy ten... Ileś lat temu było zeznawane, że tańczyłem cały czas, zresztą każden wie z moich kolegów, znajomych. Każden wie, że tańczyłem w parze, dlatego nie ma tutaj nic dziwnego, że tańczyłem, ale żeby kogoś rozpoznać, cokolwiek o kimś powiedzieć, to bym musiał widzieć zdjęcie.

– Ale w szczegółach opowiada pan o wzorku na skarpetkach jakiejś dziewczyny.

– Ale nie tylko o tej dziewczynie, bo mówię tam o jakimś chłopaku, że tam siedział na tym, że tam całował się z tą dziewczyną, tam opowiadam...

– Dobrze, ale chciałem się zapytać, bo to wynika z pana zeznań z tysiąc dziewięćset dziewięćdziesiątego siódmego roku, opisywał pan, że jakaś dziewczyna odbywała stosunek na scenie z jakimś mężczyzną i opowiada pan dość szczegółowo o tym, o tej sytuacji. Pamięta pan ją dzisiaj?

– No, bo byłem pytany o tym, tym. Nie wiem, czy to był stosunek. Nie, to tam nie był stosunek, już nie pamiętam dokładnie, jak tam to było, ale co ja mam z tym wspólnego?

– Dość dużo szczegółów pan wówczas opowiadał.

– No bo jak teraz pan się mnie o to pyta, nie pyta się mnie pan, co ja robiłem godzinę temu, tylko o to, więc odpowiadam logicznie. Mając wtedy dwadzieścia lat, nie zdawałem sobie sprawy, że ja za takie coś, czego się nie dokonało, bo myślałem, że prawo w Polsce działa normalnie, jeżeli się coś zrobi, to idzie się za to siedzieć, za co się coś zrobiło, a teraz za to, że ktoś coś powie, idzie się siedzieć. A teraz gdybym wiedział, że taka jest sytuacja, że do tego będę zatrzymany, tobym się w ogóle nie odzywał. Bo ja nie mam z tym nic wspólnego i do dziś dnia nie mam z tym nic wspólnego, tylko tyle, co wiem przez media, ogółem przez środki masowego przekazu. Zazwyczaj się tym nie interesowałem, no, parę lat temu, będąc w zakładzie karnym, tak samo osoba, którą... No nie pamiętam imienia, nie pamiętam nazwiska. Przynosi mi kawałek... Za całkiem inne przestępstwa, przynosi mi kawałek z gazety, wycinek z gazety. Co się okazało, jest to wycinek z gazety powiatowej z Oławy, w której matka tej dziewczyny wraz z dziennikarką, którą na pewno pan zna, bo prowadziła to śledztwo, nie pamiętam nazwiska.

– Jolanta Krysowata. Znam.

– Nie pamiętam nazwiska, opisuje, w jaki sposób prokurator, też jest nazwisko – tego prokuratora, w jaki sposób były przetrzymywane dowody, rzeczy, które były zabezpieczone przez prokuraturę w Oławie. Więc rzeczy były zabezpieczone, było to coś takiego, że otwiera szufladę i między tymi rzeczami wszystkimi jest sukienka dziewczyny. To tak się zabezpiecza dowody? W tej szufladzie mogły być każdego jednego rzeczy, które tam były do tej sprawy, przypuszczam, może nawet do każdej innej sprawy. Było to tam wszystko rzucone, przypuszczam, bo teraz to już nie pamiętam. Tak prokuratura zabezpiecza rzeczy? Później z takiego czegoś po dwudziestu latach wychodzi czyjeś, nie że tam jest, wychodzi, bo nie ma tam mojego DNA, a może się okazać, że będzie, wiadomą rzeczą jest, że teraz, że powołali we Wrocławiu, jak wykopali te zwłoki, szukano mojego DNA.

– A skąd pan wie, że nie znaleziono?

– No, taką mam informację, pojechało tam do Krakowa, teraz do Łodzi, jeszcze nie wiem, czy adwokat mi jeszcze mówił, czy nie mówił, jeszcze chyba nie ma badań z Łodzi, gdzieś tam indziej mają jechać i będą tak te próbki jeździły, jeździły, aż coś na mnie znajdą.

– To może o tym za chwilę, a zna pan Tomasza Komendę, mężczyznę, który odbywa wyrok dwudziestu pięciu lat pozbawienia wolności za morderstwo Małgorzaty?

– Rozpoznawałem go wtedy w sądzie. Nie pamiętam, któren to rok wtedy był, byłem ściągnięty do sądu, znaczy byłem wezwany do sądu on był jako oskarżony, powiedziałem wtedy na ten temat, pierwszy raz widzę go na oczy wtedy. Pierwszy raz go widziałem wtedy, nie wiem, czy on tam wtedy był, czy co, możliwe, że gdzieś tam wtedy przechodził, o ile był, o ile był, bo może gdzieś tam przechodził, bo nawet nie zwróciłem na niego uwagi, w ogóle nie znam osoby, skoro tam było tyle osób, to nie jestem w stanie powiedzieć, kto tam był dokładnie. Ale Komendy w ogóle nie znałem ani wcześniej, ani z nim nie gadałem w żaden, w jakikolwiek sposób z nim nie rozmawiałem, tylko wtedy w sądzie tam. Sąd poprosił, żeby go rozpoznać, no ale niestety nie mogę rozpoznać osoby, którą pierwszy raz na oczy widzę. Więc go nie rozpoznałem, nie wiem.

– Bo idąc tym tokiem rozumowania, skoro Tomasz Komenda został prawomocnie skazany we wszystkich instancjach za morderstwo i gwałt na Małgosi K. i dzisiaj pan siedzi w areszcie pod takim samym zarzutem, to pan powinien znać Tomasza Komendę i musiał być pan jego kolegą, i razem z nim zgwałcić i zamordować dziewczynę?

– Logika na to wskazuje, że jeżeli człowiek znał go, to musiał tam być i to musi być osoba, która go znała, bo nie wierzę w cuda, że tak jak pan powiedział, bo ja myślałem że ten Komenda jest z Laskowic, ale z tego, co teraz wiem, że on jest z Wrocławia, nie przyjeżdża osoba sobie, bo to jest jakiś kit, bo nie wierzę, że autobusem przyjeżdża na sylwestra osoba w nieznanym kierunku jedzie, trzeba liczyć, że to jest trzydzieści kilometrów od Wrocławia, wysiada wcześniej z autobusu, idzie dwanaście kilometrów, no nie. Jeżeliby on to zrobił, a z tego, co wiem, to są tam jego odciski szczęki, jego DNA, zapach… No to skoro on to zrobił, to musiał przyjechać tam samochodem.

– A może on siedzi za pana?

Ireneusza M. dość mocno zdziwiło to pytanie. Raczej nie był na nie przygotowany.

– Jak może za mnie siedzieć?

– Skoro prokuratura twierdzi, że pan jest mordercą i gwałcicielem, to może on siedzi za pana te osiemnaście lat?

– To skąd jego DNA się tam wzięło?

– To dzisiaj jest wyjaśniane, pytanie, skąd pana DNA mogło się tam znaleźć?

– Mojego DNA tam nie ma – nieco zaskoczony szeregiem pytań odpowiedział Ireneusz M.

– Jest.

– Nie ma.

– Jest, wie pan o ekshumacji.

Ekshumacja nastolatki nie miała nic wspólnego ze śladami DNA, ale z benzodiazepiną, którą miał jej dosypać do alkoholu. Przy obecnych technologiach nawet po dwudziestu latach od śmierci można stwierdzić, czy osoba piła przed zgonem alkohol, a nawet czy do alkoholu były dodawane jakieś substancje. Środek, który został dosypany Małgorzacie K., wzmagał działanie alkoholu. Osoba, która zażyła taką substancję, choć fizycznie funkcjonowała niemal normalnie, traciła świadomość. Dziś taki środek nazywa się potocznie tabletką gwałtu. Wówczas taka nazwa nie funkcjonowała. W trakcie innych gwałtów, jakich później dokonał, również stosował ten specyfik. W sumie sąd skazał wyrokiem Ireneusza M. za pięć gwałtów. Już w trakcie trwania śledztwa prokuratura postawiła mu zarzut kolejnego. W rozmowie z różnymi ludźmi, kiedy wiadomo było już, że Ireneusz M. jest podejrzany o morderstwo w Miłoszycach, pewna kobieta, która prosiła, by nie wymieniać nawet jej imienia, wspomniała mi o swojej koleżance, którą Ireneusz M. próbował zgwałcić, ale ta cudem mu się wyrwała. Kobieta nigdy w tej sprawie nie zeznawała na policji. Ponoć obawiała się zarzutów o prowokowanie sprawcy.

I choć dziś materiałów ze śledztwa w sprawie Bożeny H. już nie ma, to z nieoficjalnych informacji wiadomo, że Ireneusz M. mógł być sprawcą i tego gwałtu, który później próbowano przypisywać Tomaszowi Komendzie. Dziś powrót do tej sprawy jest niemożliwy, ponieważ materiał biologiczny wówczas zabezpieczony został trwale zniszczony przez prokuraturę.

– Prokurator twierdzi, że ma stuprocentowe dowody wskazujące na pana winę.

– Nie ma takiej możliwości, nie ma takiej możliwości, żeby moje DNA się znalazło na tej dziewczynie, nie ma takiej możliwości. Jedynie takiej, że tak jak mówiłem, że życzenia się składa, buziaka, czy coś tam, czy coś. OK. To się zgodzę, bo to jest logiczne, ale żeby moje DNA było na tej dziewczynie. Nie ma takiej możliwości. Druga sytuacja, nie ma takiej możliwości, żeby DNA się znalazło w miejscu tego zdarzenia. Na terenie tego zdarzenia, od ganku tam dalej. Nie ma takiej możliwości, żeby tam było moje DNA i w nic takiego nie uwierzę, że tam jest moje DNA, bo gadać każden może i skrzywdzić każden może. To co, to teraz wychodzi na to, że chłopak siedzi dwadzieścia lat za darmo.

– Może się tak okazać, jeżeli sprawstwo przypiszą panu. Prokurator jest przekonany, że pan jest mordercą i że to pan jest gwałcicielem.

– No to ja nie wiem, co prokurator jest pewny. Dla mnie to jest głupota. W życiu nikogo nie zgwałciłem i tam mnie nie było.

Te słowa zabrzmiały tak kuriozalnie, że trudno je komentować. Na wywiad z Ireneuszem M. zabrałem dwa skazujące go wyroki, w sumie na osiem lat więzienia za gwałty na pięciu kobietach. Dokumenty leżały przede mną, tym bardziej sytuacja wydawała się absurdalna.

– W tym momencie, jak to się stało, miałem żonę, miałem tego… W życiu żony nie zdradziłem. – Z trudem powstrzymałem śmiech. Jeżeli gwałt na innej kobiecie w trakcie trwania związku nie jest zdradą, to rzeczywiście można przypuszczać, że mówił prawdę. – Ale to nie chodzi o to. Generalnie gadając o to, dochodząc do sedna sprawy, mojego DNA tam nie ma i nie ma możliwości, żeby tam moje DNA było. Nie było, nie ma i nie będzie. Chyba że ktoś je podrzucił.

– A żył pan tą sprawą przez te dwadzieścia lat? Bo przecież to wszystko działo się niedaleko pana miejscowości.

– Jeżeliby się patrzeć, że niedaleko to dziewięć kilometrów, no to niedaleko i daleko. No nie żyłem tą sprawą.

– Ale przecież i ona pana dotyczyła, zrobili panu rewizję w domu, pobrali DNA i odcisk szczęki i był pan typowany jako jeden z Ireneuszów, jako jeden z potencjalnych sprawców, oraz był pan przesłuchiwany. Więc na pewnym etapie ta historia również pana dotknęła?

– No w pewnym sensie wtedy, jak byłem przesłuchiwany, no to tak, ale później to ja byłem pewny i jestem pewny do tej pory, że to wyjdzie na jaw, kto to zrobił. Zresztą prawdopodobnie zrobił to Komenda, skoro sąd go za to skazał i znaleziono niezbite dowody, no to jeżeli on to zrobił, no to...

– A nie boi się pan, że znalazł się jakiś świadek, który wskazał pana, rozpoznał po dwudziestu latach?

– Ale ja nie mam czego się bać, niech się boi ten, kto to zrobił, bo ja tego nie zrobiłem i ja nie mam czego się bać. Jeżeli ja bym to zrobił, to ja bym się do tego przyznał.

– A jaki interes miałby pan w tym, żeby się do tego przyznać i do końca życia być za murami więzienia?

– Jeżelibym się do tego przyznał, miałbym złagodzenie kary, nawet popatrzmy się na to pod tym kątem, ale ja się nie przyznam do tego, co ja nie zrobiłem. Tam mego DNA nie ma i nie ma możliwości takiej, żebym ja się do tego przyznał.

– Panie Ireneuszu, to co pan tu robi?

– To nie jest do mnie... To jest pytanie do prokuratury. Jeżeli pan w ten sposób mówi, to niestety... Uzasadnienie, uzasadnienie, nie wziąłem właśnie tego, uzasadnienie tego jest śmieszne, z zeznań świadków jakichś tam wynika. Ja byłem tam, bawiłem się i tam nie ma takiej możliwości... Jeżeli byli świadkowie dwadzieścia lat temu, jeżeli byłem rozpoznawany, było moje DNA pobierane, to dlaczego przez dwadzieścia lat nie było mojego DNA. To co, z nieba spadło?

– Wie pan, nauka poszła do przodu.

– Technika była taka sama.

– A gdyby się okazało, tak hipotetycznie, że jednak jest tam pana DNA?

– Nie ma takiej możliwości, żeby w tamtych rejonach znaleziono, nie ma takiej możliwości, bo mnie tam nie było. Ci wszyscy, co tam byli, takie samo mogą mieć DNA jak ja, buźka, buźka czy tam w takich samych rejonach.

– A nie ukrywa pan tego drugiego, prawdziwego sprawcy? Może zna pan jego personalia?

– Nie, nie, po drugie…

– Był pan na dyskotece, był pan na posesji, gdzie zamordowano dziewczynę, zeznaje pan bardzo szczegółowo chociażby o skarpetkach i jeżeli pan twierdzi, że pan tego nie zrobił, to może ukrywa pan prawdziwego sprawcę?

– Jeszcze raz nawiązując do tego, jeżeli te skarpety były rzeczywiście tej dziewczyny, to sekcja zwłok źle wykazała, że tego tam, po drugie, co zdjęcia robią, że one wykazały, że ja już po czwartej nie wychodziłem, a ją wyprowadzono rzekomo o godzinie dwunastej i cały czas zdjęcia są, że jestem na sylwestrze. Skoro ja to zrobiłem, to jak to jest, że byłem cały czas na sylwestrze, co świadczą o tym nie moje gadanie, nie jakieś tam moje gdybanie czy świadków, których mogłem rzekomo podstawić, tylko zwykłe, normalne zdjęcia. Muszę zaznaczyć, że dwadzieścia lat temu nie było aparatów cyfrowych i jeżeli ktoś robił na kliszy zdjęcie, to niestety tego zdjęcia nie da się wymazać. Czyli same zdjęcia mówią o sobie, że ja byłem od początku do końca na sylwestrze.

– A czy jest pan pewny swojego zachowania, kiedy jest pan pod wpływem alkoholu?

– Ja nie byłem tam tak aż, no nie powiem, byłem pod wpływem alkoholu, każden był wypity, ale skoro byłem wypity, film mi się nie urwał, bo nie było takiej możliwości. Wypiłem tam setkę czy dwie, jak sama tam policja twierdziła, że byłem tam trzeźwy, no bo jadąc rowerem, byłem zatrzymywany, miałem zero zero, skoro po czwartej dwadzieścia miałem zero zero, to jaki mogłem być pijany wcześniej.

– Zakładając więc, że jest pan niewinny, w co trudno uwierzyć, to zadam inaczej pytanie. Nie widział pan dziwnych zachowań innych ludzi, coś, co pana zaniepokoiło, dziwnych zdarzeń?

– Proszę pana, ja powiem w ten sposób. Jakbym wiedział, że upadnę, tobym się położył. Jakbym wiedział, że do tego dojdzie, tobym zwrócił uwagę. Jakbym wiedział, że tam ktoś leży, tobym tam podszedł, ale skąd mogłem wiedzieć, co by było, gdyby było. To jest gdybanie, a oskarżyć kogoś za coś, czego kto coś nie zrobił, czy powiedzieć czy coś, że ktoś coś zrobił, to nie jest sztuka kogoś zamknąć za darmo. Jeżeli ktoś coś zrobił, to odpowiada za to, co zrobił, bo jeżeli ktoś powie jeden na drugiego, że ktoś coś zrobił i tak dalej, i tak dalej, to nie jest żadna sztuka pozbyć się kogoś. I teraz co, nie wiem, czemu ktoś ma tera iść za darmo i mam powiedzieć, że kogoś tam widziałem, bo nie widziałem, nie mogę powiedzieć, kto to zrobił, bo nie wiem, kto to zrobił.

– To dlatego pana pytam, bo to pan siedzi pod zarzutem z artykułu sto czterdzieści osiem Kodeksu karnego, a to jest jeden z najpoważniejszych paragrafów, jakie istnieją w polskim kodeksie karnym.

– Tak, mam zarzut, siedzę pod sto czterdzieści osiem paragraf jeden w związku z artykułem sto sześćdziesiąt osiem. To, że jak nawet wyprowadzałem tą dziewczynę, czy coś, to mam udział w tym. Tak jest to prawda, taki mam zarzut.

– Nie obawia się pan?

– Nie mam czego, jeżeli sprawa będzie prowadzona normalnie, bez jakichś tam ślizgań tak, jak policja potrafi poprowadzić, bo tak jak mi powiedzieli: winny czy niewinny, siedzieć powinny, tylko normalnie, rzetelnie, nie ma czego się obawiać. Nie obawiałem się i nie mam czego się obawiać. Niech się obawia ten, co to zrobił. Wiadomo, że jak się rozmawia o takich rzeczach, to adrenalina podchodzi, tak samo panu podchodzi, jak się mówi o takich rzeczach, no, bo nie spotyka się takich rzeczy na co dzień i tak dalej. Co innego jest ukraść komuś portfel, a co innego doprowadzić kogoś do zgonu. Co nie? Bo to jest doprowadzenie do zgonu. Bo to względem mnie morderstwem tego nie można nazwać, bo ta dziewczyna zamarzła, nie, no to nie można nazwać tego nawet morderstwem. Obrażeń też nie ma, bo nie została tam pobita, tylko po prostu odbyła stosunek i zostawiona na mrozie po prostu zamarzła. To jest wszystko to, co ludzie wymyślą, to jest jak głuchy telefon. Jeden drugiemu coś powie, trzeci przekaże i już z jednego wyrazu całe zdanie wychodzi. Tak samo jest w tej sytuacji. Tak jak ludzie zeznają, teraz jeden do drugiego mówi to, to, ten, to. Tak jak policja potrafi podłożyć jakiś dowód, żeby się tylko przyznać, a potem się z tego człowiek już nie wycofa. I sąd na tej podstawie może skazać, bo był świadek, a co był świadek. Logika ludzi wskazuje, no rzeczywiście był tam. Teraz ja mu pokazuję jakieś fałszywe dokumenty, drugi powie, ty możliwe, że tak było, a trzeci powie, no tak było, bo od Franka słyszałem czy od Heńka. Ale to nie o to chodzi, chodzi o to, żeby skazać osobę, która się do tego dopuściła. Tak. Czy skazać osobę, żeby tylko siedziała za to? Żeby policja zamknęła śledztwo, prokuratura zamknęła śledztwo i Zbigniew Ziobro powiedział, że prokuratura zdała wszystko, że można sobie pogratulować. Nie, to nie chodzi o to, wedle mnie wyroki są niesprawiedliwe.

– OK. Czyli jeżeli pan zostanie skazany to rozumiem, że będzie pan przypadkiem osoby, która została niewinnie skazana?

– Mam nadzieję, że jeżeli prokurator poprowadzi normalnie śledztwo, tak jak powinno być poprowadzone, to tu nie możemy mówić o skazaniu. I sąd, jeżeli będzie sprawiedliwy, to tu nie można mówić o skazaniu, bo nie powinno się zostać skazanym za to, czego się nie zrobiło. Jeżeli śledztwo będzie prowadzone rzetelnie, to nie ma takiej możliwości. Jeżeli wszystko będzie brane pod uwagę, za i przeciw, to przeciw będzie, że siedzę za podobne przestępstwo, to co ma to do rzeczy. Jeżeli ktoś za coś, to co to, jeżeli raz coś zrobił, to całe życie będzie robił. Nie. Nie, nie można brać tego do tego, bo w ten sposób to nie można nikogo wypuścić z więzienia, bo jeżeli ktoś jechał po pijaku, to teraz będzie całe życie jeździł po pijaku. Ten, kto zamordował, to będzie całe życie mordował. Ten, kto kradł, to będzie całe życie kradł.

– Mieliśmy o tym nie rozmawiać, bo nie zgodził się pan, żeby poruszać ten temat, ale sam pan to wywołał.

– No nie mieliśmy...

W ręce trzymałem dwa dokumenty, dwa wyroki w sprawach karnych, w których Ireneusz M. został prawomocnie skazany za gwałty. Mężczyzna zgodził się na wywiad pod warunkiem, że o tych sprawach nie będziemy w ogóle rozmawiali. Dał mi do ręki argument, żeby w końcu o to go zapytać.

– Przepraszam ale sam pan zaczął ten wątek, więc chciałbym wiedzieć, czy zna pan Urszulkę K., Bernardę M., Marię G., Beatę Ch., Anetę C.?

W tej chwili mocno podenerwowany Ireneusz M. poderwał się z krzesła. Strażnik tylko skinął ręką, żeby usiadł. Wiedział, że lepiej to zrobić, bo może nie skończyć się tylko na przerwaniu widzenia, ale na innych, mniej przyjemnych konsekwencjach. Usiadł.

– Pan sam nawiązał do tego, więc proszę dać mi skończyć. Jest pan przestępcą seksualnym?

– Nie.

– Był pan skazywany za gwałty.

– A skąd pan to wie? – Tym razem to on zapytał, choć byłem przekonany, że wiedział, co trzymam przed sobą. Jednak z jakiegoś powodu nie spodziewał się, że znałem jego całą kryminalną przeszłość.

– Mam przed sobą pana wyroki sądowe.

– Mieliśmy o tym nie rozmawiać.

– Ale sam pan wywołał ten temat.

– Jeżeli będziemy o tym rozmawiać, to właśnie zakończymy tą rozmowę.

– Dobrze, ale nie ja rozpocząłem ten temat.

– Nie, nawiązałem do czego innego, jeżeli ktoś siedzi za przestępstwa, o to tylko chodziło, a nie w ten sposób. To, że siedziałem, to już powiedziałem, to już żeśmy nawiązali do tego. Proszę, żeby w ogóle tego nie było.

– A był pan kiedyś na grobie Małgorzaty K.?

– Nie, padało takie pytanie od strony policji, ale nie, byłem koło, bo przechodziłem, bo na tym cmentarzu leży mój ojciec, maja babcia, leży moja rodzina. Przechodziłem, ale nie byłem.

– Jest pan osobą wierzącą?

– Tak, jestem osobą wierzącą.

– Głęboko, czy może trochę na pokaz?

– To znaczy, co to znaczy głęboko. Nie jestem księdzem, ale wierzę, znam Biblię, dosyć dobrze znam Biblię, jeżeli chodzi o to, bo nie znam całej Biblii na pamięć, ale nie jestem księdzem, bo siedzę tutaj, bo siedzę.

– A jak długo przebywa pan już w zakładach karnych?

– Nie będę się chwalił, to nie jest żaden zaszczyt, dlatego nie chcę się na ten temat wypowiadać. Bo to nie ma nic do rzeczy, czy ktoś siedzi rok czasu, czy też siedzi dziesięć czy piętnaście, czy dwadzieścia lat, bo to nie ma nic do rzeczy. Dla mnie to jest hańba, że się tu siedzi.

Według wiedzy, jaką posiadam, i dowodów, z którymi zdążyłem się zapoznać, wszystko, co podczas wywiadu powiedział Ireneusz M., wskazywało na mijanie się z prawdą. Zdjęcia, które rzekomo dokumentowały jego całonocny pobyt na dyskotece, nie istniały, nikt nie kontrolował go też, kiedy wracał do domu na rowerze o szóstej nad ranem. Obrażenia, wbrew jego słowom, były – i to one wskazywały na brutalność sprawcy. Małgorzata K. została zmasakrowana od pasa w dół. Czy było to morderstwo, czy może, jak twierdzi Ireneusz M., pozostawienie kobiety po stosunku na mrozie? Kilkanaście razy oglądałem zdjęcia z oględzin miejsca i zdjęcia zwłok dziewczyny. Nie pozostawiają one żadnych wątpliwości. To było morderstwo połączone z sadystycznym bestialstwem.

W jednej rzeczy, którą powiedział, należy przyznać mu rację. Chyba tylko w tej jednej nie kłamał. Naprawdę nie znał Komendy. Czy znał osobę, z którą dokonał brutalnego gwałtu? Kwestia ta jak na razie pozostaje największą tajemnicą sprawy miłoszyckiej. Być może Ireneusz M. zechce powiedzieć prawdę, gdy będzie składał wyjaśnienia podczas przewodu sądowego?

Pan i władca – czyli dyrektor zakładu karnego Robert S.

O ile zgodę na spotkanie z Ireneuszem M., osobą tymczasowo aresztowaną, uzyskałem bez najmniejszych przeszkód, o tyle otrzymanie pozwolenia na widzenie z Tomaszem Komendą niemalże graniczyło z cudem. Trudno mi sobie przypomnieć, kiedy napisałem pierwszą prośbę w tej sprawie, ale bez wątpienia było ich przynajmniej pięć. Ostatniego maila wysłanego do dyrektora Zakładu Karnego w Strzelinie w całości ujawniam poniżej.

```
Grzegorz Głuszak              Kraków 20.12.2017
Program SUPERWIZJER, UWAGA! TVN
ul. płk. S. Dąbka 2
30-832 Kraków


Szanowny Pan Dyrektor Zakładu Karnego płk Robert S.


Po raz kolejny zwracam się do Pana Dyrektora
z prośbą o możliwość przeprowadzenia wywiadu
telewizyjnego z osadzonym w Pana jednostce
```

Tomaszem Komendą. On sam jest zdecydowany na udzielenie mi wywiadu w sprawie, w której został skazany. Pragnę podkreślić, że tematem reportażu jest tylko i wyłącznie ta sprawa i realizowany materiał w żaden sposób nie dotyczy służby więziennej. W tej samej sprawie otrzymałem zgodę Prokuratury, jak i zgodę Dyrekcji Aresztu Śledczego we Wrocławiu i nagrałem już wywiad telewizyjny z tymczasowo aresztowanym Ireneuszem M. na terenie Aresztu Śledczego we Wrocławiu przy ulicy Świebodzkiej 1, co może Pan potwierdzić, kontaktując się z dyrekcją tej jednostki. Ze swojej strony wydaje mi się, że również może to potwierdzić kierownictwo Aresztu Śledczego we Wrocławiu, wywiązałem się ze wszystkich warunków stawianych przez w/w jednostkę, która zgodziła się, abym razem z ekipą telewizyjną wszedł na teren Aresztu Śledczego i nagrał rozmowę z Ireneuszem M., który do tej samej sprawy ma dziś postawione zarzuty.

W tej samej sprawie jestem w stałym kontakcie z Dolnośląskim Wydziałem Zamiejscowym Departamentu do Spraw Przestępczości Zorganizowanej i Korupcji Prokuratury Krajowej we Wrocławiu, co może potwierdzić Naczelnik tego wydziału, Prokurator Robert Tomankiewicz, czy Prokurator Dariusz Sobieski, który udzielał mi zgody na wywiad z tymczasowo aresztowanym Ireneuszem M.

Mam nadzieję, że Panu Dyrektorowi tak samo jak mnie oraz organom ścigania zależy na tym, aby osoby, które mogły mieć coś wspólnego z zabójstwem i brutalnym gwałtem piętnastoletniej Małgorzaty K. w końcu, po ponad dwudziestu latach,

zostały ustalone i skazane. Tomasz Komenda skazany za ten czyn i aresztowany niedawno Ireneusz
usz M. nie są bez wątpienia jedynymi osobami,
które mogły brać udział w tej okrutnej zbrodni.
Rozmowa i wywiad z Tomaszem Komendą mogą pomóc w rozwikłaniu tej sprawy i w końcu usta-
leniu wszystkich osób, które mogły mieć z nią
coś wspólnego. Zważając na ważny interes społeczny, ponownie zwracam się do Pana Dyrektora
o zgodę na wywiad z osadzonym w Pana jednostce
penitencjarnej Tomaszem Komendą. Kolejne publikacje dotyczące tej sprawy mogą jedynie pomóc
w śledztwie prowadzonym przez Dolnośląski Wydział Zamiejscowy Prokuratury Krajowej i ostatecznym zamknięciu sprawy, zanim dojdzie do jej
przedawnienia, a osoby odpowiedzialne nigdy nie
poniosą konsekwencji swoich działań.

Z wyrazami szacunku

Grzegorz Głuszak

Kiedy w końcu otrzymałem odpowiedź na tego maila, była taka
sama jak wszystkie poprzednie. Zapewne rzeczniczka prasowa zakładu karnego w Strzelinie do perfekcji opanowała skróty klawiatu-
rowe Control + C i Control + V. Odpowiedź za każdym razem była
odmowna i sprowadzała się do zdawkowej informacji, że pan dyrektor nie wyraził zgody na przeprowadzenie wywiadu z osadzonym. Za
każdym razem bez uzasadnienia.

Zakłady karne to zresztą osobny temat. Tomek wie o nich wszystko.
Więzienie w Strzelinie było już czwartą placówką, w której odsiadywał
wyrok. Mimo to zakłady karne bardzo się pomiędzy sobą nie różnią.
To jakby świat poza światem albo świat zamknięty wewnątrz innego
świata. W takim miejscu panują zupełnie inne reguły i nikt ich nie
pozna, dopóki sam nie stanie się jego częścią.

W zakładach panują niepisane reguły, rządzi pieniądz. Choć służba więzienna zarzeka się, że skorumpowani funkcjonariusze już dawno nie pracują, odniosłem inne wrażenie.

Wszelkie próby nawiązania kontaktu z dyrektorem kończyły się na krótkiej odpowiedzi w słuchawce: „Pana dyrektora nie ma. Jest na odprawie. Mogę połączyć z rzecznikiem prasowym". Innym razem sekretarka tłumaczyła, że dyrektor jest na obchodzie, który nie wiadomo, kiedy się zakończy, i jak poprzednio deklarowała, że może mnie połączyć z rzecznikiem prasowym. Jeszcze innym dyrektor był na urlopie, a przemiły głos w słuchawce znów zaoferował, że może mnie przełączyć do rzeczniczki. Po pięciu miesiącach prób, wysyłania kolejnych pism z prośbą o możliwość widzenia i kilkoma rozmowami z rzeczniczką prasową stwierdziłem, że starania nie mają większego sensu. Już wtedy domyśliłem się, co może być powodem takiego traktowania. Rozmowa z innym dyrektorem zakładu karnego gdzieś w Polsce utwierdziła mnie w tym przekonaniu.

– Jest pan na czarnej liście w Centralnym Zarządzie Służby Więziennej. Na każde pana wejście do jakiegokolwiek zakładu karnego w Polsce musi być zgoda samego generała, a takiej pan nigdy nie dostanie – powiedział mi zaprzyjaźniony dyrektor.

Na pytanie, co jest tego powodem, odpowiedział:

– Za sprawę Marcina P. i byłego dyrektora C. zakładu karnego w Wrocławiu, który przez pana poszedł siedzieć. Ja uważam, że takie patologie powinniśmy likwidować. Jednak generał twierdzi, że to, co się stało z byłym dyrektorem, nie przysłużyło się dla dobra opinii o zakładach karnych, cóż mogę panu więcej powiedzieć.

To tłumaczyło, dlaczego dyrektor jednostki w Strzelinie Robert S. nie wyraża zgody na moje wejście na teren zakładu i spotkanie z Tomkiem. Wystarczyło tylko poukładać pewne fakty. W zakładzie karnym Tomasza Komendę odwiedził, a potem pobrał na przesłuchanie funkcjonariusz Centralnego Biura Śledczego. Na pieczątce zatwierdzającej pobranie osadzonego widniał nagłówek „Prokuratura Krajowa, Dolnośląski Wydział Zamiejscowy Departamentu do Spraw Przestępczości

Zorganizowanej i Korupcji", dodatkowo jeszcze moje zainteresowanie wzbudzało niepokój i nie zapowiadało niczego dobrego. Szczególnie po tym, jak kilka lat wcześniej razem z prokuratorem Tomankiewiczem uczestniczyłem w rozwiązaniu sprawy skorumpowanego byłego dyrektora zakładu karnego pana C.

Kilka lat wcześniej odwiedziłem zakład karny w Strzelinie. Siedział tam Marcin P., który przybliżył mi pewien proceder. Zdradził, jak nie uciekając z zakładu karnego, nie przecinając krat i nie przekopując się pod murem, a korzystając z dobrodziejstwa, jakim jest warunkowe przedterminowe zwolnienie, z podniesionym czołem wyjść przez bramę główną więzienia.

Marcin P. wcześniej przebywał w zakładzie karnym we Wrocławiu. Poznałem go przy okazji zupełnie innej sprawy. Po długiej rozmowie na temat jego kolegi, który właśnie wojskowym samolotem CASA został sprowadzony do Polski z Hiszpanii, Marcin P. rozpoczął zupełnie inny temat. Zapytał wprost, czy nie pomógłbym mu opuścić zakładu karnego. Raczej wydawało się to mało realne, ale mężczyzna kontynuował: „Za pięćdziesiąt tysięcy złotych udowodnię panu, że stąd wyjdę". Marcin P. krok po kroku przedstawił mi całą operację, którą musimy przeprowadzić. Obiecał, że skontaktuje mnie z dwiema osobami, które chcą, by wyszedł na wolność. Skontaktował. Byli to dwaj bandyci, którzy już wcześniej wyszli na warunkowe przedterminowe zwolnienie za łapówkę. On zaproponował mi, że zrobi to samo i udowodni w ten sposób, że służba więzienna jest skorumpowana. Propozycja wydała się ciekawa, tym bardziej że gdyby plan się powiódł, zdobyłbym niepodważalny dowód na to, że wolność można sobie kupić. Inną kwestią były dodatkowe widzenia, przerwa w odbywaniu kary, praca w zakładzie karnym. To były sprawy do załatwienia, ale przecież o warunkowym przedterminowym zwolnieniu decyduje sąd penitencjarny, nie dyrektor zakładu karnego. Było jednak jedno ale. Jeżeli sąd nie zastrzeże w wyroku inaczej, to każdy osadzony może starać się o warunkowe przedterminowe zwolnienie po odbyciu części kary. Tu znowu są dwie możliwości. Skazany sam może wystąpić z takim wnioskiem do sądu penitencjarnego, szanse jednak, że uwzględni on taką prośbę, a osadzony odzyska wolność, są raczej nikłe. Kiedyś poprosiłem Sąd Okręgowy we Wrocławiu o informację, ile osób wyszło z więzienia na warunkowe przedterminowe zwolnienie dzięki samodzielnie złożonemu wnioskowi. Na stu osadzonych sąd uwzględnił wnioski około sześciu osób. W dziewięćdziesięciu czterech przypadkach prośba została odrzucona. Inaczej jednak sprawy się mają wtedy, gdy to dyrektor występuje z wnioskiem o udzielenie osadzonemu warunkowego przedterminowego zwolnienia, uzasadniając to przykładowo tym, że proces resocjalizacji osadzonego przebiegł pozytywnie, a prognoza kryminalistyczna jest obiecująca. W takim przypadku na stu osadzonych wolność odzyskuje dziewięćdziesiąt sześć osób. Przypuszczam, że gdybym sięgnął do danych z innych rejonów Polski, liczby byłyby podobne.

Właśnie ten mechanizm chciał wykorzystać Marcin P., aby udowodnić, że za łapówkę wyjdzie na wolność. Wystarczy tylko skorumpować kogoś z kierownictwa zakładu karnego, by dyrektor wystąpił z wnioskiem do sądu, aby udzielić skazanemu warunkowego przedterminowego zwolnienia. Wolność gwarantowana. Tak też miało stać się w tym przypadku. Marcin P. opowiedział mi o szczegółach prowokacji. Osoby, z którymi mnie skontaktował, wiedziały, komu należy przekazać pieniądze, aby dyrektor zakładu karnego wystąpił z wnioskiem do sądu penitencjarnego o udzielenie warunkowego przedterminowego zwolnienia. Warunek był jednak jeden. Miałem zorganizować pieniądze, około sześćdziesięciu tysięcy złotych, na tyle bowiem wycenia się wolność, choć stałego cennika nie ma. Kwota jest również zależna od tego, kto i za co siedzi. Do spotkania z przestępcami doszło, o czym należało powiadomić organy ścigania, w przeciwnym razie mogłyby pojawić się problemy. Pierwsze kroki skierowałem do Prokuratury Apelacyjnej we Wrocławiu. Do sprawy został wówczas przydzielony prokurator Robert Tomankiewicz, wtedy jeszcze szeregowy prokurator Prokuratury Apelacyjnej. W ten sposób przecięły się nasze drogi, choć żaden z nas nie przypuszczał, że po latach w zupełnie innej sprawie po raz kolejny będziemy próbowali wyciągnąć kogoś z więzienia.

Po kilku miesiącach od pierwszego spotkania z prokuratorem Tomankiewiczem i niezbyt udanej współpracy z Centralnym Biurem Antykorupcyjnym były dyrektor zakładu karnego we Wrocławiu siedział już w areszcie śledczym.

Korzystając z przywileju, jakim jest warunkowe przedterminowe zwolnienie, dyrektor przyjął korzyść majątkową w wysokości sześćdziesięciu tysięcy złotych na rzecz zwrócenia wolności P. Został zatrzymany zaraz po tym, jak bandyci przekazali mu pieniądze. Marcin P. w końcu wyszedł na warunkowe przedterminowe zwolnienie, ale nie za łapówkę, tylko za to, że pomógł organom ścigania ujawnić przestępczy proceder handlowania wolnością. Z nieoficjalnych informacji wiadomo, że kilka lat później zmarł. Przyczyny jego śmierci nie są mi jednak znane. P. miałby dzisiaj niespełna pięćdziesiąt lat. Bez wątpienia przysporzył sobie wrogów tym, co zrobił, i to zarówno wśród pracowników służby więziennej, jak i pośród samych przestępców.

Sprawa, którą zajmowaliśmy się z prokuratorem Tomankiewiczem, odbiła się głośnym echem nie tylko w środowisku prawników, sędziów, pracowników służby więziennej, ale także przestępców. Były dyrektor C. został skazany prawomocnym wyrokiem sądu i na kilka lat trafił do zakładu karnego. Sprawę tę bez wątpienia znał dyrektor zakładu karnego w Strzelinie Robert S. Kilka lat po tej aferze na jego biurko trafiło pismo od dziennikarza, który parę lat wcześniej przyczynił się do zamknięcia kolegi po fachu. Co więcej, na jego biurku leżało również pismo prokuratora Tomankiewicza, a na jego pieczątce – Wydział do Spraw Zwalczania Przestępczości Zorganizowanej i Korupcji. Być może to był jeden z powodów, przez który nigdy nie zostałem dopuszczony do Tomasza Komendy, kiedy ten odbywał karę w strzelińskim więzieniu.

Dyrektor nie zabronił jednak Tomkowi widzeń z matką i kontaktów telefonicznych ze światem zewnętrznym. Kiedy wiedziałem już, że do spotkania z Tomkiem w zakładzie karnym nie dojdzie, postanowiłem odnaleźć panią Teresę. Nie było to trudne. Poprosiłem ją o przekazanie synowi mojego numeru telefonu, kiedy będzie u niego na widzeniu. Wtedy także nakreśliłem jej sprawę i opowiedziałem o swoich przypuszczeniach. Po kilku dniach na ekranie mojego telefonu wyświetlił się numer zastrzeżony.

– Dziękuję, że pan do mnie oddzwonił. Wiem, że nie mamy dużo czasu, więc od razu muszę przejść do pytań. Rozmowę chcę też nagrać. Mam nadzieję, że nie ma pan nic przeciwko.

– Oczywiście, że nie.

– To od razu zapytam. Jak czuje się osoba, która wie, że osiemnaście lat siedzi niewinnie?

– Byłem i nadal jestem uważany za osobę winną, że to ja jestem, że to ja jestem sprawcą i z tym całym naciskiem siedzę do dnia dzisiejszego. Masakra po prostu.

– To co pan czuje?

– Co ja czuję? Po prostu bezradność. Do dnia dzisiejszego jazdy mam i tak dalej.

– Może pan powiedzieć, jakie jazdy na dzień dzisiejszy?

– No, „Jebać tego pedofila"… I z tym muszę żyć, po prostu. Zaciskam zęby i maszeruję.

– Co pan pomyślał, kiedy policjant Remigiusz przyszedł do pana?

– Byłem bardzo szczęśliwy, że ktoś się podjął mojej sprawy, że coś się będzie działo w sprawie mojej.

– Kiedy panu powiedzieli, że rozważają taką możliwość, że pan jest osobą niewinną?

– Od samego początku, bo ja się spytałem pana Remigiusza, czy wierzą, że jestem niewinny, bo dla mnie to jest bardzo ważne. Oni powiedzieli, że tak, że oczywiście wierzymy, że jesteś niewinny. Bardzo mi to pomogło. Dostałem takiej siły.

– Przepraszam, ale muszę zapytać, jak pan był bądź nadal jest traktowany w zakładzie karnym.

– Jak coś najgorszego, odwracają ode mnie wzrok.

– A funkcjonariusze służby więziennej?

– Byłem pobity kilka razy na spacerniaku, kiedy to się działo, udawali, że nie widzą. Przepraszam, ale muszę kończyć, bo kłódkowy już mi pokazuje, że czas mi się skończył. Zadzwonię do pana za dwa dni. Jeszcze raz dziękuję, że zajął się pan moją sprawą. Do widzenia.

Rozmowa trwała może pięć minut. Czas na telefony w więzieniu jest ograniczony. Na rozmowę z matką miałby go dokładnie tyle samo. Dwa dni później, tak jak obiecał, zadzwonił ponownie. I tym razem powiedziałem mu, że muszę szybko zadać kilka pytań i poznać na nie odpowiedź, a czas jak zwykle grał na naszą niekorzyść.

– Panie Tomku, nie myślał pan o tym, żeby przyznać się do zbrodni tylko po to, żeby wyjść i potem wyjaśnić sprawę?

– Nie ma takiej możliwości, nie będę przyznawał się do czegoś, czego nie zrobiłem, po prostu. A żeby dostać warunkowe zwolnienie, to tylko papierek, ale na pewno nie przyznam się do czegoś, czego nie zrobiłem, tylko po to, żeby dostać wokandę.

– Czy po osiemnastu latach ma pan już przemyślenia, dlaczego pan siedzi, kto pana wrobił?

– Nie, niestety nie, do dnia dzisiejszego nie wiem. Nie mam po prostu słów do tych ludzi, którzy mnie osadzili, a mam nadzieję, że to wcześniej czy później wyjdzie na jaw.

– A myśli pan teraz, że policjant Remigiusz, prokurator Sobieski dają panu taką gwarancję, że uda się w końcu odzyskać wolność?

– Powiem szczerze, że o niczym innym nie myślę, tylko o tym, żeby została mi przywrócona wolność, która została mi zabrana osiemnaście lat temu.

Przez kilka miesięcy Tomek Komenda dzwonił do mnie regularnie, regularnie też słałem pisma do zakładu karnego z prośbą o spotkanie. Decyzja za każdym razem była odmowna i bez uzasadnienia. Prosiłem więc Tomasza, żeby dzwonił, ale nie za często, bo wiedziałem, że zależy mu na kontaktach z matką, a jeżeli będzie dzwonił do mnie, to już na telefon do niej nie dostanie zgody. Pomimo tego dzwonił nadal. Pytał, co słychać w jego sprawie. Czułem się wtedy trochę bezradnie, bo w zasadzie nic się nie działo. Prokurator przez cały czas czekał na kluczową opinię dotyczącą odcisków szczęk na ciele Małgorzaty. Co dwa dni dzwoniłem do prokuratora Tomankiewicza z pytaniem, czy opinia już wpłynęła. Tomek pytał, ja odpowiadałem, że już wkrótce, może jutro, może pojutrze, za tydzień, obaj musimy być cierpliwi. Czułem się bardzo odpowiedzialny za to, co się wtedy działo. Przeczytałem kartka po kartce dwadzieścia jeden tomów, kilka tysięcy stron akt sprawy Tomasza Komendy. Wiedziałem, że jest niewinny. Niezliczoną ilość razy odwiedzałem prokuraturę. Nawet ochroniarz już nie pytał, dokąd idę i po co, mówił tylko, że przepisze w książce wejść numer legitymacji, imię i nazwisko z poprzedniego razu, a zmieni tylko datę, żeby się zgadzało.

– Jest już opinia? – pytałem w progu biura prokuratora Tomankiewicza.

– Miała być, ale jeszcze nie ma. Już rozmawialiśmy z biegłą i lada chwila przyjdzie.

Telefon od Tomka i znowu przepraszającym tonem, że opinia jeszcze nie wpłynęła.

– Panie redaktorze, wytrzymałem osiemnaście lat, to wytrzymam jeszcze, proszę się nie martwić.

Dziś z perspektywy czasu wiem, że to nie ja uspokajałem jego, ale on mnie.

Przesłuchanie Tomka – ciąg dalszy

Okna mieszkania rodziny Komendów wychodzą na ulicę Piłsudskiego. Widok obejmuje stare poniemieckie kamienice. Gdzieniegdzie niepasujące do niczego bloki, które znalazły się w tym miejscu za sprawą jakiegoś budowniczego z czasów PRL-u. Na środku jezdni tory tramwajowe. Kilkaset metrów od wejścia do kamienicy stoi druga, biała i odnowiona. Tam właśnie w czerwcu 2017 roku nagrywano rozmowę z Tomkiem. To wtedy dowiedział się, że do sprawy miłoszyckiej zatrzymano Ireneusza M., a cztery osoby znajdujące się naprzeciwko uważały, że to nie Tomek dokonał zbrodni, za którą został skazany. Wszystko to za sprawą wielomiesięcznej pracy funkcjonariusza Centralnego Biura Śledczego Remigiusza oraz prokuratorów Dariusza Sobieskiego i Roberta Tomankiewicza. W rozmowie z Tomkiem brała również udział psycholog kryminalna Justyna Poznańska. Kiedy kilka miesięcy później zapytałem ją, co sądzi o Tomaszu Komendzie, odpowiedziała tylko tyle, że jego profil w żaden sposób nie pasuje do profilu mordercy i gwałciciela. Cała czwórka była pewna, że siedzi przed nimi niewinny człowiek. Dodatkowo potwierdzała to ekspertyza; przeprowadzono badania DNA według najnowszych dostępnych metod, które jednoznacznie wskazywały, że Tomasza Komendy nie było na miejscu zbrodni, a czapka na pewno nie należała do niego. Zabezpieczone z niej włosy, z których wyodrębniono kod DNA do pierwszego badania, również nie były jego, zaś wszystkie ślady, jakie na powrót udało się przeanalizować, wykluczały jego sprawstwo. Skoro nie było Tomka na miejscu zbrodni, to również dowód w postaci śladu zapachowego był niewiarygodny. Jednak psy nie mogłyby się pomylić. Pytanie tylko, jaki materiał dowodowy dano im do nawąchania, że wskazały Tomasza, i to w dwóch próbach. Ostatnim dowodem, jaki śledczy musieli obalić, była ekspertyza jednego z najbardziej znanych biegłych, autorytetu w świecie medycyny sądowej, który zeznając na jednej z rozpraw sądowych przeciwko Tomaszowi Komendzie, mówił, że odcisk uzębienia pozostawiony na ciele nieżyjącej dziewczyny należy do podsądnego. Był na tyle kategoryczny w swoich twierdzeniach, że sąd głównie na jego opinii oparł wyrok skazujący. Biegły, zeznając przed pięcioosobowym składem sędziowskim, twierdził, że ślady po ugryzieniu są jak linie papilarne. Każde uzębienie jest indywidualnie przypisane do osoby i nie może się powtórzyć.

A więc podstawą do skazania były trzy mocne dowody: ślad DNA, dowód w postaci opinii osmologicznej i odcisk zębów na ciele ofiary. Siedzący naprzeciwko Tomka prokuratorzy, policjant i psycholog wiedzieli już, że dwa z tych materiałów dowodowych nie mają żadnego znaczenia. Pozostawały jeszcze zęby, a w zasadzie ich ślad odciśnięty na ciele zamordowanej dziewczyny. Wstępna opinia była taka, że to nie ślad po uzębieniu Tomka. Biegła sądowa z Poznania obiecywała, że zaraz przyśle dokument. Mijały miesiące, Tomek ciągle siedział w więzieniu, a opinii nadal nie było. Nie było jej również wtedy, gdy prokurator Tomankiewicz zadawał kolejne pytania.

– Panie Komenda, czym się pan zajmował przed tym, jak trafił pan do aresztu, co pan robił? Proszę opowiedzieć nam całą swoją przeszłość od dziecka. Pana wykształcenie?

– Chodziłem do szkoły specjalnej, bo sobie nie radziłem. Chciałem być kucharzem, ale się nie udało.

To był mój błąd. Skończyłem tylko osiem klas. Na pół roku poszedłem do szkoły zawodowej, ale nie radziłem sobie, nie lubiłem nauki i zrezygnowałem z uczenia się.

- To ile lat pan chodził do tej szkoły zawodowej?
- Pół roku.
- Nawiązał pan tam jakieś znajomości, poznał pan kogoś?
- Nie, ja byłem takim samotnikiem. Zawsze chodziłem swoimi ścieżkami. Nie szukałem na siłę kolegów, koleżanek.
- I proszę powiedzieć, co później się dzieje. Przerywa pan szkołę i…?
- Poszedłem pracować na myjnię samochodową. Przyszedł kolega i zapytał się mnie. Zgodziłem się. Pracowałem tam na zmiany dwa lata, ale zrezygnowałem, bo szef nie płacił tyle, ile powinien płacić.
- W którym roku to się dzieje, to mycie samochodów, praca na myjni?
- W dziewięćdziesiątym siódmym i dziewięćdziesiątym ósmym, w tych latach.
- No i co się dzieje później?
- Później przychodzi policja i zakłada mi kajdany. To jest rok dwutysięczny i tak to wygląda. Przepraszam, zanim mnie zatrzymali, to przyjeżdżała do mnie policja na badania, na które się oczywiście zgadzałem. Na każde wezwania policji się stawiałem. Nigdy nie unikałem. Zawsze byłem na czas, a jak nie na czas, to przed czasem. Niczego się nie obawiałem. Zostały mi zrobione badania zębów, krwi, włosów i w dwutysięcznym

roku postawiono mi zarzuty, za które zostałem skazany i siedzę do chwili obecnej. Mi wtedy został postawiony zarzut z artykułu sto pięćdziesiąt sześć, pobicie ze skutkiem śmiertelnym, a sąd przy ogłoszeniu wyroku zmienił mi kwalifikację prawną czynu na artykuł sto czterdzieści osiem z dwójką. To jest najcięższy artykuł z kodeksu karnego.

– Panie Komenda, a czy utrzymywał pan jakieś kontakty z ludźmi ze szkoły, z tymi z podstawówki i z tymi, kiedy był pan na przyuczeniu zawodowym?

– Nie.

– Z żadnym z kolegów? – To tylko moje przypuszczenia, ale prokurator Sobieski dopytywał o szkołę, do której chodziła Małgosia. Do handlówki we Wrocławiu.

– To proszę opowiedzieć teraz o swojej rodzinie?

– O mojej rodzinie? Gdyby nie rodzina… to, co dla mnie zrobili, tobyśmy nie rozmawiali po prostu. Ja bym tego nie wytrzymał, a że zawsze mama ze mną jest, to dałem radę. Po prostu moja rodzina to jest jedna wielka całość.

– Powiedział pan, że ta rodzina bardzo dużo dla pana zrobiła. W jakim sensie?

– Trzyma mnie przy życiu. To jest najważniejsze. Najcenniejsze.

– A dlaczego pan mówi, że gdyby nie rodzina, tobyśmy tu nie rozmawiali?

– Bobym leżał trzy metry pod ziemią. Który człowiek wytrzyma dwadzieścia pięć lat za niewinność, za którą siedzi. Za kratami, wiedząc, że to nie on popełnił to przestępstwo. A to nie jest za ciekawy artykuł. W zakładach karnych dzieją się naprawdę sceny z takimi osobami, z takimi artykułami.

- Proszę pana, co pan robił w nocy z trzydziestego pierwszego grudnia tysiąc dziewięćset dziewięćdziesiątego szóstego roku na pierwszego stycznia tysiąc dziewięćset dziewięćdziesiątego siódmego roku?

- Bawiłem się w miejscu zamieszkania. Byłem w miejscu zamieszkania we Wrocławiu.

- Czy w tamtym czasie utrzymywał pan jakieś kontakty z dziewczynami? - pytał dalej prokurator Tomankiewicz. - Czy miał pan jakąś dziewczynę?

- W tysiąc dziewięćset dziewięćdziesiątym szóstym i siódmym nie. Później tak.

- Proszę coś więcej powiedzieć o nich. Ile dziewczyn?

Tomek znów wymienił z imienia i nazwiska dziewczyny, z którymi się w tamtym czasie spotykał.

- Panie Komenda, proszę sobie przypomnieć, czy pamięta pan, jak przebiegał ten sylwester, o który pyta mój kolega? - Tym razem głos zabrał prokurator Dariusz Sobieski.

- Ja nie chcę kłamać, tyle lat minęło, że szczegółów nie pamiętam już. To było dwadzieścia lat temu, ja miałem wtedy dwadzieścia jeden lat. Wtedy człowiek żył chwilą, nie wbijał sobie do głowy sytuacji, które wtedy nie były w ogóle ważne, że pamiętanie ich mogłoby mieć teraz znaczenie. Sylwester jak sylwester. Picie, muzyka, dobre towarzystwo. Wszystko.

– Pamięta pan, o której godzinie ten sylwester się skończył, o której się zaczął?

– Powiem panu tak, że u nas jak co roku w sylwestra zaczynało się o godzinie dwudziestej. I tak jest do dzisiaj, chociaż mnie z nimi dzisiaj nie ma, ale zawsze sylwester zaczyna się o godzinie dwudziestej. A o której się skończył, nie wiem z tego względu, że byłem tak pod wpływem alkoholu, że po prostu poszedłem spać.

– A proszę mi powiedzieć, czy pan często spożywał alkohol. A jeżeli tak, to w jakich ilościach? Niech pan opowie coś na ten temat.

– Tak, ale nie często. Piłem alkohol, ale piwo, nie lubiłem wódki, bardziej lubiłem piwo. A czy często piłem? Nie.

– Panie Komenda, a czy pamięta pan, jak wyglądał pana dzień pierwszy stycznia. Po tym sylwestrze. Czy coś się wtedy wydarzyło?

– Nie pamiętam. Niestety.

– A proszę mi powiedzieć, czy w rodzinie był jakiś samochód?

– Tak w tamtym czasie mieliśmy, brat Gerard miał białe audi. To było, jak był w Monachium, bo w tamtym czasie Gerard, mój brat, i ojczym Mirosław mieszkali w Monachium do czasu mojego aresztowania. I jak to wszystko się wydarzyło, to spakowali wszyscy walizki i wrócili do Polski.

– Panie Komenda, a czy pan kiedykolwiek starał się o uzyskanie prawa jazdy?

– Nie.

– Czy uczył się pan kiedykolwiek prowadzić samochód?

- Nie.

- Czy tym samochodem z bratem kiedykolwiek się pan poruszał?

- Oczywiście. Tak, jak pracowałem na myjni i jak miał czas, to mnie woził do pracy.

- A czy zdarzało wam się organizować jakieś wyjazdy poza Wrocław?

- Nie.

- A czy zdarzało się panu grać w piłkę poza Wrocławiem?

- Tak.

- Proszę opowiedzieć o tym.

- To był właściciel myjni samochodowej, pan Tomasz, ale nazwiska nie pamiętam. I myśmy weszli jakoś w luźnej rozmowie na temat sportu. On wtedy powiedział, że on ma drużynę z jego wioski, bo mieszka w Gajkowie, że mają drużynę i że regularnie grają w piłkę nożną. Ja powiedziałem, że my też mamy na podwórku ekipę, która gra w piłkę, i możemy się umówić, że my możemy do Gajkowa przyjechać albo niech oni przyjadą do mnie. To on się ze mną umówił, żeby to przeprowadzić w dzień sylwestra w tysiąc dziewięćset dziewięćdziesiątym ósmym albo w tysiąc dziewięćset dziewięćdziesiątym dziewiątym roku. Nie mogę sobie przypomnieć dokładnie, ale w tych latach. Pojechaliśmy do niego, bo ja wcześniej mówiłem swojej ekipie, że jest taka propozycja, żeby zagrać z nami, wioska przeciwko nam. I się wszyscy zgodziliśmy i tam pojechaliśmy zagrać mecz. Po meczu był grill, pogadałem sobie z moim byłym szefem myjni, z panem Tomkiem, no i wróciliśmy do Wrocławia. I to tyle.

- To było jednorazowe zdarzenie, ten mecz?

- Tak jest.

- A czy w innych miejscowościach poza Gajkowem zdarzało się panu grać w piłkę?

- Nie, nigdy.

Każdemu, kto nie zna akt sprawy Tomasza Komendy, pytania zadawane na przemian przez dwóch prokuratorów mogą się wydać co najmniej dziwne. Co mają do rzeczy prawo jazdy, samochód brata, gra w piłkę czy Gajków? Jak to się łączy ze zbrodnią w Miłoszycach? Jak się okazuje, dla śledczych, którzy oskarżali Tomasza, i sędziów, którzy go skazywali, miało ze sprawą bardzo wiele wspólnego. Kiedy w czasie przesłuchania Tomek był, jak twierdził, katowany na komisariacie, przyznał się, że był w Miłoszycach na zabawie sylwestrowej i współżył dobrowolnie z jakąś dziewczyną. Powiedział, że najpierw dojechał autobusem do miejscowości Gajków, a potem piechotą dostał się z Gajkowa do Miłoszyc. Zeznał, że z Gajkowa na dyskotekę poszedł z panem Tomaszem, właścicielem myjni samochodowej, w której pracował. Pan Tomasz miał wrócić do domu, a on zostać i bawić się dalej. Była to wersja nieprawdziwa, ale uprawdopodobniająca założenie, że Komenda wiedział, gdzie są Miłoszyce, bo znał Tomasza, swojego byłego szefa pochodzącego z Gajkowa, miejscowości oddalonej o kilka kilometrów od Miłoszyc. To przynajmniej przybliżało Tomasza Komendę do zbrodni. Jednak i ta wersja w sądzie zaczęła upadać, bo właściciel myjni zeznał, że nie był z Komendą w Miłoszycach i, co więcej, feralnej nocy nie można było dostać się z Wrocławia do Gajkowa, ponieważ żadne autobusy nie kursowały w sylwestra. Już podczas procesu sądowego uznano więc, że zeznania złożone w prokuraturze były sprytnie przygotowaną linią obrony. Nigdy również nie ustalono, jak Tomasz dojechał do Miłoszyc. Przez cały proces forsowano tezę, że musiał się tam dostać, bo innej możliwości nie było. Próbowano nawet w sprawę wmanewrować jego ojczyma i brata Gerarda, sugerując, że to oni przywieźli Tomka w noc sylwestrową do Miłoszyc, ale sąd to wykluczył.

Nigdy bowiem nie postawiono tezy dotyczącej sposobu, w jaki Komenda dotarł na sylwestra do Miłoszyc. Dla sądu, który skazał go na dwadzieścia pięć lat pozbawienia wolności, ważniejsze były opinie niż inne dowody, choćby zeznania świadków, które przemawiały za tym, że Tomka w Miłoszycach tego wieczoru nie było. Prokuratorzy Sobieski i Tomankiewicz, funkcjonariusz CBŚ i Justyna Poznańska z niedowierzaniem analizowali akta sprawy miłoszyckiej, zastanawiając się, jak mogło dojść do skazania. Pytali dalej, a kamera rejestrowała przesłuchanie:

– Czy wyjeżdżał pan na jakieś dyskoteki poza miasto?
– Nie.
– Był pan kiedykolwiek w Jelczu-Laskowicach?
– Nie, nigdy.
– A w Miłoszycach?
– Nigdy.
– A potrafi pan powiedzieć, gdzie te miejscowości się znajdują?
– Nie. Nie mam zielonego pojęcia.
– A czy w trakcie odbywania kary, kiedy był już pan prawomocnie skazany, nie sprawdzał pan, na mapach w książkach, gdzie te miejscowości się znajdują, w związku ze zdarzeniem, za które został pan skazany?
– Nie, nie czułem takiej potrzeby.
– A proszę powiedzieć, w trakcie odbywania kary wolności pan na pewno długo o tym myślał. Czy mógłby pan podzielić się tym, o czym pan myślał?

Tomek po raz kolejny zasłonił oczy i odwrócił głowę. Zanim odpowiedział na to pytanie, zapadła długa wymowna cisza.

- Nie rozmawiałem z nikim na ten temat, bo wystarczyło włączyć telewizję albo przeczytać gazetę, żeby inni wiedzieli, za co siedzę. Więc ja nic nie musiałem mówić, a raz, że ja nic mówić nie chciałem. Teraz osoby, z którymi siedzę pod celą, nie wiedzą, za co siedzę. Minęło już tyle lat. Podejrzewam, że teraz, jak jestem tutaj, to zostanie mi kipisz przeprowadzony w celi, taki, że wyświetlą moje papiery i zobaczą, za co siedzę. I tego się obawiam.

- Proszę mi powiedzieć, czy w trakcie odbywania kary nigdy nie spotkał się pan z jakimiś informacjami dotyczącymi tego zdarzenia, za które został pan skazany?

- Jak najbardziej. To było w zakładzie karnym na Kłęczkowskiej we Wrocławiu, wtedy tam odbywałem karę. Już byłem oczywiście wyrokiem prawomocnym skazany. Siedziałem na czwartym B, nie pamiętam już, jaki numer był tej celi, ale wiedziałem, z jakiej celi ta osoba była, która mi to powiedziała. Wyszedłem na spacer, tak jak nigdy nie chodziłem, tak jakby coś mówiło mi, że muszę iść na ten spacer. Zacząłem chodzić po spacerniaku i osoba, która potem okazała się, że jest stamtąd, wzięła mnie na bok i zapytała, czy ja siedzę za sprawę z Miłoszyc. Powiedziałem mu, że tak. On powiedział mi, że najchętniej to by mnie tutaj rozpier…, ale ja mu powiedziałem, że ja wcale nie jestem tym mordercą. On powiedział, że on wie, bo zna tą moją sytuację. I jak on wtedy ze mną rozmawiał, to powiedział, że ja nie powinienem siedzieć na ławie oskarżonych. Bo on wie, że ja zostałem wrobiony w to wszystko, i tyle w tym temacie. Nie powiedział mi swojego nazwiska i co wie. I tyle w tym temacie.

– Czy opowiadał panu ten człowiek, na czym miało polegać wrobienie pana w tą sprawę?

– Tak. Zostały zapłacone bardzo duże pieniądze. Dostał je jeden sędzia, dostał je jeden prokurator, żeby tylko mnie wsadzić, żeby znaleźć osobę winną. Żeby tylko ktoś za to odpowiedział.

– Ale dlaczego komuś miałoby tak bardzo zależeć, żeby akurat pana wsadzić do więzienia?

– Nie wiem. Do dnia dzisiejszego zadaję sobie to pytanie. Dlaczego?

– Ale o tych pieniądzach to pan wie od relacji tego kolegi, z którym pan rozmawiał na spacerze?

– Tak jest, ta osoba wtedy siedziała na trzecim B, cela dwieście trzydzieści trzy.

– W którym to było roku?

– W dwa tysiące siódmym albo dwa tysiące ósmym.

– I jeszcze tego typu informacje pan otrzymywał, oprócz tej?

– Powiem panu tak, tą informację, którą otrzymałem, ta osoba powiedziała, że nie powinienem siedzieć na ławie oskarżonych.

– I co działo się dalej?

Tomasz Komenda wytłumaczył przesłuchującym, w jaki sposób osadzeni kontaktują się ze światem zewnętrznym. Robią to przez okna, jeżeli okna celi wychodzą na ulicę. Nazywa się je wtedy oknami od strony wolności. On właśnie tak kontaktował się z rodziną. Najczęściej krzyczał to, co miał im do powiedzenia, albo wypluwał przez rurkę zwinięty gryps. Po dwóch, trzech miesiącach, od kiedy Tomek dostał tę informację, przy zakładzie karnym zjawiło się kilka osób. W stronę okien miało paść pytanie do osadzonego w innej celi, gdzie siedzi Komenda. Tomek usłyszał odpowiedź, że kilka cel obok, a potem głosy, że można z nim pojechać. Można zaczynać. Nietrudno się domyślić, co miało się stać z Tomkiem.

– Chcieli mnie zabić współosadzeni, moje akta miały zginąć. Nigdy nie miałem wyjść z tego zakładu karnego, w którym wtedy przebywałem. Tak mi się wydaje, że osoby z tamtej miejscowości, Miłoszyc, dały cynk, znak, że już można ze mną skończyć. Można mnie zabić, bo kryję. Tak jak mi zarzucają do dnia dzisiejszego, że ja kryję prawdziwych sprawców. Na szczęście był wychowawca dyżurny, który musiał to usłyszeć i szybko przyszedł. Wziął, otworzył celę i powiedział, że wszyscy wychodzą, a Komenda zostaje i szybko się pakuje. Natychmiast zostałem przeniesiony na ochronę. Zostałem przeniesiony na oddział chroniony. Tak to wyglądało.

– Zna pan jakiegoś Ireneusza? – Przesłuchanie kontynuował prokurator Robert Tomankiewicz.

– Ireneusz? Nie.

– A w pana sprawie zeznawał jakiś Ireneusz?

– Nie wiem, nie pamiętam, tylu było świadków przesłuchanych. Ireneuszem niby byłem ja, jak to stwierdzili później w telewizjach, mediach. Ireneuszem byłem ja. Nie, nie znam żadnego Ireneusza.

– Ze sprawy pan nie pamięta?

– Ireneusza jakiegoś pamiętam. Ireneusz. On przed sądem zeznawał, że tylko jeździł na rowerze.

– A gdzie on tak zeznawał?

– U mnie na sprawie przed sądem.

- W sądzie?
- Tak, na sali sądowej.
- Poznał pan kiedyś tą osobę?
- Nie.
- A kogo pan znał ze świadków, którzy zeznawali w tej sprawie?
- Nikogo.
- Jest pan pewien?
- Tak, jestem pewien.

Pytania prokuratorów o Ireneusza były dla nich bardzo ważne. Kilka dni wcześniej w tym samym pokoju, w którym wtedy zeznawał Tomek, przesłuchiwany był Ireneusz M. Zdaniem śledczych, którzy zatrzymali Tomka ponad osiemnaście lat temu, miał się on przedstawiać właśnie jako Ireneusz, brat Małgorzaty, zabrać dziewczynę z dyskoteki, a potem ją zgwałcić i zamordować. Zdaniem prokuratorów Tomankiewicza i Sobieskiego oraz oficera Remigiusza Tomasz nigdy za Ireneusza się nie podawał. Prawdziwy Ireneusz kilka dni wcześniej siedział przed nimi skuty w kajdany i słuchał odczytywanego mu zarzutu brutalnego zgwałcenia i zamordowania Małgorzaty K. Tomek, mimo że kilka tygodni wcześniej słyszał w telewizji, że do sprawy zbrodni w Miłoszycach został zatrzymany Ireneusz M., podczas tego przesłuchania nie zorientował się, o kogo go pytali prokuratorzy. Bez wątpienia nie znał tego mężczyzny. Pamiętał tylko, że jakiś Ireneusz jeździł na rowerze, bo to usłyszał na sali sądowej, w której toczył się jego proces. Ireneusz M. przesłuchiwany był wyłącznie jako świadek. Pytany przez sąd, czy rozpoznaje Tomasza Komendę jako jednego z wielu uczestników zabawy sylwestrowej, zaprzeczył, bo przecież Tomek nie był w Miłoszycach, a zatem nie mógł się z nim spotkać ani z nim współdziałać. Tomka nikt na zabawie nie widział. Ireneusza większość. Tomek nie nosił nigdy czapki, Ireneusz owszem. Tomek nigdy nie był na terenie posesji, gdzie zamordowano dziewczynę. Ireneusz M. już kilka dni po morderstwie zeznawał, że pojawił się na miejscu zbrodni, bo trzymał tam rower i wódkę. Tomek, siedząc na tym samym krześle, co kilka dni wcześniej Ireneusz, miał nadzieję, że jego przesłuchanie może coś zmienić. Ireneusz M. na tym samym krześle odmówił składania wyjaśnień, twierdząc, że to pomyłka i nieporozumienie. Po ponad osiemnastu latach ich role się odwróciły. O osiemnaście lat za późno. Tomasz przez cały ten czas siedział w celi, a Ireneusz M. przez kilka kolejnych lat po zbrodni miłoszyckiej gwałcił kobiety, za co w końcu został skazany.

```
    - A pamięta pan, jak ten Ireneusz, który jeź-
dził na rowerze, jak się nazywał? - przesłucha-
nie kontynuował prokurator Tomankiewicz.
    - Nie.
    - A czy kiedykolwiek mógł go pan spotkać?
    - Nie, nie przypominam sobie, żebyśmy kiedy-
kolwiek spotkali się z jakimś Ireneuszem.
    - Panie Komenda, pamięta pan dzień, w którym
został pan zatrzymany, jak wyglądały czynności?
    - O Jezu, muszę o tym mówić?
    - Rozmowy z policjantami, przesłuchanie przez
prokuratora? Czy może pan o tym opowiedzieć?
```

Kilkunastosekundowa cisza. Tomek wiedział, że musi, ale absolutnie nie miał na to ochoty. Drżącym głosem zaczął mówić:

```
    - To się stało w dwutysięcznym roku. - Od-
wrócił głowę od przesłuchujących go osób. Znów
długa chwila milczenia. Patrzył w okno i jakby
zniknął, jak gdyby nie chciał nigdy usłyszeć
tego pytania. Był nieobecny. Sekunda za sekundą,
wciąż milczał. Ciszę w pokoju przerwał głos pro-
kuratora Sobieskiego:
```

- Proszę napić się wody.

Tomek sięgnął po szklankę wody stojącą na biurku.

- To, co było w moim obrazie, to sytuacja, która chyba nigdy nie wyjdzie mi z głowy. To była sytuacja. Pamiętam to i będę pamiętał do końca swojego życia, to była sytuacja, to był dzień poniedziałek, o godzinie wpół do siódmej rano, ja malowałem okna, remontowałem mieszkanie. Rodziców wtedy nie było, nie pamiętam, gdzie oni byli. O wpół do siódmej rano wyważyli mi drzwi, złożyli mnie w chińskie osiem. Kiedy leżałem na podłodze, zostały mi przedstawione zarzuty, że zatrzymują mnie do wyjaśnienia, później zostałem przewieziony na komendę. Na policji strasznie zostałem pobity przez tych funkcjonariuszy, którzy mnie zatrzymali i powiedzieli, że jeżeli będę dobrze zeznawał, to wyjdę na wolność. Po prostu byłem bity, bicie to jest za małe słowo na to, co ze mną się wtedy działo. Naprawdę, jednym słowem zostałem zmuszony do złożenia fałszywych zeznań. Potem w sądzie, jak dawali mi trzy miesiące sankcji, to ja odwołałem te zeznania wszystkie i powiedziałem, że one zostały wymuszone i na sali sądowej, jak już siedziałem na ławie oskarżonych, to ci funkcjonariusze, którzy byli powołani przez mojego obrońcę, to przez sąd było pytanie zadane do nich, czy przy przesłuchaniu byłem bity przez nich. Oczywiście oni zaprzeczyli temu i powiedzieli, że taka sytuacja nigdy nie miała miejsca. Już wtedy po prostu wiedziałem, że jestem przegrany. To było słowo przeciwko

słowu i ja tu nic nie znaczę. Powiedziałem sądowi, że bili mnie i usłyszeli, co chcieli, bo
ja chciałem wyjść na wolność.

— No ale był pan przesłuchiwany przed prokuratorem? No i co pan mówił wtedy prokuratorowi? — wyraźnie zaciekawiony zapytał prokurator Tomankiewicz.

— Ten prokurator nazywał się… Ja go widzę przed
oczami, ja go widzę i nie zapomnę. Nazywał się…
Ja go widzę przed oczami, ale nie pamiętam, jak
się nazywał.

— Mówi panu coś nazwisko O.?

— Tak O. Pan O. Tak jest.

— I co panu mówił? Bo mówił pan, że policjanci pana pobili, ale był pan przesłuchiwany
przed prokuratorem?

— Tak.

— Rozumiem, że wtedy nie był pan bity?

— No nie. Mi na komendzie zostało powiedziane,
że jeżeli przed prokuratorem nie złożę zeznań
takich, jakich oni chcą, to już na wolność nigdy nie wyjdę.

— A jakie oni chcieli zeznania?

— Takie, że byłem w tej miejscowości, że do-
jechałem autobusem. Po prostu moje zeznania,
które składałem na komendzie, później znalazły
się w aktach.

— Ale czy to pan wymyślał, czy panu powiedziano?

— Zostało mi powiedziane to, co mam powiedzieć. I to jest rzucone na papier. Najpierw mi
powiedziano, co mam mówić, a potem to przerzu-
cili na papier.

- Czy to był pana pierwszy kontakt z policją, prokuraturą?

- Tak. To był mój pierwszy kontakt, pierwszy raz, kiedy miałem do czynienia z policją.

- A wcześniej?

- Wcześniej, kiedy przyszli pobrać ode mnie jakieś ślady, zapach, zęby, no to ja się na wszystko zgodziłem, bo ja nie mam i nie miałem sobie nic do zarzucenia. Osoba niewinna, która wie, że nie popełniła tego przestępstwa… to jest największym bólem, że musi odsiadywać wyrok. Za coś, czego się nie zrobiło.

- Ale wcześniej, zanim przedstawili panu zarzuty, kiedy jeździł pan na badania, zębów, zapachu i tym podobne, stosowano wobec pana przemoc?

- Nie, wtedy nie.

- Ale jak pobierali od pana te ślady, to czy panu mówiono, po co to robią, do jakiej sprawy?

- Nie. Proszę sobie wyobrazić, że jak przesłuchiwano brata Krzysztofa i Gerarda, to im to zdjęcie tej dziewczyny pokazano, a mi nigdy. Ja dopiero tą dziewczynę, jej zdjęcie zobaczyłem na sali sądowej, jak matka trzymała w ręce zdjęcie Małgorzaty. To wtedy pierwszy raz widziałem tą ofiarę.

- A proszę powiedzieć, czy zna pan Dorotę P. Kto to jest?

- To była sąsiadka mojej babci, która mieszkała we Wrocławiu. Vis-à-vis mojej babci, a że moja mama przychodziła bardzo często do babci, to wtedy pani Dorota skumplowała się z moją mamą. Pani Dorota miała dziecko i zapytała się mojej mamy, czyby się nim nie zajmowała, czy nie podjęłaby się opieki nad jej dzieckiem. Mama się zgodziła, oczywiście za pieniądze. I coś się stało. Moja mama zrezygnowała z opieki nad tym dzieckiem, bo przez jakiś dłuższy czas opiekowała się nim. I Dorota tak się zdenerwowała, że powiedziała, że jeżeli ona nie chce się opiekować jej synem, to ona zrobi takie coś, że ona pożałuje do końca swojego życia. Że będzie to pamiętać do końca swojego życia.

    - A czy pan utrzymywał z nią kontakty?
    - Nie.
    - Ale odwiedzał ją pan w jej mieszkaniu?
    - Tak, ale tylko wtedy, kiedy trzeba było przyprowadzić jej dziecko do naszego mieszkania.
    - Ale dlaczego pan chodził po to dziecko?
    - Bo na przykład moja mama nie miała czasu.
    - Czyli pana mama zajmowała się tym dzieckiem u was w domu?
    - Tak, i jak pani Dorota wracała z pracy, to zawsze przychodziła w podwórko i zabierała swoje dziecko.
    - Ile to dziecko lat miało wtedy?
    - O Jezu, małe było. Nie wiem, czy miało już rok. Naprawdę małe dziecko było. W wózku jeździło.
    - Ona zabierała to dziecko z wózkiem?
    - Tak.
    - A jak długo trwała opieka nad tym dzieckiem?
    - Nie wiem. Trudno mi powiedzieć. Długo.
    - Rozmawiał pan z panią Dorotą, kiedy odbierał pan to dziecko?
    - Nie.
    - I słowa pan z nią nie zamienił?

- Nie, bo to była osoba sporo ode mnie starsza. Myśmy nie mieli sobie nic do powiedzenia.

- Pożyczał pan od niej jakieś pieniądze?

- Nie.

- A czy dostawał pan od niej jakieś pieniądze?

- Tak, nie raz.

- To proszę o tym opowiedzieć.

- Po prostu, jak przyjeżdżałem po dziecko, to ona otwierała portfel i dawała pieniądze. Za to na przykład, że jestem na czas, że nie palę, po prostu, że jak mówię, to jestem. Te pieniądze dawała po prostu, żeby z dzieckiem wszystko było dobrze.

- A pytała, co u pana słychać?

- Nie, bo ja z nią w ogóle nie rozmawiałem. To była dla mnie osoba obca. Ona mi sama dawała pieniądze, ja od niej żadnych pieniędzy nie pożyczałem. Ona się rozliczała co jakiś czas z moją mamą.

- Mówi pan osoba nieznajoma i starsza. Ile ona według pana miała lat?

- Była dobrze po czterdziestce.

- A czy pan wie, co było powodem pogorszenia się relacji mamy z panią Dorotą? Czy dziś pan wie?

- Ja miałem wgląd do akt i to, co czytałem, to nie dowierzałem, że taka osoba złożyła takie zeznania, jakie złożyła.

- A jakie to były zeznania?

- Że ja pożyczałem od niej pieniądze, że miałem od niej pożyczyć pieniądze, dwadzieścia złotych, i miałem jej mówić, że ja jadę na sylwestra do Miłoszyc. Ja nie wiem, skąd w ogóle taka

osoba takie informacje miała. Ja już potem nie
wnikałem, bo wiedziałem, że te zeznania zostaną
obalone. Po prostu ta osoba chciała zeznawać jako
świadek incognito, ale prokuratura się nie zgodziła na to z tego względu, że zeznawała pani
Dorota w jakimś procesie i później się okazało,
że ona mówiła w tamtym procesie nieprawdę.

Dorota P. ani na policji, ani w prokuraturze nie powiedziała, że toczy się inna sprawa z jej udziałem. O to, że chciała sfałszować podpis,
aby się zameldować w mieszkaniu swojego konkubenta tylko z tego
względu, by nie mógł jej z niego usunąć, choć ich relacje były już nie
najlepsze. Nikt tego nie sprawdził. Nikt nie zweryfikował jej wiarygodności, choćby przesłuchując jej sąsiadów, którzy nie mieli o niej
dobrego zdania. Ufano kobiecie, mając nadzieję, że dzięki niej po-
jawi się szansa rozwiązania zagadki zabójstwa w Miłoszycach. Była
im potrzebna bez względu na to, czy kłamała, czy mówiła prawdę. Co
zatrważające, nikt nie sprawdził motywów jej działania. Sprawca był
potrzebny natychmiast, tym bardziej że naciski wychodziły z samej
góry, zwłaszcza po wizycie pani mecenas Ewy Szymeckiej u Lecha Kaczyńskiego, który wówczas był ministrem sprawiedliwości. Kaczyński
nazwał wtedy Tomka – cytuję za artykułami z „Gazety Wyborczej" –
„zbirem i degeneratem". Wypowiadał się krytycznie o prokuratorach
prowadzących sprawę: „Są ślady zębów tego zbira, ślady DNA, wszelkie możliwe znaki – i nie można postawić zarzutu. Taki sposób in-
terpretacji praw człowieka, które czynią przestępców bezkarnymi,
a ofiary bezbronnymi, stanowi zagrożenie dla porządku społecznego".
Po takich słowach padających z ust jednego z najważniejszych ministrów musiały pójść konkretne działania. Po tej wizycie odsunięto
od sprawy prokuratora Stanisława O., choć jeśli się zważy na jego
przeszłość, nie musiał to być główny powód. Prokurator O. jednak
jako jedyny z tych, którzy przed laty prowadzili sprawę, zgodził się
na wywiad, mimo że był już skazany prawomocnym wyrokiem sądu

174

w zupełnie innej, korupcyjnej sprawie i miał za sobą pobyt w areszcie śledczym. Jeżeli zawinił w tej sprawie, to jak mówił w wywiadzie, był gotów ponieść tego konsekwencje. Mimo że był skompromitowany, okazał się najodważniejszy z tych wszystkich, którzy w sprawie zbrodni w Miłoszycach nie mają sobie nic do zarzucenia. Jeden z nich twierdził nawet, że już kilka lat temu wiedział, że Tomasz Komenda jest niewinny, ale sprawy nie pozwolili mu kontynuować. Serdeczne gratulacje dla prokuratora B., który mógł wiedzieć, że niewinny człowiek siedzi w zakładzie karnym, a jednak ograniczył się do rozkazów przełożonych i przestał zajmować się sprawą.

Siła i honor

Osiemnaście lat po pamiętnych słowach Lecha Kaczyńskiego dwóch prokuratorów, policjant i psycholog kryminalny byli pewni, że nie siedzi przed nimi zbir ani degenerat, ale niewinny człowiek, z którym odbyli już ponadgodzinne przesłuchanie, jednak wciąż pytali:

— Proszę mi powiedzieć, jakie były pana relację z babcią.

— Bardzo dobre, były bardzo dobre. Kit z tym, jak będę wyglądał, ale kiedy dowiedziałem się, że babcia umarła, błagałem i wybłagałem. Zostałem skuty i pojechałem, żeby się z nią pożegnać.

— Czy był pan na pogrzebie babci?

— Oczywiście.

— W konwoju?

— Tak. Z zakładu karnego na Klęczkowskiej.

— Kiedy to było?

— W dwa tysiące trzynastym roku, pięć lat już nie żyje.

— Chciałem doprecyzować, o co już pytał mój kolega. — Tym razem zaczął Dariusz Sobieski.

- Mówił pan, że policja zorganizowała nalot na wasze mieszkanie, a czy przed tym zdarzeniem zdarzało się panu mieć kontakty z policją? Jakiekolwiek problemy z policją?

- Nie. Nie miałem żadnych.

- Nigdy?

- Nigdy.

- Nie zdarzyło się panu być legitymowanym choćby na waszym podwórku?

- Aaa, o takie kontakty chodzi? To pewnie tak.

- To jakie były te kontakty z policją?

- Była taka sytuacja, że byłem w miejscu zamieszkania, to było jeszcze przed godziną dwudziestą drugą, i byłem pod wpływem alkoholu. Spałem w moim pokoju, później, co się okazało, wyszedłem do dużego pokoju i zobaczyłem dwóch policjantów. Wstałem i powiedzieli, że niby ja zakłócam ciszę nocną. I tyle, to był ten jeden raz. Ja im powiedziałem, że przecież nie rozrabiam i nic nie robię, i nie rozumiem. To oni mi powiedzieli, że jeżeli położysz się spać, to będzie w porządku, bo jeżeli nie, to zabierzemy cię na izbę wytrzeźwień. Pewnie chodziło wtedy o to, że muzyki za głośno słuchałem i któryś z sąsiadów się zdenerwował, ale jak przyszli, to już było cicho, bo wyłączyłem muzykę i poszedłem spać.

- A był pan kiedyś na izbie wytrzeźwień?

- Nie. Nigdy.

- A zdarzało się panu być karanym, na przykład mandatem za zakłócanie ciszy nocnej?

Prokurator Sobieski, zadając pytanie, wiedział, że taka sytuacja nie miała miejsca. Przed przesłuchaniem Tomasz Komenda został sprawdzony w bazach policyjnych i niczego nie znaleziono. Nigdy nawet nie dostał mandatu za przejście na czerwonym świetle, jedyna interwencja policyjna to ta, o której wspominał wcześniej, ale nie zostało to nigdzie odnotowane. Trudno było go podejrzewać o cokolwiek. Tomek kartotekę miał czystą, jak dziecko, które dopiero przyszło na świat. W jednej chwili stanął pod najcięższym zarzutem opisywanym w Kodeksie karnym. Pod zarzutem gwałtu ze szczególnym okrucieństwem i pobicia ze skutkiem śmiertelnym, które później przekwalifikowano na morderstwo. Chyba nawet sam prokurator nie był pewny winy Tomka, bo zażądał jedynie dwunastu lat pozbawienia wolności. Sąd pierwszej instancji miał jednak odmienne zdanie niż prokurator. Czyn Tomasza zakwalifikował jako zbrodnię morderstwa i wymierzył oskarżonemu karę piętnastu lat pozbawienia wolności. Sąd drugiej instancji zamienił wyrok z piętnastu na dwadzieścia pięć lat i pozbawił Tomka praw publicznych na lat dziesięć.

Wywiad z prokuratorem Stanisławem O.

Prokuratora Stanisława O. poznałem dwanaście lat temu. Rozmawiałem z nim wtedy o jego problemach z prawem, a dokładniej o sprawie morderstwa przy ulicy Prostej we Wrocławiu, którą prowadził. Zdaniem śledczych, którzy potem stawiali mu zarzuty, miał sprzedać dane świadków incognito, którzy zeznawali w tej sprawie. Od zbrodni miłoszyckiej też został odsunięty, mimo że to on występował z wnioskiem do sądu o tymczasowe aresztowanie Tomasza Komendy. Aktu oskarżenia nie było już mu dane napisać. Na ponad dwa lata trafił do aresztu śledczego, głównie za sprawy związane z korupcją. W dwa tysiące szóstym roku odwiedziłem go w jego mieszkaniu na jednym z wrocławskich osiedli. Zwykły czteropiętrowy blok, mieszkanie trzypokojowe, niemal zupełnie nieurządzone. Zastanawiałem się, gdzie te setki tysięcy złotych, o których krążyły legendy, że je brał od gangsterów. Na pewno nie w tym mieszkaniu, bo w zasadzie nie było w nim nic. W pokoju, w którym wtedy rozmawialiśmy, stały malutka szklana ława i dwa fotele, na niebieskiej ścianie wisiał telewizor. Przez dwanaście lat nie miałem z nim kontaktu, choć często pytałem o niego jego dawnego kolegę Wiesława, pseudonim Cygan, od którego zaczęło się śledztwo przeciwko prokuratorowi. Mimo że Cygan obciążył go swoimi zeznaniami, bo razem niejedno w życiu przeszli, Stanisław O.

nie miał do niego szczególnych pretensji. Z tego, co opowiadał mi ten pierwszy, zaraz po przesłuchaniu w sądzie – bodajże w Zielonej Górze, gdzie na ławie oskarżonych siedział wspomniany wcześniej prokurator, a Wiesław zaraz po opuszczeniu aresztu składał przeciwko niemu zeznania – Stanisław O. miał powiedzieć Cyganowi, że za rogiem jest knajpka i mogliby skoczyć na jakieś piwo. Chyba skończyło się na jednym. Historia lubi zataczać kręgi, bo w jednym tygodniu rozmawiałem z Wiesławem B., pseudonim Cygan, o sprawie miłoszyckiej, a już w następnym tygodniu – z prokuratorem Stanisławem O. Przyjął mnie w tym samym mieszkaniu co kiedyś. W pokoju czas się zatrzymał, o jego upływie świadczyły jedynie oparcia fotela, już powycierane i nieco brudne. Cała reszta wyglądała identycznie, i to po dwunastu latach. Ściany miały ten sam kolor i widać było, że nie były odświeżane. Przez ten czas nie zmieniła się nawet twarz obecnie pięćdziesięciodziewięcioletniego mężczyzny. Zanim zaczęliśmy konkretną rozmowę, zapytałem, co się u niego wydarzyło przez te ostatnie lata. Pamiętał mnie i pamiętał wywiad, który przeprowadzałem z nim, może już nie jako młody, ale na pewno mniej doświadczony dziennikarz. Zbrodnia w Miłoszycach interesowała mnie wówczas z innego względu. Bynajmniej nie chciałem z nim rozmawiać o niewinności Tomasza Komendy, ale o kolejnym sprawcy, nadal niewykrytym, z którym Tomek miał współdziałać. Z tego, co pamiętam, bo zapis rozmowy się nie zachował, Stanisław O. wspominał wówczas o dowodach, że były, że szukali drugiego, ale Komenda nie chciał powiedzieć, z kim dokonał zbrodni. O. był wtedy zawieszonym prokuratorem, z zarzutami, lecz jeszcze nie skazany. Pamiętam, że powstał wtedy o nim materiał, który wyemitowała telewizja TVN, ale dotyczył on bardziej osobistych problemów prokuratora z prawem aniżeli zbrodni w Miłoszycach. Po dwunastu latach spotkałem się z nim w jednym celu – żeby zadać mu pytanie, czy prawdą jest to, co mówiła mi mama Tomka, że prokurator miał jej powiedzieć, że chłopak był za głupi, żeby to zrobić. Zaprzeczył, ale rozmowę nagraliśmy. Zanim włączyłem kamerę, zapytałem tak po prostu, co teraz w życiu robi.

– Proszę pana, przez to wszystko nie mogę teraz znaleźć pracy. Jestem na zasiłku z MOPS-u. Myślę, że to jest ostatnie spotkanie nasze w tym mieszkaniu, bo zaraz mi je zabiorą. Zostanie mi z czasem zlicytowane. Wyląduję na ulicy, no, nie ma innego wyjścia.

– Jest pan skarbnicą wiedzy. Mogę pana przygarnąć.

– Mocno zdezaktualizowaną…

I tu miał rację. Przestępstwa kolegów z prokuratury, o których wiedział, adwokatów, może nawet i sędziów już dawno się przedawniły. Kiedy był na świeczniku, miał około czterdziestu dwóch, może czterdziestu trzech lat. Dziś miał pięćdziesiąt dziewięć. Znał czasy wczesnych lat dziewięćdziesiątych, kiedy zorganizowane grupy przestępcze podkładały sobie bomby pod samochody, kiedy gangsterzy strzelali do siebie na ulicy, kiedy korumpowali wszystkich, nieważne, kto kim był.

Zapytałem go tylko o Wiesia, którego zeznania pogrążyły siedzącego przede mną byłego już prokuratora. Wiesław B. „Cygan" napisał zresztą książkę o tamtych latach.

– Może tak jak i on powinien wziąć się pan za pisanie książek?

– Niech mi pan o tym Wiesiu nie mówi.

– Wiem, że trochę was łączyło w życiu.

– Nic nas nie łączyło. Raz się napiliśmy czy dwa razy. To chyba wszystko.

– Chyba ani nie raz, ani nie dwa?

– Wie pan, ja w tym miałem jakiś cel, ale nie o tym chyba dziś chcieliśmy rozmawiać.

– Nie o tym, zabójstwo z ulicy Prostej zostawimy sobie na inne rozmowy. Proszę mi powiedzieć, bo pół roku temu rozmawiałem z panem telefonicznie, Tomasz Komenda jeszcze siedział, ale już wtedy panu powiedziałem, że chyba niewinny siedzi w więzieniu. Myślał pan, że blefuję czy że coś jest na rzeczy. To pan go zamykał?

– Nie, panie redaktorze, nie miałem w ogóle podstaw do takich przypuszczeń i nie miałem pojęcia, że takie decyzje zapadną w przypadku Tomasza Komendy. Nie miałem o tym pojęcia.

– Miał pan pewność, bo to pan zatrzymywał i aresztował Komendę, że wsadza pan do aresztu winnego człowieka?

– Pewność odnośnie?

– Pewność odnośnie do tego, że jest winny zbrodni miłoszyckiej?

– Panie redaktorze, ja pewności nigdy nie mam, dopóki nie zapadnie wyrok skazujący. I na ówczesnym etapie śledztwa, kiedy zebraliśmy ten materiał dowodowy, wskazujący w pewnym stopniu… Na pewno nie była to pewność, że pan Tomasz Komenda jest jednym ze sprawców tej zbrodni, ale po prostu trzeba było podjąć te działania, które ja podjąłem, bo były pewne wskazania, było pewne uprawdopodobnienie. Policja tutaj prowadziła czynności operacyjne i te moje decyzje były poprzedzone rozmowami z funkcjonariuszami policji z Komendy Wojewódzkiej we Wrocławiu. Sprawę prowadził bardzo doświadczony funkcjonariusz, który specjalizował się w takich sprawach, znaliśmy się od lat. Przedstawił mi materiał dowodowy, przedstawił mi treści tych opinii, no i było to pewne prawdopodobieństwo. Absolutnie mogę tu powiedzieć, że była to pewność. Dalszy tok postępowania mógł tę sprawę w różny sposób rozstrzygnąć. Na pewno na tym etapie ja o pewności mówić nie mogę.

– A proszę mi powiedzieć, jak wyglądały te rozmowy z funkcjonariuszami Komendy Wojewódzkiej Policji? Oni mówili: „Tak, to jest Tomek. To on, trzeba go zamknąć, zatrzymać"?

– No, nie aż tak… Przedstawiono mi dowody i chyba ta opinia osmologiczna była taką na końcu ważną rzeczą. Tak mi się wydaje, bo z perspektywy czasu nie jestem już sobie w stanie przypomnieć. Ale ja pamiętam, myśmy przeglądali wszystkie trzy opinie, pan wybaczy, ale treści ich sobie nie przypomnę, ale z tego, co pamiętam, one nie były jednoznaczne. Jeżeli chodzi o opinię chyba doktora K. czy tam dotyczącą DNA… Nie pamiętam treści, ale one nie były takie stuprocentowe, tak mi się wydaje. Ale było pewne wskazanie. Ja nie mogłem koło takiego materiału dowodowego przejść obojętnie. Odłożyć *ad acta* i co dalej? Należało podjąć czynności wobec pana Tomasza Komendy, poznać jego linię obrony. Skoro uznaliśmy, że należy go zatrzymać, bo to było oczywiście uzgodnione wcześniej z funkcjonariuszami Komendy Wojewódzkiej Policji we Wrocławiu, no to konsekwencją tego było to, że ja musiałem przedstawić zarzut, bo nie można zatrzymać osoby, której nie przedstawia się zarzutu, bo po prostu tak się nie robi, i dlatego ten dalszy ciąg zdarzeń, które ja realizowałem, nastąpił. To znaczy, zatrzymanie, przesłuchanie… No i w związku z tym, że zarzut był bardzo poważny, zagrożony wysoką karą, nie było innej możliwości, jak skierować wniosek do sądu o tymczasowe aresztowanie pana Tomasza Komendy. Ale właśnie mówię, to miała być wstępna kontrola dowodów. Prawda. Bo ten przepis o tymczasowym aresztowaniu mówi, że musi być uprawdopodobnione popełnienie przestępstwa przez daną osobę.

– Jak pan rozmawiał osobiście z Tomaszem Komendą, to co pan o nim sądził?

– Panie redaktorze, co ja o nim sądziłem? Ja go pierwszy raz w życiu w ogóle widziałem. Mnie tam jakoś nie przedstawiano jego drogi życiowej. Wiedziałem tylko tyle, że miał problemy z nauką i że kończył szkołę w klasie specjalnej, więc coś musiało się dziać z jego psychiką, ale ja już szczegółów nie pamiętam. Więc ja go tylko raz w życiu widziałem i tylko raz go przesłuchiwałem.

– Ale jakie wrażenie na panu zrobił? Nie wierzę, że pan nie pamięta.

– Takie wrażenie, że był bardzo małomówny. Takiego małomównego człowieka… Ciężko było mu się wysławiać. Takie wrażenie na mnie zrobił i nic więcej, panie redaktorze, nie mogę powiedzieć na jego temat. Dopiero przesłuchanie daje jakąś wiedzę, a to przesłuchanie było bardzo krótkie.

– On się panu przyznał do zbrodni, której miał się dopuścić?

– On się nie przyznał, on tylko, z tego, co pamiętam, to użył takiego sformułowania, że on się przyznaje, że tej feralnej nocy tam był. To wszystko.

– To zapytam jeszcze raz. Czy on panu przyznał się do zbrodni bądź uczestnictwa w zbrodni?

– Nie, użył tylko takiego sformułowania, że on się nie przyznaje do zbrodni, a jedynie przyznaje się, że tam był. To był jednak taki niewielki dowód, że on tam był. Na tym etapie… i nie chcę dalej komentować, bo są różne dziś opinie, ale na tamtym etapie nie mówił, że tam go nie było i ma na to świadków.

– A mówił panu, że był bity przez funkcjonariuszy Komendy Wojewódzkiej Policji, przez przesłuchującego go nadinspektora P.? Mówił panu o zajściach, jakie miały miejsce w Komendzie Wojewódzkiej Policji? Że był bity, niemalże torturowany i kazali mu się przyznać, że tam był?

– Na ten temat nie miałem żadnej wiedzy. Ja osobiście nie widziałem żadnych śladów pobicia na twarzy, prawda? Nie zgłaszał mi tego typu sytuacji, ja też nie mam podstaw sądzić o takich sytuacjach, bo jak już panu mówiłem, funkcjonariusz, który prowadził tę sprawę, znaliśmy się od lat i nigdy nie było na niego tego typu skarg. Ja wykluczam, aby inspektor dopuścił się tutaj jakiejś przemocy, ale nie wiem, z jakimi funkcjonariuszami pan Komenda miał jeszcze kontakt. Nie mam pojęcia.

– Bić go miał właśnie nadinspektor P. Ale to, co pan mówi, jest dla mnie zaskoczeniem. Funkcjonariusz bił przecież nie tylko Tomasza, co wykazało pewne postępowanie prowadzone przez Prokuraturę Rejonową w Oławie. Co prawda zakończyło się odmową wszczęcia śledztwa, ale w uzasadnieniu jest napisane, że uderzył innego świadka w tył głowy. Ten człowiek zresztą po tym zdarzeniu wylądował w szpitalu.

– Panie redaktorze, to pierwsze słyszę od pana. Nie wiedziałem, że takie doniesienie na inspektora wpłynęło. I że tak się zakończyło, jak pan mówi.

– Odmową wszczęcia śledztwa.

– To nie miałem o tym pojęcia.

– A proszę mi powiedzieć, co pan dzisiaj myśli o tej sprawie, bo nie wierzę, że pan o niej nie słyszał, chyba nie ma stacji telewizyjnej, radiowej czy gazety, która by o niej nie pisała. Nawet pojawia się pana nazwisko w tej sprawie. Z perspektywy czasu jak pan na nią spojrzy, to co pan o niej myśli?

184

– Panie redaktorze, ja odpowiadałem za pewien fragment tej sprawy, żałuję, że nie udało mi się jej dalej poprowadzić. Może miałbym jakiś inny pogląd na tę sprawę.

– To jakby pan ją dalej poprowadził, gdyby pana nie odsunęli?

– Aresztowanie pana Tomasza Komendy nie kończyło postępowania dowodowego, a wręcz przeciwnie. Postępowanie dowodowe powinno nadal się toczyć, należało go jeszcze przesłuchać raz czy ze dwa. Przecież on miał obrońcę, może wnioski by jakieś złożył… O tym alibi na przykład, bo wyszło to dopiero w sądzie, że miał alibi, a nie w postępowaniu przygotowawczym. Może mając tylu świadków, warto było się zastanowić, czy on faktycznie był w Miłoszycach. Bo była tu jakaś zasadnicza sprzeczność. Ja ogólnie biegiem tej sprawy jestem zaskoczony, że tak się ona zakończyła, że takie są wnioski prokuratury o wznowienie śledztwa. Czyli rozumiem, że chodzi o to, żeby Sąd Okręgowy we Wrocławiu ponownie rozpatrzył sprawę.

– Bądź Sąd Najwyższy uniewinnił go od razu.

– No tak, bo tam są takie możliwości. Ja ogólnie jestem tym bardzo zaskoczony, że tak sprawa się potoczyła. Bo ja, panie redaktorze, nie miałem już z tą sprawą podczas postępowania sądowego nic do czynienia. Bo w tym czasie nie pracowałem już w prokuraturze. Nie interesowałem się już jej tokiem i nie wiem, jak ona dalej się toczyła.

– Rozmawiałem z mamą Tomasza Komendy i opowiadała mi, że jak była u pana prosić o widzenie z Tomkiem, wtedy kiedy był w areszcie śledczym, to miał jej pan powiedzieć, że pana zdaniem Tomek jest za głupi, żeby to zrobić. Pamięta pan taką sytuację? Miał jej pan wprost powiedzieć, że Tomek jest za głupi, żeby to zrobić.

– Panie redaktorze, takiej sytuacji sobie nie przypominam, bo ja ze stronami to raczej na temat dowodów nie rozmawiałem. Faktem jest, że ja miałem pewne wątpliwości, wracając tutaj do pana pierwszego pytania. Wątpliwości były. No nikt mi dzisiaj nie powie, że materiał dowodowy na tamtym etapie, kiedy ja miałem sprawę, był stuprocentowy. Że Tomasz Komenda na pewno zostanie skazany. Ja nigdy na tamtym etapie czegoś takiego bym nie powiedział. Tej rozmowy z mamą, o której pan mówi, sobie nie przypominam, ale były obiekcje. Należało go zbadać, pewnie te rzeczy zostały zrobione, ale to już było poza mną.

– To chciałem zapytać o inną rzecz. Rozmawiałem z byłym przestępcą Wieśkiem B., pseudonim Cygan, i on mi mówił, że pan mówił mu, że ma pan świadomość, że raczej niewinną osobę wsadza pan do aresztu śledczego. To są jego słowa.

– Nie potwierdzam tego absolutnie. Jeszcze raz podkreślam, że chodziło o pewne dowody o uprawdopodobnienie. To nie ma nic wspólnego z pewnością. A że już niewinnego wsadzam do aresztu, no to mi się to w życiu nigdy nie zdarzyło. Były tutaj pewne dowody, były one bardzo ważne i jedyne, aczkolwiek mogły one budzić wątpliwości, bo nie było tutaj żadnych źródeł dowodowych. Mówię tu o zeznaniach świadków, konkretnych, bo te dowody to były tylko i wyłącznie opinie. Podstawa tego i one nie były stuprocentowe.

– Czyli to biegli zdecydowali, że Tomasz Komenda jest winny?

– No tak można powiedzieć, szczególnie ta opinia osmologiczna dotycząca czapki znalezionej, o ile dobrze sobie przypominam, na miejscu przestępstwa. Skoro on powiedział, że był tam, skoro jest jego czapka i te dowody, że tam są jego włosy, no to coś było na rzeczy.

– Panie Stanisławie, przepraszam, ale pies zamerdał ogonem i człowiek poszedł na dwadzieścia pięć lat siedzieć?

– Też tak kiedyś żartowałem, że pies go skazał na dwadzieścia pięć lat. Tak można to w tej tragicznej historii ironicznie powiedzieć. Tak niestety chyba jednak było.

– Skazał go chyba jednak biegły doktor K., który przygotowywał opinię, do której miał pan dostęp. Chodziło o ślady ugryzień na ciele Małgorzaty?

– To było chyba na drugim miejscu, zresztą widziałem fotografię pana Tomasza Komendy i on miał taki charakterystyczny zgryz, i to chyba było wtedy podkreślane, że to na pewno są jego odciski zębów. Dziś wiem, że to już nie jest takie oczywiste, bo zostało to podważone. Nie wiem, w jaki sposób, ale pamiętam, że wtedy to był ważny dowód. Dowód numer dwa. Plus DNA, ale DNA już nie było takie przekonujące, o ile pamiętam, i to był trzeci dowód.

– To niech mi pan powie. Co się stało, że niewinny człowiek przesiedział osiemnaście lat w zakładzie karnym? Za nic, za kogoś, za darmo? Przez kogo? Przez prokuraturę, przez sąd, przez policję?

– Ja nie wiem, co się stało.

– Ale ma pan zapewne jakieś przemyślenia?

– Nie wiem, ja znam tylko jakiś fragment, nie znam sprawy sądowej. Proszę też zauważyć, że ta sprawa była też pod kontrolą sądów. Sądu okręgowego, sądu apelacyjnego. Przecież tam pracują doświadczeni sędziowie. Tak samo prokurator, który go oskarżał, też jest doświadczonym prokuratorem i nie chce się wierzyć, żeby nikt… żeby nie było żadnych dowodów wskazujących na jego sprawstwo? Nie znam procesów decyzyjnych w sądach, co się działo na tych naradach, ale przecież karę mu zaostrzono, co też dla mnie było zdziwieniem. Bo ja uważałem, że tam nie było dowodów na zabójstwo, bo gdyby były, to sam bym mu taki zarzut postawił. Wtedy można było mówić o gwałcie ze szczególnym okrucieństwem i pobiciu ze skutkiem śmiertelnym. Przecież ta sprawa była długo u nas omawiana również z naczelnikiem piątego śledczego pod kątem zarzutu, że na tym etapie zabójstwa nie mamy udowodnionego. Dowody nie wskazywały wtedy na to, że on ją zabił.

– Czytał pan akta?

– Tak, były bardzo obszerne. Ja, o ile dobrze pamiętam, byłem trzecim prokuratorem. Akta nie były tak ułożone, jak ja to zawsze robiłem, tematycznie. Ja musiałem się przebijać od początku. Tam były różne wątki i były wyjaśniane, że tam jacyś policjanci w tej sprawie jakąś rolę odgrywali, o jakiejś zmowie milczenia, o zatajaniu prawdy itede. To wszystko wyjaśniał poprzedni prokurator, który włożył w to dużo wysiłku, no ale niestety, nie układała się współpraca z panią pełnomocnik pokrzywdzonych.

– Prawdą jest, że były naciski z góry w tej sprawie, że pełnomocnik rodziny pokrzywdzonej osobiście była u Lecha Kaczyńskiego, ówczesnego ministra sprawiedliwości, żeby coś zrobić, bo przez trzy lata nic się nie działo?

– Tak było. Przecież ja sam, można powiedzieć, padłem ofiarą tej wizyty pełnomocnik rodziny u ówczesnego ministra sprawiedliwości. Pojechała ze skargą zarówno na poprzedniego prokuratora, jak i na mnie. Ja na skutek tej skargi zostałem zawieszony w czynnościach prokuratora, to był chyba styczeń dwa tysiące pierwszego roku, a powód był zupełnie błahy, bo w tych dokumentach, które otrzymałem po poprzednim prokuratorze, były wnioski dowodowe pani pełnomocnik i chciałem się jeszcze nad nimi zastanowić. Ale niestety na skutek tej skargi na mnie stwierdzono, że dopuściłem się zwłoki. No była to gra słów, bo wnioski dowodowe należy rozpatrywać bezzwłocznie. Ja uważałem, że żadnej zwłoki nie dokonałem, być może one były bardziej ważne, tylko chciałem się lepiej przygotować... No i w końcu je rozpoznałem na skutek tej skargi właśnie. To był być może jakiś powód i nacisk, bo zostałem błyskawicznie odsunięty od sprawy i zawieszony. Jednego dnia postawiono mi zarzuty dyscyplinarne w prokuraturze apelacyjnej i odsunięto mnie z dnia na dzień, zawieszając w pełnieniu funkcji prokuratora na bardzo długi okres.

– Czy aby na pewno w związku z tą sprawą?

– W związku z tą.

– Pan zrobił wszystko, co można było zrobić w tej sprawie?

– Na tamtym etapie śledztwa, w którym ja uczestniczyłem, to zrobiłem wszystko, co było w mojej mocy, ale mówię jeszcze raz: to był zaledwie początek. Wszyscy mówili, że w końcu jest jakiś przełom i ta sprawa ruszy. Przecież mnie też chodziło o to, żeby pan Tomasz Komenda powiedział coś konkretnego oprócz tego, że tam był, ale ja już nie miałem na to wpływu. Mając podejrzanego, ja już miałem przekonanie, że ta sprawa w końcu ruszy. Tyle że ja już zostałem od niej odsunięty. Pamiętam tylko tyle, że po przedstawieniu mu zarzutów to śledztwo w dość niedługim czasie zostało zakończone, po niedługim czasie, od kiedy zabrano mi sprawę.

– Kojarzy pan świadka panią Dorotę P., osobę, która wskazała Tomka na portretach pamięciowych?

– Wydaje mi się, że ja tę osobę przesłuchiwałem osobiście. Dokładnie nie pamiętam okoliczności, ale wiem, że to była informacja z Komendy Wojewódzkiej Policji. Była ustalona przez funkcjonariuszy i pojawiła się prośba, żebym ją osobiście przesłuchał. Ja bardzo chętnie to zrobiłem, bo uważam, że takie czynności należy przeprowadzać osobiście, i przesłuchałem ją osobiście, ale nie pamiętam treści jej zeznań.

– A pamięta ją pan? Bo tak naprawdę to ona Tomka wprowadziła do tej sprawy?

– Pamiętam jak przez mgłę, pamiętam.

– Wiarygodna, niewiarygodna?

– Była to inicjatywa policji. Tam była jakaś notatka, nie wiem, czy nie znała się z jakimś policjantem na stopie towarzyskiej, bo to jakoś tak wyszło. Ale nie wiem o tej pani nic bliżej.

– A dla pana była wiarygodna, kiedy pan ją przesłuchiwał? Bo opowiadała niestworzone rzeczy o rodzinie państwa Komendów. Że to patologia, pijacy, alkoholicy…

– Nie pamiętam treści jej zeznań. Naprawdę. Ona złożyła jakieś niekorzystne zeznania na ich temat. Na pewno nie były korzystne.

– Wie pan, że teraz toczy się śledztwo w łódzkiej prokuraturze w sprawie niedopełnienia obowiązków lub ich przekroczenia przez funkcjonariuszy publicznych. Wie pan, że może się pan w nim znaleźć?

– No, zdaję sobie sprawę. Ja będę na pierwszej linii, bo to ja podejmowałem decyzję. Wcale nie będę na nikogo zrzucał odpowiedzialności, że przyszedł do mnie pan nadinspektor i o coś mnie prosił, bo to ja podejmowałem decyzje.

– A nie zawierzył pan za bardzo funkcjonariuszom policji? To tak zwane pytanie sugerujące.

– Ja się opierałem na dowodach, które on mi wskazał, które żeśmy omawiali. Na tych dowodach.

– A pana zdaniem on miał przekonanie, że Tomasz Komenda jest sprawcą?

– On tak. Tak, tak, tak. To on mi powiedział, że teraz sprawa ruszy, bo już mamy podejrzanego w tej sprawie, bo długo nie mieliśmy. Ta procedura, jak już ruszy, to się jej nie zatrzymuje. Jak się postawi zarzut, to trzeba iść dalej. Bo to jest bardzo poważny zarzut, tu nie można odpuścić.

– Mówił mi pan, że przeczytał pan akta. To jak to się stało, że jako doświadczony prokurator nie wychwycił pan Ireneusza M., który był w przysłowiowym pierwszym tomie, a dopiero dziś ma zarzut zabójstwa?

– Nie pamiętam w ogóle zeznań tego świadka. Nie przypominam sobie.

– Co można było zrobić innego w tej sprawie aniżeli to, co się stało?

– Panie redaktorze, to jest trudne pytanie, bo już sporo czasu minęło… Ja nie pamiętam, jakie były plany śledztwa, co tam trzeba było jeszcze zrobić, co zaplanowano.

– To ja zapytam pana inaczej. Jakie wnioski należy wyciągnąć z tej sprawy? Jakie wnioski wszyscy powinni z niej wyciągnąć?

– Panie redaktorze, ja nie lubię tego typu spekulacji. Poczekajmy na wyrok Sądu Najwyższego, takiej czy innej treści, i wtedy możemy wrócić do rozmowy. Teraz jest za wcześnie.

– To znowu zapytam inaczej. Trzyma pan kciuki za Tomasza Komendę, żeby w końcu został uniewinniony?

– Panie redaktorze, ja zawsze liczyłem i liczę na sprawiedliwy wyrok. Wiem, że ta decyzja, którą podejmie Sąd Najwyższy, będzie uzasadniona i wyważona. Ja panu Tomaszowi Komendzie, jeżeli zapadnie wyrok na jego korzyść, to mogę tylko pogratulować, że wytrzymał ten trudny okres.

– To znowu muszę zapytać inaczej. To czego pan życzy panu Tomkowi Komendzie, skoro uchyla się pan od odpowiedzi, czy trzyma pan kciuki za Tomasza Komendę w Sądzie Najwyższym?

– Mam wiedzę, co on przeszedł w więzieniu z takim zarzutem. Wiem, jak tacy ludzie są traktowani w warunkach więziennych. Czego ja mogę mu życzyć? Żeby doszedł do siebie, jeżeli wszystko będzie po jego myśli.

– Czy pan nie ma sobie nic do zarzucenia w tej sprawie?

– Ja nie mam sobie nic do zarzucenia, ale pamiętajmy o tamtym okresie i mojej roli, i czasie, w którym ja to śledztwo prowadziłem. No niestety, niestety dla pana Tomasza Komendy, ale jeżeli dziś miałbym taki sam materiał dowodowy, ja bym musiał tak samo postąpić, bo nie miałem wtedy żadnych podstaw, żeby zanegować te opinie. Dziś wiemy, że technika poszła do przodu, wtedy nie miałem żadnych podstaw, żeby te opinie zanegować.

– Czyli co, Tomasz Komenda jest pechowcem?

– Nie wiem, przecież ta sprawa, jak panu już mówiłem, przeszła przez tyle instancji. Nie wiem i nie mogę zrozumieć, jak to się stało. Tak bym panu na to pytanie odpowiedział.

Wyrok w imieniu Rzeczypospolitej

14 listopada 2003 roku Tomasz Komenda, jak zwykle w asyście dwóch policjantów, stawił się na sali sądowej Sądu Okręgowego we Wrocławiu. Został tam doprowadzony wewnętrznymi korytarzami z aresztu śledczego przy ulicy Świebodzkiej, który murem połączony jest z sądem. Na poprzedniej rozprawie przewodniczący składu orzekającego ogłosił, że 14 listopada zostanie odczytany wyrok. Byli wszyscy. Tomek, jego rodzina, rodzice zamordowanej Małgorzaty i mnóstwo dziennikarzy, którzy co jakiś czas przypominali sobie o sprawie.

Protokolantka wyszła przed salę sądową i powiedziała:

– Do sprawy oskarżony Tomasz Komenda. Publikacja wyroku.

Przez wąskie drzwi przetoczył się tabun ludzi. Matka Tomasza z trudnością weszła, przepychając się przez tłum dziennikarzy. Tomek już był na sali. Kiedy wszyscy zajęli miejsca, tylnymi drzwiami, które się znajdowały za stołem sędziowskim, weszło pięć osób. Dwóch sędziów zawodowych i trzech ławników. Po chwili padły słowa, na które wszyscy czekali:

– Wyrok w imieniu Rzeczypospolitej Polskiej…

```
Sąd Okręgowy we Wrocławiu w III Wydziale Kar-
nym w składzie […] przy udziale prokuratora
```

prokuratury okręgowej Tomasza F. po rozpoznaniu dnia [tu padły daty wszystkich posiedzeń sądu, jakie się odbyły w tej sprawie - przyp. G.G.].

w sprawie

Tomasza Komendy urodzonego 24 lipca 1976 roku we Wrocławiu, syna Jerzego i Teresy z domu Szczęsnych

oskarżonego o to, że:

w nocy z trzydziestego pierwszego grudnia tysiąc dziewięćset dziewięćdziesiątego szóstego roku na pierwszego stycznia tysiąc dziewięćset dziewięćdziesiątego siódmego roku w Miłoszycach, działając ze szczególnym okrucieństwem, działając wspólnie i w porozumieniu z dotąd nie ustalonymi osobami, używając przemocy polegającej na zastosowaniu dużej siły fizycznej w celu przełamania oporu ofiary, powodując szereg urazów górnej partii ciała, dopuścił się zgwałcenia nieletniej Małgorzaty K. poprzez między innymi penetrację narządów rodnych i odbytu narzędziem tępym lub tępokrawędzistym, w następstwie czego doznała ona obrażeń w postaci rozległych podbiegnięć krwawych i rozerwania śluzówki pochwy, tkanek miękkich pomiędzy pochwą a odbytem z następowym dużym krwotokiem zewnętrznym. Podbiegnięć krwawych śluzówki i ścian odbytu, podbiegniętych krwią wrzecionowatych pęknięć śluzówki odbytu, stanowiących trwałą chorobę realnie zagrażającą życiu, które to obrażenia w połączeniu z wychłodzeniem organizmu skutkowały śmiercią wymienionej.

tj. o przestępstwo z art. 197 § 3 kk w zw. z art. 197 § 1 kk, art. 156 § 1 kk w zw. z art. 156 § 1 pkt. 2 w zw. z art. 11 § 2 kk

Prokurator podczas mowy końcowej żądał dla Tomka dwunastu lat pozbawienia wolności, nie zakwalifikował jego czynu jako morderstwa, lecz jako gwałt ze szczególnym okrucieństwem i pobicie ze skutkiem śmiertelnym. Sąd miał odmienne zdanie i w dniu publikacji wyroku zdecydował, że jednak było to morderstwo, i zmienił kwalifikację prawną czynu, przypisując oskarżonemu zbrodnię zapisaną w Kodeksie karnym w artykule 148.

Pod Tomkiem ugięły się nogi, kiedy usłyszał wyrok. Liczył na uniewinnienie, dla niego było to oczywiste. Matka Tomka, pani Teresa, zalała się łzami. Rodzice zamordowanej Małgorzaty byli rozczarowani tak niskim wymiarem kary. Przed salą rozpraw mówili tylko dziennikarzom, że jedynym możliwym wyrokiem, jaki mogliby uznać, byłaby kara śmierci, choć zdawali sobie sprawę, że taka w Polsce już od dawna nie obowiązuje. Pani mecenas Ewa Szymecka, pełnomocnik rodziny, mówiła, że będą się odwoływali od wyroku, ponieważ kara za takie przestępstwo jest rażąco niska. Tomek po trzech latach w areszcie śledczym nie był już osobą podejrzaną, ale skazaną, choć jeszcze nieprawomocnym wyrokiem sądu. Wszyscy rozeszli się do domów, poza nim. On wrócił do celi, która po ogłoszeniu wyroku na długie lata miała mu zastąpić dom. To jednak nie była najgorsza informacja, jaką usłyszał. Adwokat Tomka złożył apelację od wyroku, to samo zresztą zrobili rodzice Małgorzaty. Kilka miesięcy później, 16 czerwca 2004 roku, Tomek znów znajdował się w samochodzie, który tym razem wiózł go do siedziby sądu apelacyjnego. Jeszcze wtedy miał nadzieję, że może inny skład sędziowski dostrzeże, że jest osobą niewinną. Nawet nie sądził, jak bardzo się można mylić. Salę sądową znów zalał tłum ludzi, głównie dziennikarzy. Byli też rodzice Małgorzaty i mama Tomka, byli wszyscy, poza adwokatem Komendy, który nie zjawił się na odczytaniu wyroku.

Drzwi sali sądowej otworzyły się. Protokolantka wypowiedziała cicho:

– Do sprawy Tomasza Komendy.

Wszyscy usiedli na swoich miejscach i równie szybko wstali, kiedy zza drzwi przeznaczonych dla sędziów weszło dwóch mężczyzn i jedna kobieta.

– Sąd ogłosi wyrok w imieniu Rzeczypospolitej, proszę wstać. – Zza stołu sędziowskiego padło zdanie, które Tomek słyszał już po raz drugi w swoim życiu.

Wszyscy znów wstali.

Wyrok w imieniu Rzeczypospolitej Polskiej

Sąd Apelacyjny we Wrocławiu w II Wydziale Karnym po rozpoznaniu w dniu 16 czerwca 2004 roku sprawy Tomasza Komendy oskarżonego o czyn z art. 148 § 2 pkt. 2 kk i art. 197 § 3 kk w zw. z art. 197 § 1 kk i w zw. z art. 11 § 2 kk z powodu apelacji, wniesionej przez oskarżonego i oskarżyciela posiłkowego od wyroku Sądu Okręgowego we Wrocławiu z dnia 14 listopada 2003 roku

I. **zmienia zaskarżony wyrok w ten sposób, że:**

a) przypisany oskarżonemu Tomaszowi Komendzie w pkt I części skazującej czyn kwalifikuje z art. 148 § 1 dkk w zw. z art. 168 § 2 dkk w zw. z art. 10 § 2 dkk

b) przyjmując za podstawę kary pozbawienie wolności orzeczonej wobec oskarżonego Tomasza Komendy art. 148 § 1 dkk w zw. z art. 10 § 3 dkk karę tę podwyższa do 25 (dwudziestu pięciu) lat, zaliczając ją na poczet okresu zatrzymania i tymczasowego aresztowania oskarżonego od 18 kwietnia 2000 r. do 16 czerwca 2004 r.

c) na podstawie art. 40 § 1 dkk orzeka wobec oskarżonego Tomasza Komendy środek karny w postaci pozbawienia praw publicznych na okres 10 lat.

Tomek płakał, jego matka wyszła z sali sądowej. Nie była w stanie słuchać tego, co w dalszej części miał do powiedzenia sąd. Wyrok był prawomocny i ostateczny, przysługiwała od niego jedynie kasacja do Sądu Najwyższego, ale to środek szczególny, musiałyby zajść nadzwyczajne przesłanki, by naczelny organ sądowy zajął się w ogóle taką sprawą. Przesłanki znalazły się, ale osiemnaście lat później. W 2006 roku po raz pierwszy zapoznałem się z uzasadnieniem sądu. Logiczny wywód świadczący o winie oskarżonego. Nie znalazłem wówczas takich powodów, które nakazywałyby wznowić przewód. W archiwum Sądu Okręgowego we Wrocławiu, które jeszcze wtedy mieściło się w gmachu sądu, na rogu ulicy Sądowej i Podwale, godzinami przerzucałem karty akt prokuratorskich i sądowych. Wtedy jeszcze nie po to, aby uwolnić Tomka, ale po to, by znaleźć drugiego sprawcę. Mordercy nie znalazłem, choć wspomniano o nim w czwartym tomie akt, nie znalazłem go też dlatego, że wtedy nie szukałem dowodów na niewinność Tomasza Komendy. Po przeczytaniu kilku tomów akt uzyskałem zgodę na widzenie z Tomkiem, który już odbywał wyrok dwudziestu pięciu lat pozbawienia wolności w zakładzie karnym przy ulicy Kleczkowskiej. Wszystko pasowało. DNA, uzębienie, ekspertyza osmologiczna, rozpoznanie z portretu pamięciowego, lecz nie Tomasz. Jak okazało się wiele lat później, nie tylko ja żyłem w tym przeświadczeniu.

Rodzina Tomka, która całego sylwestra spędziła w domu, nie mogła uwierzyć w to, co słyszy. Wszyscy zastanawiali się, jak to możliwe, że Tomasz, który tej nocy spał w pokoju obok, równocześnie był w oddalonej o trzydzieści kilometrów miejscowości, gdzie zgwałcił i zamordował młodą dziewczynę. Nikt z nich nigdy nie zwątpił w niewinność Tomka, mimo że mijały lata, a on cały czas przebywał w zakładzie karnym.

Bracia na dobre i na złe

Tomasz ma trzech braci. Kiedy on przekraczał mury więzienne, Piotrek, najmłodszy z rodzeństwa, był sześcioletnim chłopcem, Krzysiek, kilka lat starszy, nadal nie przestał być dzieckiem, zaś Gerard, najstarszy, był już dorosłym mężczyzną. Tomek ma również siostry, ale nie utrzymuje z nimi kontaktu. Kiedy jego matka postanowiła rozejść się ze swoim mężem, ten założył nową rodzinę. Pani Teresa również kogoś poznała. Pana Mirosława, wspaniałego człowieka, który chłopaków traktuje jak własne dzieci, mimo że Tomek i Gerard nie są jego biologicznymi synami. Braci Tomka poznałem, kiedy był on jeszcze w zakładzie karnym. Gerard miał do mnie dość sceptyczny stosunek, lecz nietrudno się temu dziwić. Przez te wszystkie lata dziennikarze obsmarowywali jego rodzinę, dlaczego więc tym razem miałoby być inaczej. W końcu jednak przyznał mi rację, ale dopiero kiedy byliśmy na samym końcu walki o uwolnienie jego brata. Krzyśka nie trzeba było przekonywać. Szybko zrozumiał, że mam szczere intencje. Nie miałem wtedy żadnej mocy sprawczej, lecz nagłośnienie całej sprawy na pewno nie mogło Tomkowi zaszkodzić. Mogło przynajmniej przyspieszyć i tak już długo trwający proces.

– Masz telefon, a w nim pewnie kalkulator. Możesz pomnożyć osiemnaście lat razy trzysta sześćdziesiąt dni? – poprosiłem Krzysztofa.

– Robiłem to już. Sześć tysięcy pięćset siedemdziesiąt dni – od-powiedział.

– Co się działo przez te sześć tysięcy pięćset siedemdziesiąt dni?

– Nie wiem, czy są słowa, które potrafią to opisać. Nie ma takich słów. Bynajmniej tego, co czułem ja, co czuła cała nasza rodzina. To nie był wyrok dla mojego brata. Dla niego to było coś strasznego. Ta jedna decyzja tych kilku ludzi zdecydowała, że zniszczono całą naszą rodzinę. Tylko dzięki temu, że jesteśmy ze sobą mocno związani, tylko dzięki temu to przetrwaliśmy. Wszyscy nam pluli pod nogi, wszyscy nas wytykali palcami. Mieliśmy etykietę strasznych ludzi. Ciężko było to znieść, przez te wszystkie dni, tygodnie, miesiące i lata, wiedząc, że Tomek jest osobą niewinną.

– To jak znieśliście te osiemnaście lat?

– Nie wiem, nie wiem. Jakoś udało się przetrwać. On wspomagał nas, my jego. On był naszym zapalnikiem, żebyśmy mogli przeżyć kolejny dzień, a my jego, żeby on tam przetrwał.

– Często był pan na widzeniach?

– Nie za każdym razem, bo ilość osób, która mogła do niego wejść, jest ograniczona, więc musieliśmy sobie jakoś to rozdzielać. Byłem zawsze, kiedy mogłem, ale były kłótnie o to, kto do niego pojedzie. Kogo teraz kolej. Mama musiała być zawsze, a my się zmienialiśmy.

– Co ominęło Tomka przez te osiemnaście lat?

– Wiele rzeczy, wiele. Nasze wspólne dorastanie. Ślub brata. Na-rodziny dzieci. Najmłodszy brat musiał dorastać w bardzo szybkim tempie. Zaraz sam będzie ojcem. Ominęło go bardzo wiele. Ominęło go trzydzieści sześć świąt. Słowa tego nie opiszą, co go ominęło i co myśmy czuli.

– Powiedzieliście Tomkowi, że najmłodszy brat będzie ojcem?

– Powiedzieliśmy, on to wie. On to nawet wykrakał.

– To kto będzie ojcem chrzestnym?

– O to trzeba zapytać najmłodszego brata, Piotrka.

Spośród trzech braci Tomka jedynie Piotrek nie chciał mi udzielić wywiadu. Wolał pozostać w cieniu całej sprawy, zresztą tak jak i ojciec

Tomka, Mirosław. Widziałem, że przeżywali to tak samo jak reszta rodziny, ale woleli pozostać poza medialną otoczką całej sprawy.

– Sądzę, że wiadomo, kto będzie. Mam nadzieję, że w końcu Tomek będzie już mógł być z nami i już być oficjalnie jako ojciec chrzestny, ale o to jednak proszę pytać Piotrka, czy go poprosi, żeby został ojcem chrzestnym jego dziecka – dodał Krzysztof.

– Proszę mi powiedzieć o tych waszych osiemnastu latach. Wszyscy jakoś żyliście, dorastaliście, mieliście swoje życie, choć bez Tomka.

– Staraliśmy się żyć, choć to nie było normalne życie, życie normalnej rodziny, bo z tym się nie da normalnie żyć. Nie da się z tym przejść do porządku dziennego i udawać, że nic się nie dzieje. Zawsze to gdzieś w nas siedzi, zawsze czujemy żal do wielu osób, do tego, co się w ogóle wydarzyło, i to jest takie, że my staramy się żyć normalnie, ale się nie dało. Teraz mam nadzieję, że za ten jeden dzień będziemy już żyć normalnie.

Termin rozmowy z Krzyśkiem nie był przypadkowy. Dzień później sąd penitencjarny wyznaczył posiedzenie w sprawie udzielenia Tomkowi przerwy w odbywaniu kary, bo o uniewinnieniu jeszcze nie było mowy. Wyrok uniewinniający mógł zapaść jedynie w Sądzie Najwyższym. Krzysiek był pewny. Z jego twarzy tryskał optymizm, nie wyobrażał sobie innej decyzji, jak udzielenie Tomaszowi przerwy w odbywaniu kary, co byłoby początkiem drogi do starania się o uniewinnienie, ale już z wolności, nie zza krat.

– Wyobraża pan sobie, że Tomek siądzie jutro tutaj, w domu na kanapie, na której dzisiaj my siedzimy? Myślałem o tym przez sześć tysięcy pięćset siedemdziesiąt dni… Żeby był obok. Nie za kratami, tylko tutaj, obok.

– To się stanie dzięki funkcjonariuszowi Remigiuszowi i dzięki tym dwóm prokuratorom, Sobieskiemu i Tomankiewiczowi. Wszyscy w końcu uwierzą, że Tomek jest niewinny – dodał po chwili.

– A wy nosiliście piętno rodziny mordercy przez te wszystkie lata?

– My nie czuliśmy się rodziną tego złego, bo wiedzieliśmy, że jest niewinny, ale ludzie różnie się zachowywali. Pokazywanie palcami zdarzało się naprawdę bardzo często. Dali nam odczuć to, że faktycznie jesteśmy rodziną mordercy, zwyrodnialca, degenerata. Robili z nas patologię. To było coś strasznego. Wzrok ludzi, pokazywanie palcami. To była nasza codzienność.

[…]

– Dotarliśmy już w zasadzie do końca historii, jest już dość mocno nagłośniona. Jutro w zasadzie chyba tylko puenta historii i Tomek wyjdzie przez drzwi zakładu karnego. Ale czy już teraz ktoś powiedział słowo przepraszam?

– Teraz wszyscy podchodzą i że niby wierzyli, ale tak *de facto* nikt nam nigdy nie uwierzył. Myśmy byli z tym wszystkim sami i my musieliśmy walczyć z całym światem, aż w końcu znalazł się jeden człowiek, który pomógł nam w tym. Pan Remigiusz. Ściągnął z nas bardzo wiele, ściągnął z nas taki kamień.

– Pamięta pan, jak Remigiusz przyszedł do was pierwszy raz?

– Tak, tego się nie da zapomnieć. Powiedział, że jest możliwość, że udowodni się, że Tomek jest osobą niewinną. Choć nam nikt tego nie musiał mówić, bo my to wiedzieliśmy przez osiemnaście lat.

– Uwierzyliście mu?

– Na początku nie. Myśleliśmy, że to jakiś żart. Myśleliśmy, że to wtedy się wyjaśni, zawierzyliśmy w prawdę, byliśmy ciągani po okazaniach, zeznawaliśmy, mówiliśmy zawsze prawdę i nic.

– Chciałem zapytać o to miejsce i o tę rysę na ścianie. – Wskazałem ślad nad głową Krzysztofa.

– To są pamiętne drzwi. Tomek spał wtedy w tą noc sylwestrową za tymi drzwiami, których dziś tu nie ma.

– Ile wtedy bawiło się tu osób?

– Trzynaście albo czternaście.

– I trzynaście osób nie zauważyło, że Tomek wychodzi?

– Tak stwierdził sąd… Że my nie zauważyliśmy, kiedy Tomek wyszedł.

To dość istotny szczegół w całej sprawie. Dziś z pokoju, który kiedyś należał do Tomka, można by było wyjść wprost na korytarz i niemal niepostrzeżenie, choć i to mało prawdopodobne, dojść do drzwi i opuścić mieszkanie. Wtedy, ponad dwadzieścia lat temu, te same drzwi były w innym miejscu. Aby wyjść z pokoju, w którym spał Tomek, trzeba było z małego pokoju wejść do nieco większego pomieszczenia, w którym bawiło się trzynaście bądź czternaście osób, i niezauważonym przejść w stronę drzwi wyjściowych. Trudno wyobrazić sobie jednak taką sytuację. Co więcej, policja ustaliła tożsamość wszystkich osób bawiących się tamtej nocy w domu państwa Komendów. Przesłuchała niemal wszystkie, poza jedną dziewczyną, która tak jak inni mogłaby dać alibi Tomkowi. Byłaby dobrym świadkiem, bo była trzeźwa. Nigdy nie spożywała alkoholu. Prokuratura uznała, że nie ma sensu jej przesłuchiwać. Dopiero teraz, kiedy śledztwo ruszyło, przesłuchano kobietę w charakterze świadka. Podczas przesłuchania powiedziała dokładnie to samo, co w czasie rozmowy ze mną.

Potwierdziła, że Tomek nie wychodził z domu, bo o godzinie drugiej w nocy spał jak dziecko w swoim pokoju. Dopiero po osiemnastu latach po raz pierwszy zeznała to w prokuraturze. Żaden ze śledczych prowadzących sprawę nie chciał jej przesłuchać wcześniej, mimo że prokurator powinien zebrać pełny materiał dowodowy bez względu na to, czy jest wygodny dla linii oskarżenia, czy nie. O tym, że Tomek nie mógł wówczas wyjść z domu, opowiadał jego brat Krzysiek. Dziś pytany dokładnie o to samo, o co pytał go osiemnaście lat temu prokurator, z pełnym przekonaniem mówił:

– Nie dało się wyjść, żeby na kogoś nie wpaść. Nie dało się. […] Naszym nieszczęściem było to, że nie robiliśmy wtedy zdjęć, bo gdybyśmy byli mądrzy, tacy jak dziś jesteśmy, to zrobilibyśmy milion zdjęć. Dla nas to był zwykły, normalny sylwester.

– To może przejdźmy do przyszłości, choć tej najbliższej. Wierzy pan, że Tomek jutro wyjdzie? Nie znamy decyzji sądu, ale chyba można ją przewidzieć.

– To jest pewne. Tylko my sobie nie wyobrażaliśmy, że to tak przyjdzie niespodziewanie, choć wiemy, że już od kilku miesięcy pan Remigiusz i prokuratorzy zajmują się tą sprawą, ale i tak nie dowierzamy, że to już, że to jutro. My już od dawna, Tomek i my, byliśmy ponastawiani na pełny wyrok, bo gdyby on żył z chwili na chwilę, to byłoby mu jeszcze ciężej. On zaplanował te dwadzieścia pięć lat i odliczał każdy dzień, tydzień, miesiąc, rok. Aż w końcu ten dzień nadejdzie jutro, a nie za siedem lat.

– A wyobraża pan sobie tę sytuację, jak to będzie jutro wyglądało?

– Sądzę, że będzie dużo łez, tylko będą to łzy szczęścia, nie żalu. Dużo łez, w końcu, szczęścia. Mam nadzieję, że wytrzymamy i nikomu serce nie strzeli z radości.

– Zabezpieczyć wyjście z zakładu karnego karetką, tak na wszelki wypadek?

– Jak najbardziej. Bardzo bym prosił, przydałoby się.

– I co dalej?

– Co dalej? Próba przetrwania czasu. Wiele kolejnych lat leczenia się naszej rodziny i Tomka, bo to na pewno jakieś piętno na nas odbiło, ale w końcu będziemy pełną rodziną. Będziemy starali się żyć, jak żyliśmy przed tym, kiedy go zatrzymali. Być szczęśliwą rodziną i cieszyć się sobą.

– Tomek wie, czym jest Internet?

– Ze słyszenia, bo na każdym widzeniu staramy mu się przekazywać wiadomości, tak żeby wiedział, co się dzieje na świecie. Internetu tam nie mają. Staramy się przekazywać mu wszystko, co się dzieje, jak się zmienia Wrocław, jak się zmienia świat, bo on to tylko widzi w telewizji. My jesteśmy takim jego łącznikiem ze światem.

– Wie, co to jest tablet?

– Miał okazję zobaczyć, ale pierwszym pytaniem, jakie zadawał, to czy jak wyjdzie, to czy będzie miał swój telefon komórkowy.

– To kiedy dostanie swój pierwszy telefon?

– Jak tylko wyjdzie. Jutro. Damy mu go, choć nie wiemy, czy będzie go w stanie w ogóle uruchomić, ale pewnie się nauczy.

– Najpiękniejsze lata młodości tam… Co Tomek stracił?

– Stracił wszystko, stracił to, co mieliśmy my, wolność, stracił czas na zabawę. Mieliśmy czas na dorastanie, mieliśmy czas na kształcenie się, jemu to zabrano. Jego kształtował zakład karny. On nie mógł wyjść, on musiał robić to, co mu kazano.

– Mówiliście mu kiedyś: „Przyznaj się, wyjdziesz na warunkowe przedterminowe zwolnienie"?

– Nigdy, nie mógłbym mu powiedzieć tego, patrząc mu prosto w oczy. Co, miałbym powiedzieć do własnego brata: „Przyznaj się do czegoś, czego nie zrobiłeś"? To by mi nawet nie przeszło przez gardło.

– Nie podpowiadaliście mu: „Napisz prośbę o ułaskawienie do prezydenta"?

– Po co, jak z nami nikt nie chciał rozmawiać, mieliśmy takie przydomki, jakie mieliśmy. Rodzina mordercy. Tym bardziej że wyrok był taki, jaki był, on dodatkowo został pozbawiony praw publicznych na dziesięć lat właśnie po to, żeby nie mógł nigdzie pisać. Więc gdzie on mógł napisać. Nas nie słuchano, bo byliśmy tylko rodziną tego przestępcy.

– A wy osobiście mieliście jakieś problemy z tego powodu. Na was się to jakoś namacalnie odbiło?

– Już po skazaniu Tomka jeszcze długo nas ciągano po komendach, do jakichś dziwnych okazań, do jakichś dziwnych spraw, starano nam się coś przypisać, jakieś inne gwałty. Cokolwiek się działo, to natychmiast do nas policja kierowała swoje pierwsze kroki. Każde wyjście na komendę po tym, jak Tomka aresztowali, to było coś strasznego, my nie wiedzieliśmy, czy któryś z nas nie będzie następnym, który nie wróci do domu.

– Tomek został skazany za jeszcze jeden gwałt, choć potem prawomocnie został uniewinniony.

– No właśnie o tym mówię, później to już starano się i nam dorobić wszystko. Tomkowi też, starano się z niego zrobić seryjnego, a tak naprawdę to w ogóle się nie mieści w głowie, że osobie niewinnej coś takiego można było zrobić.

– Czyli tak naprawdę to nie jest tylko Tomka osiemnaście lat, ale i wasze osiemnaście lat?

– Nie oszukujmy się, on przeżył to najbardziej, on żył dla nas, my dla niego. Osiemnaście lat to był wyrok dla całej naszej rodziny.

– A pamięta pan pierwsze i ostatnie spotkanie z Tomkiem w zakładzie karnym?

– Pierwsze to nie było spotkanie, to było coś strasznego. Świadomość tego, że on tam w ogóle jest, świadomość tego, co się dzieje, jak go ludzie postrzegają, co z niego zrobili, zwierzę zamknięte w klatce… I wchodząc do niego na widzenie, co ja miałem mu powiedzieć. „Tomek, wszystko będzie w porządku". „Tomek, to jest pomyłka? To jest jakiś żart". To było coś strasznego. Tego się nie da opisać. To był jeden wielki płacz i obwinianie wszystkich dookoła. Poczucie bezradności takie, że całe widzenie było przepłakane. Nie padały żadne słowa.

– Pan płakał i on?

– Wszyscy płakaliśmy, ja, mama i Tomek.

– Ostatnie widzenie było chyba trochę bardziej radosne?

– Ostatnie widzenie to już zupełnie inaczej wyglądało. Z niego zeszło bardzo wiele, że on mógł udowodnić, że jest osobą niewinną. Zmieniło się też jego postrzeganie na całości nie tylko, że on wyjdzie nie dlatego, że odsiedzi swoje, tylko wyjdzie jako osoba uniewinniona. Że to nie był on. Jedna wielka pomyłka, za którą przypłacił całą swoją młodością.

– Tomek jeszcze siedzi, ma nadzieję, że tylko do jutra. Ale od tego czasu, kiedy to wszystko się zaczęło, to przywracanie go do wolności, jak postrzegają go więźniowie?

– Wcześniej był pokazywany palcami, że to jest pedofil i że trzeba go ukarać nawet tam, na ich prywatny sposób. On każdego dnia walczył o swoje życie tak naprawdę. Teraz już może chodzić z podniesioną głową. Pokazują go tam, ale nie po to, żeby go teraz zniszczyć, tylko po to, żeby pokazać, że jest osobą niewinną i że on to wytrzymał. Nikt mu w to tam nie wierzył, teraz wszyscy się przekonają.

– On wierzy w to, co się dzieje?

– Dociera to do niego. Dociera to do nas, i to wielkimi krokami.

– Do jutra w większym gronie.

– Dziękuję, do jutra.

Z domu rodziców, gdzie mieszka Krzysiek, przeszliśmy się kilkaset metrów do domu Gerarda. Starszy brat Tomka przyjął nas w swoim mieszkaniu. Były również jego dzieci i żona Magda, ta sama, która osiemnaście lat temu, kiedy Tomasza zamykano w więzieniu, była narzeczoną Gerarda. Kiedy Tomek miał wyjść na wolność, najstarsza córka Gerarda i Magdy miała dokładnie tyle samo lat, ile trwał pobyt jej wujka w zakładzie.

– Wtedy kwiecień dwutysięcznego roku, a teraz marzec dwa tysiące osiemnastego. Osiemnaście lat bez jednego miesiąca.

– Tak jest, osiemnaście lat oczekiwania, złości nerwów i bezradności przede wszystkim.

– Liczył pan dni?

– Sam fakt, że Tomka nie ma, jest wystarczająco ciężki do przeżycia, żeby jeszcze bardziej utrudniać sobie to i liczyć dni, miesiące czy godziny. Wtedy byłoby jeszcze gorzej.

– Pan też był w kręgu zainteresowań policji, równie dobrze zamiast Tomka mógłby pan tam siedzieć?

– Teoretycznie bardzo mocno tak, tym bardziej że jako braci od jednego ojca od jednej matki to nasz kod DNA jest bardzo podobny. Jednak nie wiedzieć czemu wypadło na Tomka.

– A pan czuł się zagrożony, jak to wszystko się działo? Że z pana też mogą zrobić sprawcę?

– Później już tak, bo kiedy zapadł wyrok w pierwszej instancji, w drugiej instancji, kiedy okazało się, że nie zawsze prawda wychodzi na jaw, że nie zawsze prawda zwycięży, pojawiło się takie uczucie, że przecież w każdej chwili mogą przyjść i że oni z jakichś względów zdecydowali się na powtórne rozpatrzenie sprawy, jakieś nastąpiły nowe okoliczności i nagle zostanę aresztowany i stanie się to samo co z Tomkiem. Szczególnie wtedy, kiedy zrobiło się głośno, kiedy sprawa miała być przekazana do tego Archiwum X. To wtedy nastąpiło takie zatrzymanie w życiu i taka szybka analiza. Dzieci zaczęły się bać, żona zaczęła się bać, każde moje późniejsze przyjście z pracy. To już robiło się chore, to już zaczynał być taki obłęd…

– Jest godzina dwunasta, jutro o tej porze jest duże prawdopodobieństwo, że Tomek będzie już wolny albo właśnie będzie pakował swoje rzeczy z zakładu karnego.

– To będzie najszczęśliwszy dzień w moim życiu, przypuszczam... nie tylko w moim, w życiu nas wszystkich, przypuszczam.

– Nie odliczał pan tamtych osiemnastu lat, ale te godziny.

– Te godziny odliczam, przeliczam je na minuty, bo tak jak wtedy byliśmy zrozpaczeni, tak teraz jesteśmy bardzo szczęśliwi. Oczywiście nie samo się to stało, grono ludzi się do tego przyczyniło, dlatego też z tego miejsca jeszcze raz chciałbym podziękować policjantowi Remigiuszowi, prokuratorom i panu też chciałbym podziękować.

– Ja jestem tylko bacznym obserwatorem.

– Ale to też się na pewno przyczyniło, że cała ta sprawa nabrała takiego rozgłosu, że teraz cała Polska o tym huczy.

– Co pan Tomkowi powie jutro, jeżeli wyjdzie, jakie będą pierwsze słowa?

– Nie przygotowuję się na to, nie mam jeszcze scenariusza. Myślę, że on napisze się sam na miejscu. Pewnie to będą łzy, na początku pewnie będzie to całe morze łez, ale tych szczęśliwych łez, a słowa gdzieś tam nie będą miały takiego wymiernego charakteru. Więcej już nic nie dodadzą ponad to, że poza murami, poza więzienną bramą będziemy mogli się przywitać, przytulić po prostu.

– Będzie pan jutro w sądzie, przed drzwiami zakładu karnego?

– Oczywiście, jak najbardziej będę, nie wyobrażam sobie, żeby mogło mnie tam nie być.

– Będą wszyscy?

– Będą wszyscy, będzie moja żona, jego bratanice, które – można powiedzieć – zna kilka godzin. Pomimo tego, że one mają już siedemnaście i trzynaście lat, to Tomek tak naprawdę zna je kilka godzin, bo na kilku widzeniach tylko były. Widzenie trwa zaledwie godzinę, więc skoro były pięć razy na widzeniu, można powiedzieć, że Tomek zna je tylko pięć godzin. Ale będą, oczywiście, że będą.

– Zarówno pan, jak i ja jesteśmy w bardzo podobnym wieku. My zdążyliśmy założyć rodziny, urodziły nam się dzieci, jakoś ukształtowaliśmy swoje życie, a Tomek od dwudziestego trzeciego do czterdziestego pierwszego roku życia jest w więzieniu. Nie boi się pan o niego?

– Boję się o niego, bo został zmuszony do hibernacji. Tak to nazwę. Życie się dla niego zatrzymało, znaczy ono się toczyło, czas upływał, natomiast on nie uczestniczył w rozwoju tego wszystkiego, co wokół nas się dzieje. Dużo się bardzo pozmieniało. Technologia bardzo się zmieniła, tu przypuszczam, że mogą być jakieś problemy. Będzie w ogóle problem, że on będzie mógł sam decydować o sobie, o każdym swoim ruchu, gdzie pójdzie, co zrobi, jak i o której godzinie. Tu jest obawa, że może będzie potrzebna pomoc jakichś psychologów.

– Myśli pan, że odnajdzie się w tym nowym świecie?

– Jestem pewny, że się odnajdzie. On żył nadzieją, że kiedyś prawda wyjdzie na jaw, że kiedyś wyjdzie, nie po dwudziestu pięciu latach, i że to się uda.

– Szkoda tylko, że po osiemnastu latach, a nie po dwóch, pięciu czy może sześciu.

– Szkoda. Myślę, że po dwóch latach to było nierealne. Ten postęp technologiczny nie był na tyle duży, żeby można było te dowody, które teraz prokuratura posiada, żeby można je było w ten sposób przedstawić. A wtedy, gdyby się miało tę jedyną szansę, mogłoby to się nie udać.

– Rozmawialiście z Tomkiem. Tomek mógłby po piętnastu latach przyznać się i próbować wyjść na warunkowe przedterminowe zwolnienie. Nie namawialiście go do tego. „Trudno, przyznaj się, mimo że nie jesteś winny, ale wyjdź, wyraź skruchę". Tomek cztery razy stawał na wokandę o zwolnienie. Prosił też o przepustki.

– Nie. Za każdym razem, kiedy chciał pojechać na komunię moich dzieci czy na pogrzeb babci, to zawsze mu odmawiano. Jako argument podawano to, że się nie przyznał i nie zresocjalizował się jeszcze, i nie nadaje się.

Istotnie, Tomek przepustki nigdy nie dostał. Raz zaledwie pod eskortą służby więziennej został przewieziony na pogrzeb swojej babci. W Sądzie Okręgowym we Wrocławiu przez kilka godzin wertowałem jego akta penitencjarne. Cztery prośby o zwolnienie warunkowe i cztery odmowy. Powód zawsze ten sam. Co prawda jako osadzony w zakładzie karnym sprawował się dobrze, wykonywał wszystkie polecenia, dostosowywał się do panującego regulaminu, ale prognoza kryminalistyczna za każdym razem była negatywna. Ten wniosek, jak skomplikowanie by nie brzmiał, można streścić w jednym słowie, może dwóch: „jeszcze niezresocjalizowany". A przecież wiele osób uważa, że proces resocjalizacji w polskich zakładach karnych to fikcja. Tomek nie mógł być zresocjalizowany, bo nie można zresocjalizować osoby niewinnie skazanej, ale jednak dla służby więziennej i dla sądu penitencjarnego dalej pozostawał osobą, która tego procesu nie przeszła.

– A opowiadał wam, co się z nim działo w zakładzie karnym, jak go traktowali?

– Wielokrotnie… Wiadomo, że ten paragraf, za który go skazano, to jest najgorsza kategoria więźniów. Nie mówił tak do końca, ze szczegółami, bo dla niego było to bolesne, ale mówił, że było ciężko. Do tej pory musi uważać, choć dziś właściwie już nie. Zaczęło się to zmieniać, kiedy został wezwany do prokuratury, to trochę mu ulżyło, bo wiedział już, o co chodzi. Współosadzeni trochę mu też odpuścili, bo widzieli, że coś się dzieje, ale potem, kiedy przeprowadzono te wszystkie czynności i przestali go pobierać, Tomek znowu przeszedł w tryb oczekiwania. Dokuczanie, delikatnie mówiąc, ze strony więźniów znowu się nasiliło, bo widocznie doszli do wniosku, że znowu nic się nie dzieje i Tomek będzie dalej siedział, mimo że mówił, że jest niewinny.

– Opowiadał panu, jak wygląda jego dzień w zakładzie karnym?

– Tak. Wstaje o szóstej, potem muszą meldować salę gotową do śniadania, potem jest śniadanie, czas wolny, oglądanie telewizji, spacerniak, w piątki kąpanie. Straszne, ja byłem w wojsku przez półtora roku, też był pewien rygor, ale to jest w ogóle bez porównania. Tamten świat to jest całkiem zamknięty świat. Ja nie chcę się wypowiadać, bo ja tam nigdy nie byłem i mam nadzieję, że nigdy tam nie będę, i naprawdę jestem pełen podziwu, że Tomek to przetrzymał. Naprawdę jest moim bohaterem, bo niejeden człowiek by nie był w stanie. A on naprawdę dał sobie radę. Każdego dnia rano wstawał i mówił sobie, że musi to wytrzymać. On zawsze sobie powtarzał: „Ja nazywam się Komenda i to nazwisko do czegoś zobowiązuje". I tak też się stało.

– Kto kogo podtrzymywał na duchu, wy jego czy on was?

– To jest na przemian, to jest szmat czasu. Wiadomo, różnie się dzieje, raz jest lepiej, raz jest gorzej. Wiadomo, że bywały okresy, że Tomek był załamany, więc my byliśmy odbojnikiem tych emocji, on jak gdyby wypłakiwał się nam z tego, co tam się dzieje, przez co było mu trochę lżej. Czasami my byliśmy przygnębieni, jadąc tam, bo wiadomo, człowiek zdawał sobie sprawę, znowu po raz kolejny, jak długo jeszcze, i to odliczanie… Nadzieja, że ta wokanda kolejna coś zmieni, choć wiadomo, że w głębi ducha wiedzieliśmy, że nie wypuszczą go na przedterminowe warunkowe zwolnienie, ale przecież nikt nie może powiedzieć mu tego głośno, bo chłop się załamie, choć on zdawał sobie z tego sprawę. Tak że różnie bywało. I my jego podtrzymywaliśmy, ale i zdarzało się, że to on nas, bo my mieliśmy słabszy dzień, a on był szczęśliwy, bo się z nami widział.

– Pan jako jedyny z braci ma dzieci. Proszę mi opowiedzieć o tej chwili, kiedy Tomek zobaczył swoje bratanice.

– One już były stosunkowo duże. Też jest ciężko wytłumaczyć dzieciom w wieku dziesięciu, dwunastu lat, że wujek siedzi w więzieniu, że siedzi tam za niewinność. Dzieci tego by nie ogarnęły, więc wymyśliliśmy coś takiego dla nich, że wujek jest w wojsku. Tam musi być w tym wojsku, dlatego tam wszyscy są tak samo ubrani, tak to wygląda, a nie inaczej, że to jest za murami, bo to są tajne jednostki. Więc tak trzeba było to dzieciom wytłumaczyć. Dzieciom jakby było łatwiej, bo znały wujka ze zdjęć, z opowiadań. Z kolei wujkowi było ciężko, bo w ogóle nie wiedział, czego się spodziewać. Patrząc na mnie, na żonę, to coś tam sobie mógł pokrzyżować w głowie. Bardzo szczęśliwy był, gdy je zobaczył. Dumny się zrobił, że jest wujkiem, że pomimo tego, że nie uczestniczy w tym, to nim jest, a one pozwoliły mu to odczuć. Moje dzieci dobrze zareagowały na ten temat. Też od początku go pokochały, jak gdyby z automatu. Bo Tomek jest takim człowiekiem, że jak ktoś go pozna, to nie da się go nie polubić.

– Przytulił je?

– Jak najbardziej przytulił, a one dały się przytulić. To był bardzo wzruszający moment. Zarówno dla nich, dla niego. Dla nas.

– Wie pan, jak będzie wyglądał ten jutrzejszy moment, bo zakładamy, że Tomek wyjdzie?

– Tak jak mówiłem, to będzie morze łez. I to będą szczęśliwe łzy, więc niech będą.

– Rozmawiałem z Tomkiem, co prawda telefonicznie, ale rozmawiałem, i dało się wyczuć, że on się tego wyjścia trochę boi.

– Boi się, to prawda.

– Macie jakąś receptę na to, żeby ten strach pokonać? On nie zna tego świata.

– Przede wszystkim na pewno będzie tu potrzebna pomoc psychologów. Bezwzględnie. To bez dwóch zdań. Chociaż nie wiem, jak my byśmy chcieli i starali się, nie będziemy mu w stanie nic zagwarantować ani wytłumaczyć tego, co się stało. Ktoś będzie musiał mu to wytłumaczyć. Co się dzieje, dlaczego tak się dzieje. On przede wszystkim będzie musiał to zrozumieć. My moglibyśmy powiedzieć coś nie tak, nakierować go w złą stronę. Wywołać jakieś niepotrzebne emocje. To musi zrobić profesjonalista. Więc na pewno w pierwszej kolejności musi być pomoc specjalistów. A potem co? Spokój przede wszystkim, spokój.

– Wie pan, że ja wam go nie dam.

Gerard oczywiście roześmiał się, choć wiedziałem, co mówię. Jeżeli stanie się to, o czym niemal byłem przekonany, Tomek przez kilka miesięcy nie zazna spokoju. Oczyma wyobraźni widziałem taką scenę: otwierają się drzwi zakładu karnego, a z niego wychodzi

Tomasz Komenda, na którego czeka tłum dziennikarzy i każdy, prze-pychając się jeden przed drugiego, zadaje pytania. Wokół Tomka roz-pęta się medialna burza.

– Wiem, ale po jakimś czasie i pan odpuści, i po jakimś czasie on zostanie już tylko z nami. Szczególnie cieszymy się, że na święta Bo-żego Narodzenia będzie z nami.

Tu musiałem przerwać Gerardowi, bo do świąt Bożego Narodze-nia zostało jeszcze kilka miesięcy, a do tych najbliższych, Wielkiej-nocy, zaledwie parę dni.

– Panie Gerardzie, ja obiecałem Tomkowi, że wyjdzie na te najbliż-sze święta – powiedziałem.

– Tak, wiem, że zaraz są Wielkanocne, ale chciałem powiedzieć szczególnie o Bożym Narodzeniu, ponieważ w momencie, kiedy Tomka nam wydarli z naszego życia, z naszej rodziny, święta przestały być świą-teczne. To nie były święta radości, ale święta smutku, i tak naprawdę od tego momentu przestaliśmy łamać się opłatkiem na znak takiego buntu czy jakkolwiek to nazwać. To trwa do tej pory, bo rodzina zo-stała rozdarta, rozbita brutalnie, a teraz w grudniu, kiedy będzie ten czas, kiedy na pewno będziemy już wszyscy razem, wiem, że na pewno wszyscy podzielimy się opłatkiem i wróci wszystko do normy.

– Poważnie to będzie pierwszy opłatek od osiemnastu lat?

– Tak.

– To smutne.

– Smutne, ale to był nasz wybór. Chcieliśmy w ten sposób pokazać, chociaż to nikomu nie było pokazywane, pokazać między nami, że tak czujemy, że tak musi być, bo kiedy człowiek łamie się opłatkiem, to znaczy, że to są święta szczęśliwe, radosne, rodzinne przede wszyst-kim. Jak one mogły u nas takie być, skoro nie wszyscy są w komplecie.

– Pana matka mówiła mi, że tych świąt było trzydzieści sześć bez Tomka.

– Tak, bo to były te najważniejsze święta Bożego Narodzenia i Wielkanocne, ale przecież są też inne święta, są urodziny, są imie-niny, wspólne wyjazdy. Wszystko to gdzieś Tomka ominęło.

– Zakładamy, że te osiemnaście lat to już przeszłość i jutro Tomek wyjdzie na wolność. Pytam o takie zupełnie przyziemne rzeczy... gdzieś musi zamieszkać, musi coś robić. Jak to sobie wyobrażacie? Jest was trzech, było czterech?

– Było trzech, teraz znowu będzie czterech. Ja mam swoją rodzinę, Piotrek, najmłodszy, już się wyprowadza do swojej dziewczyny, w domu został jeszcze Krzysiek. Więc ja nie widzę innej możliwości. Wróci i zamieszka z mamą na razie, a potem się zobaczy. Tam będzie wysyłany do sklepu, żeby kupić cukier czy sól, bo i takie rzeczy go nie ominą.

– A pamięta pan, ile kosztował cukier w dwutysięcznym roku, bo ja nie pamiętam.

– Nie, też nie pamiętam, ale pamiętam, że wtedy płatność kartą to było coś nowego, a dziś gdzie kartą, dziś telefonem się płaci. To też będzie dla niego wielki szok.

– Tomek często z wami rozmawia, ale przez telefon stacjonarny w zakładzie. Czy wie, czym jest telefon komórkowy?

– Wie, co tu dużo mówić, w więzieniu niektórzy też mają dostęp do takich rzeczy. Wiem, że tak jest, i to tyle, co mogę powiedzieć w tej sprawie.

– Internet?

– Rzeczy nieznane, pomimo że pewnie z grubsza wie, co to jest, do czego to służy, ale pewnie jak zobaczy możliwości Internetu, to będzie mocno przerażony.

– Kino 3D?

– To pewnie będzie też niesamowite dla niego. Pamiętam siebie, jak pierwszy raz byłem, to na mnie to zrobiło ogromne wrażenie, dla niego...

– Będzie się musiał uczyć życia od nowa.

– Będzie, ale będzie miał pomocników. Będziemy stali przy nim i mu pomagali. Na pewno nie zostawimy go samego i będzie miał nasze wsparcie.

– Dziś najważniejsze, żeby wyszedł, a potem?

– To najważniejsze, potem żeby jego nazwisko zostało oczyszczone, moje zresztą też, bo mamy takie samo. Musi zostać usunięty ze strony, na której umieszczone są zdjęcia najgroźniejszych przestępców seksualnych, bo nadal tam jest. Myślę, że powinni być rozliczeni ludzie, którzy się do tego przyczynili. Ja nie oczekuję, że usłyszymy słowo przepraszam, bo u ludzi, którzy są wyzbyci wartości moralnych, nie mają kręgosłupa moralnego, to takie odruchy, jak powiedzieć przepraszam, to nie mają sensu. Mam natomiast nadzieję, że dzięki tym wszystkim programom, które się pojawiają, to te reszki sumienia zostaną w nich wzbudzone, a to z kolei nie pozwoli im do końca ich marnego żywota spokojnie zasnąć i mam nadzieję, że co noc będą budzili się z koszmarem. Bo ludzie, którzy świadomie przyczyniają się do tego, żeby niewinnego człowieka wskazać, podrobić dowody następnie, a potem skazać na dwadzieścia pięć lat, to w moim odczuciu są gorsi niż ci bandyci, którzy dokonali tej tragicznej zbrodni.

– Mocne słowa. W takim razie zapytam o jednego z tych, którzy wsadzili Tomka. Miał pan kontakt z policjantem Zbigniewem P.?

– Tak.

– Jakie wywarł na panu wrażenie?

– Ja nie chcę na podstawie jego postawy wrzucać wszystkich do jednego worka i twierdzić, że cała policja jest zła, bo tak nie można robić, ale nie potrafię wypowiedzieć słów o tym człowieku, które mógłby pan zacytować. Nikt nigdzie by panu tego nie puścił.

– Aż tak źle?

– Aż tak źle. On, jak się na nas patrzył, jak wykonywał z nami czynności, to z taką pogardą na nas patrzył. Gdyby mógł, toby nas po prostu zastrzelił na miejscu. Bez żadnego osądu. Bez niczego.

– A jak się panu kojarzy funkcjonariusz Remigiusz?

– On jest bohaterem i na zawsze zostanie bohaterem. Gdyby wszyscy w policji byli pokroju policjanta Remigiusza, to wszyscy mogliby spokojnie spać, a wszyscy przestępcy, prawdziwi przestępcy nie mieliby tego snu w ogóle.

– A pamięta pan pierwsze spotkanie z nim? Z prokuratorem Sobieskim, Tomankiewiczem?

– Tak, dla mnie to są ludzie, którzy pracując i robiąc to, co robią, oni to czują. Oni są powołani do tego, żeby pełnić tę funkcję. To nie jest tak, że funkcjonariusz Remigiusz poszedł do policji, bo chciał zarobić pieniądze. Ja mam takie odczucia, że on czy prokuratorzy poszli tam, bo chcieli stać na straży praworządności i robić wszystko, poświęcać każdą cenę, nierzadko czas dla własnej rodziny. I robią to tylko po to, żeby tę prawdę wygrzebać.

– Uwierzył pan, kiedy pierwszy raz spotkali się z wami i powiedzieli, że coś jest nie tak, że coś tu nie pasuje?

– Nie do końca, nie od początku. Byłem sceptyczny, bo wiedziałem, że tym osobom, które sfingowały te wszystkie dowody, nie na rękę będzie, żeby ktoś wracał do tej sprawy, bo to dla wielu może być niewygodne, więc pomyślałem, że może ktoś znowu zadziałał na kogoś, że trzeba zrobić, bo taka jest procedura, że tak kolokwialnie powiem: nie można lekceważyć głosu ludu. Ale kiedy po tych rozmowach zobaczyłem reakcję tych ludzi, kiedy oni mówili o Tomku, w jaki sposób, no to byłem bardzo zaskoczony. Takie ciepło biło od nich, nie spotkałem się wcześniej z czymś takim. Było widać, że oni już wierzą, że Tomek jest niewinny, i powiedzieli, że to wszystko to tylko kwestia czasu.

– A wierzy pan w to wszystko, co się teraz dzieje, medialne zamieszanie, taki hałas wokół sprawy Tomka?

– Tak, wierzę. Wiemy, że Tomek siedzi i siedzi niewinnie. Wierzyliśmy, że być może coś, gdzieś, kiedyś się stanie, ale tak naprawdę nie wiedzieliśmy, co i czy to się w ogóle stanie, do momentu, kiedy to się stało. No i w tym momencie jeszcze nie mamy scenariusza, co dalej.

– Tomek ma jeszcze do odsiedzenia siedem lat.

– Tak, tylko on by wtedy wyszedł po odsiedzeniu pełnego wyroku, ale piętno pedofila by zostało. On nie miałby normalnego życia, bo ta przeszłość by się ciągnęła. Mam nadzieję, że za dwadzieścia cztery godziny ta brama się otworzy i zobaczymy w niej człowieka, którego zawsze chcieliśmy w niej zobaczyć.

– Będziemy tam razem, dziękuję za rozmowę.

– Dziękuję.

Siedem miesięcy wcześniej. Przesłuchanie Tomasza Komendy – ciąg dalszy

– Miał pan kiedykolwiek wcześniej kontakt z sądem, z prokuratorem – zapytał Tomasza Komendę prokurator Dariusz Sobieski.

– Nie.

– A zna pan Jerzego K.?

– Tak, siedziałem z nim pod celą.

– A rozmawiał pan z nim o swojej sprawie? Jak pan utrzymał w tajemnicy to, że siedzi pan za zabójstwo i zgwałcenie młodej dziewczyny?

– Nie. Proszę mnie zrozumieć, ważne jest, że ma się artykuł sto czterdzieści osiem, to wtedy w więzieniu ma się szacunek, bo zabił człowieka. Co więcej, jak ma się sto czterdzieści osiem, jak się wchodzi na celę i mówi się, ile ma się odsiedziane, tak jak ja mówię, w moim przypadku siedemnaście lat, to to już im wystarczy za wszystko. Oni niczego więcej nie potrzebują, już o nic nie pytają. A w zakładzie karnym jest coś takiego, że nie pokazuje się byle komu papierów, osobom, które siedzą rok czy dwa lata. Osoba może sprawdzić papiery, ale tylko ta, która siedzi wyżej i dłużej ode mnie, czyli ktoś, kto siedzi za to samo co ja, ale przynajmniej osiemnaście, dziewiętnaście lat.

– A siedział pan z takimi osobami?

– Nie. Przepraszam, siedziałem z taką osobą na Klęczkowskiej, jak byłem w szkole, z której musiałem zrezygnować.

– Dlaczego?

– Z braku bezpieczeństwa, mojego, bo zostałem natychmiastowo rozpoznany, że to niby ja jestem tym pedofilem.

– To kto pana rozpoznał?

– No to właśnie mówię, ten od *Amoku*, on ma Krystian… Nie pamiętam, on siedział w innej celi, a ja w innej, ale na tym samym oddziale.

– A rozmawiał pan z nim na temat swojej sprawy?

– Nie. Ja z nikim nie rozmawiałem na temat mojej sprawy.

– A zna pan Mariusza K.?

– Tak, znam. To jest również mój współosadzony, siedziałem ja, siedział on, bo on był tym świadkiem, który zeznawał u mnie na sprawie, i siedział ze mną Jerzy K.

– I co oni zeznawali na tej sprawie?

– Że ja zacząłem rozmawiać z nimi na temat mojej sprawy, że ja niby prawdziwych sprawców kryję. Po prostu, co się potem okazało, on poszedł na współpracę z prokuraturą, bo on też siedział za taki artykuł kulawy. On po prostu, pogrążając mnie zeznaniami, po prostu miał sobie zbić z wyroku, tylko jak się później okazało, sąd nie wziął pod uwagę jego zeznań, bo on też był karany.

- A zna pan Pawła P.?

- Znam, ale z tego, co wiem, to ta osoba nie żyje. Chyba zginął w wypadku samochodowym i z tego, co pamiętam, to on też z początku nie wiedział, za co ja siedzę. I on chyba dowiedział się z mediów, i wtedy powiedział mi, że on siedział chyba w Rawiczu z osobami, które to zrobiły. I on wie o tym, że to nie ja tu powinienem siedzieć. I ja chciałem, żeby on złożył zeznania, bo ja wtedy złożyłem pismo do prokuratury, ale nie powiedziałem mu o tym, że takie pismo wysłałem. To potem zostałem bardzo pobity przez niego, że bez jego zgody wysłałem takie pismo. Stłukł mnie, bo bardzo się obawiał o swoją rodzinę.

Prokuratorzy, którzy zadawali Tomaszowi te pytania, znali pracę operacyjną policji. Jeżeli materiał operacyjny należy czymś wesprzeć, to wystarczy oskarżonemu pod celę podłożyć konfidenta. Skazańca, który zezna wszystko, byleby tylko opuścić zakład karny. Tak było i w tym przypadku. Niby podstawieni współwięźniowie mieli rozmawiać z Tomkiem o jego sprawie, tyle że on nigdy nikomu o niej nie mówił. Ci sami osadzeni, co wynika z protokołów przesłuchań, mieli przed sądem mówić, że Tomek opowiadał im, że był w Miłoszycach. Sędziowie sceptycznie podchodzą do takich zeznań, ale też nie mogą ich zupełnie zlekceważyć. Treść wyroku była taka, jaka była. Dwadzieścia pięć lat pozbawienia wolności.

- Panie Komenda, zmieniając temat, pamięta pan, gdzie odbywały się pana badania, badania zębów?

- Tak. Przyjechali do mnie policjanci i powiedzieli, że jedziemy na badania. Do medycyny… Już nie pamiętam dokładnie gdzie, ale tam, gdzie zwłoki przywożą. I tam przyłożono mi taką formę, trochę to wyglądało jak cement, i przyłożono mi do mojego uzębienia. Najpierw miałem odcisnąć górę zębów i zacisnąć szczękę, a potem dół, i tak samo. Przeprowadzał te badania Jerzy K., który potem, jak się okazało, jak go sąd wzywał, to wielokrotnie nie stawiał się do sądu. Mało tego, on tak długo się nie stawiał na wezwanie sądu, że został siłą doprowadzony na rozprawę, żeby powiedzieć, czy moje zęby to są moje.

- Jest pan tego pewien?

- Tak, jestem tego w stu procentach pewien. On się bał policjantów.

- A dlaczego miał się ich bać?

- Nie wiem, ale według mnie moje dowody, które wskazywały na mnie, zostały podrobione, w tym zęby. I żeby była pewność, pan Jerzy miał zeznać tak, jak zeznał.

- A ile razy pan doktor K. był przesłuchiwany w sądzie?

- Według mnie tylko raz i był tam jakiś inny jeszcze doktor, którego nazwiska nie pamiętam, ale on tam nic nie robił.

- Co pan ma na myśli, że nic nie robił?

- Nie robił żadnych odlewów, żadnych włosów ani zapachu. Nic nie robił w mojej sprawie.

- Miał pan kiedyś jeszcze jakiś proces?

- Miałem. Miałem dopuścić się zgwałcenia Bożeny H. Za pierwszym razem mnie skazali, ale potem zostałem oczyszczony zupełnie z zarzutów.

- Znał pan Bożenę H.?

- Nie.

- A co pan może powiedzieć o tej sprawie?

- Następny horror, następny horror się zaczął. Wtedy jak mi postawiono zarzuty, że niby zgwałciłem Bożenę H., to ja za to na początku dostałem trzy lata, bo sąd pierwszej instancji skazał mnie na trzy lata. Później się od tego odwołałem i sąd apelacyjny cofnął sprawę do ponownego rozpatrzenia i sąd kolejny po rozpatrzeniu tej sprawy uniewinnił mnie. W tej sprawie też poddawałem się wszystkim badaniom, co chcieli, to ode mnie dostawali, bo ja wiedziałem, że nie mam nic wspólnego również z tą sprawą. A za tę sprawę zostałem tylko dlatego skazany, bo matka Małgorzaty K., którą ponoć zamordowałem, zadawała się z Bożeną H.

- A skąd to pan wie?

- Bo jak byłem rozpoznawany przez lustra weneckie, to mnie nie rozpoznała, ale potem, jak była sprawa w sądzie i byłem prowadzony holem, skuty w kajdany, to ona to widziała i potem mnie rozpoznała w sądzie. Stała tam wtedy w tym holu sądu z matką Małgorzaty, której córkę niby ja zamordowałem, i wtedy po tym mnie rozpoznała na sali sądowej, a wcześniej przez lustro weneckie mnie nie rozpoznała. Ja w tamtej sprawie też zgodziłem się na wszystkie badania.

W tym miejscu o godzinie czternastej czterdzieści trzy zarządzono przerwę i wyłączono kamerę. Po półtoragodzinnym przesłuchaniu prokurator Sobieski zdecydował, że wszystkim należy się chwila odpoczynku, choć Tomek na zmęczonego wcale nie wyglądał. Na pewno chciał mówić dalej, wiedział, że to przesłuchanie może wiele zmienić w jego życiu. Może nawet zdecydować o jego wolności, w końcu po coś się tam znalazł.

O godzinie piętnastej osiemnaście wznowiono przesłuchanie świadka Tomasza Komendy.

– Czy w zakładzie karnym miał pan zabiegi stomatologiczne?

– Tak, usuwano mi trzy zęby.

– Czy korzystał pan z opieki ortodonty, czy miał pan prostowane zęby?

– Nie.

– Proszę pana, czy ubiegał się pan o warunkowe przedterminowe zwolnienie?

– Tak, starałem się już pięć razy, i to pięć razy na tej samej jednostce, w Strzelinie, i pięć razy zostało to odrzucone, zarzucając mi, że ja ukrywam prawdziwych sprawców, ta druga wersja, że nie przyznaję się do tego, że idę tym torem. Sędzia po prostu mi mówił, że mam iść pod celę i przemyśleć to wszystko. Że jak wydorośleję, to mam jeszcze raz napisać wniosek o wokandę.

– A z racji tego, że minęło już siedemnaście lat, nie przyszło panu do głowy, żeby się przyznać?

– Nie.

– Żeby uzyskać takie przedterminowe zwolnienie?

– Nie. Ja się nigdy nie przyznam do czegoś, czego nie zrobiłem, a to że wolność… Ja odczekam jeszcze osiem lat i wyjdę, oczyszczony czy nie.

W tym momencie prokurator Robert Tomankiewicz odczytał Tomkowi jego protokół przesłuchania z 18 kwietnia 2000 roku, kiedy był przesłuchiwany przez prokuratora Stanisława O. Tomek przyznał się wtedy, że był w Miłoszycach i odbył stosunek płciowy z dziewczyną o imieniu Kasia w pobliskim lesie niedaleko dyskoteki, na której bawiła się Małgorzata. Po przeczytaniu kilkustronicowego protokołu prokurator Tomankiewicz zaczął pytać dalej:

– A proszę mi powiedzieć, skąd się wzięły w tym protokole takie szczegółowe dane, na przykład godziny, miejsca? Że dojechał pan autobusem…
– Od policjanta. On mi mówił, co mam wyjaśniać przed prokuratorem.
– A dlaczego pan mówił o dziewczynie o imieniu Kaśka, że pan poznał taką dziewczynę?
– Nie wiem. Nie potrafię na to pytanie odpowiedzieć.
– To inaczej, skoro mówił pan, że policjanci pana pobili i kazali tak zeznawać, to dlaczego nie zeznał pan wprost, że zgwałciłem Małgorzatę K., tylko opowiada pan o jakiejś Kaśce? Dlaczego pan się nie przyznał w tym protokole wprost?
– Nie wiem. Po prostu kazali mi tak powiedzieć i podpisałem protokół, i tyle.
– Odczytam teraz panu drugi protokół pana zeznań z trzeciego sierpnia dwa tysiące piątego roku. On jest pisany ręcznie, więc może nie będzie prosty do odczytania. Był pan przesłuchiwany w zakładzie karnym przy ulicy Kleczkowskiej, był pan przesłuchiwany przez podinspektora Zbigniewa P. Był pan przesłuchiwany w charakterze świadka. Tak pan wtedy zeznawał: „Jestem skazany prawomocnym wyrokiem sądu na karę dwudziestu

pięciu lat pozbawienia wolności za zabójstwo Małgorzaty K. w Miłoszycach. Karę odbywam w zakładzie karnym we Wrocławiu, lecz ja tego zabójstwa nie dokonałem i jestem niewinny. Ja za pośrednictwem swojego adwokata wysłałem pismo do prokuratora Tomasza F. z prośbą o przesłuchanie mnie i Pawła P., z którym przebywałem w jednej celi przez około rok. Paweł P. pochodził z Poznania i był skazany na piętnaście lat za zabójstwo i po odbyciu trzynastu lat kary został trzy tygodnie temu warunkowo zwolniony. Ja chciałem zeznać na temat trzech faktycznych sprawców zabójstwa Małgorzaty K., o których dowiedziałem się od Pawła P., a on od osoby, która mieszka w Miłoszycach, która razem z nim odbywała karę pozbawienia wolności w zakładzie karnym w Rawiczu. Ta osoba razem z Pawłem P. siedziała w jednej celi przez dwa lata, od tysiąc dziewięćset dziewięćdziesiątego ósmego do dwutysięcznego roku. Ja nie znam nazwiska tej osoby, ale będzie znał Paweł. Co na temat tych trzech sprawców powiedział mi Paweł, powiem tylko prokuratorowi F. i nic na ten temat nie zeznam przesłuchującemu mnie w dniu dzisiejszym. Ja mam tylko te wiadomości na temat zabójców od Pawła, innych wiadomości nie mam, gdyż mnie tam nie było. Z tym zabójstwem nie mam nic wspólnego i zostałem skazany niesłusznie. To, co mi powiedział Paweł, powiem tylko prokuratorowi. W dniu dzisiejszym nic więcej nie zeznam i nie mam nic więcej do powiedzenia w tej sprawie. Na tym przesłuchanie w dniu dzisiejszym zakończono". Jak pan skomentuje to przesłuchanie, jak pan się do niego odniesie?

- Tak jak już mówiłem wcześniej, miała miejsce taka sytuacja, że ja siedziałem w jednej celi z Pawłem P. i on z mediów dowiedział się, za co ja siedzę. I on po jakimś czasie zaczął mi opowiadać, że on siedział z jakimiś osobami. Jak ja się spytałem, czy zeznawałby w mojej sprawie, to on na początku powiedział, że tak. To ja, na nic nie czekając, wysłałem to pismo do prokuratury i powiedziałem Pawłowi, że napisałem do prokuratury, żeby nas wezwali, i jak on się dowiedział, że ja już wysłałem takie pismo do prokuratury, to zostałem pobity przez niego.

- Ale dlaczego on pana pobił, skoro powiedział panu, że się zgadza zeznawać?

- Bo się bał o swoją rodzinę. On mi to powiedział, ale ja mu nie powiedziałem, że już wysłałem takie pismo do prokuratury, bo zrobiłem to w tajemnicy przed nim.

- Pan zeznał, że o tych okolicznościach, o tych trzech sprawcach powie tylko prokuratorowi F. To co pan chciał mu powiedzieć?

- Że tymi osobami są Krzysztof K., Ł i R. Bo to miał usłyszeć Paweł od osoby, która z nim siedziała.

- Dlaczego pan tak twierdzi?

- Bo to usłyszałem od Pawła P.

- A dlaczego nie chciał pan powiedzieć o tym policjantowi, który był u pana, tylko uparł się pan, że powie pan to prokuratorowi?

- Bo nie miałem zaufania do policjantów po tym, jak mnie kilka lat wcześniej pobili.

- Proszę pana, odczytam panu kolejny protokół, kiedy przesłuchiwał pana prokurator Tomasz Fedyk.

Mówił pan tak: „Chciałbym zeznać, iż przebywając w zakładzie karnym przy ulicy Klęczkowskiej skazany za zabójstwo Małgorzaty K., przyprowadzono pod celę Pawła P. […] Tuż przed opuszczeniem więzienia, kiedy wychodził już zupełnie na wolność, to mi powiedział, że on zna sprawców morderstwa Małgorzaty K., gdyż kiedy siedział w zakładzie karnym w Rawiczu, siedział z jedną z tych osób w celi. Ta osoba, z którą siedział, mówiła jemu i innym, którzy siedzieli w celi, iż prawdziwych sprawców tego morderstwa nigdy nie będzie można ująć, ponieważ sprawcy morderstwa Małgorzaty K. są wysoko postawieni i mają dużo pieniędzy. Powiedział mi, że ja jako osoba niewinna nie powinienem siedzieć w więzieniu, i zgodził się, że będzie zeznawać w tej sprawie. Po kilku dniach powiedział, że nie, bo ma żonę i dzieci i obawia się o nie. W takim momencie nasze rozmowy na temat Miłoszyc się skończyły. Po dwóch dniach od tej rozmowy powiedział mi jeszcze, że są przez policję ukrywane dowody świadczące o mojej niewinności. Powiedział, że wie o jakimś notesie z zapiskami Małgorzaty K., w którym wymieniona miała zapisywać osoby, z którymi się spotykała, a który to notes miał zaginąć. Także twierdził, że odciski butów zostały zebrane na miejscu przestępstwa przez śledczych z Komendy Wojewódzkiej Policji, ale nie zostały przekazane prokuraturze, a już wcześniej zostały uszkodzone i zamazane w trakcie oględzin na posesji, gdzie doszło do morderstwa. Zrobili to policjanci, tak powiedział mi P. To wszystko miał mu powiedzieć mężczyzna, z którym siedział w celi w zakładzie karnym w Rawiczu, skazanym za pobicie. [...] Ta osoba opowiadająca to P. pochodziła z miejscowości Miłoszyce i wyszła z zakładu karnego w Rawiczu w dwutysięcznym lub w dwa tysiące pierwszym roku. P. powiedział mi także, że najbliższa przyjaciółka Małgosi, Iwona, która zeznawała jako świadek, była przed salą rozpraw zastraszana przez osoby z Miłoszyc, że jeżeli powie o faktycznych sprawcach, to poniesie duże konsekwencje. P. nie mówił mi nigdy personalnie, przez jakie osoby ta Iwona miała być zastraszana. Ja z P. w jednej celi siedziałem około półtorej roku. To wszystko, co mam do powiedzenia w tej sprawie". Jak pan się odniesie do tego protokołu przesłuchania?

– Wszystko się zgadza.

– A według pana ta osoba, która siedziała w Rawiczu z P., była jednym ze sprawców czy miała wiedzieć, kim są sprawcy?

– Według mnie miała wiedzieć.

– Odczytam panu zeznania pana Pawła P. z sierpnia dwa tysiące piątego roku: „W Zakładzie Karnym przy ulicy Klęczkowskiej odbywałem wyrok z Tomaszem Komendą. W trakcie rozmów dowiedziałem się, że Tomasz Komenda został skazany za zabójstwo młodej dziewczyny w sylwestra, ale nie powiedział, w którego sylwestra i jak nazywała się ta dziewczyna. [...] Zapytałem się go, czy siedzi za to głośne zabójstwo, i on mi to potwierdził, ale powiedział mi, że on siedzi za niewinność, bo nie ma z tym nic wspólnego. Mówił mi, że wie, kto tego zabójstwa dokonał, ale powie o tym dopiero po wyjściu na wolność. Ja mu powiedziałem, że nie ma na co czekać i niech powie, co wie, organom ścigania. Na to moje stwierdzenie Komenda powiedział, że załatwi to sobie, jak wyjdzie. Nie wiem, co miał na myśli. Nic więcej na temat tego zabójstwa nie mówił. Ja na temat tego morderstwa wiem tylko tyle, co dowiedziałem się, przebywając w Zakładzie Karnym w Rawiczu, oglądając telewizję i czytając gazety. Nie jest prawdą, że wcześniej siedziałem z kimś z Miłoszyc i ta osoba powiedziała mi, kto faktycznie dokonał tego zabójstwa. Ja nic takiego Tomaszowi Komendzie nie mówiłem. Nie wiem, dlaczego Tomasz Komenda zeznaje, że ja mu powiedziałem, że się dowiedziałem o tej osobie z Miłoszyc, kto jest faktycznym sprawcą zabójstwa. Jeszcze raz podkreślam, nic takiego mu nie mówiłem i są to zmyślenia Tomasza Komendy. To wszystko, co mam do zeznania w tej sprawie". Jak pan to skomentuje?

– Powiem tak. Nawet nie wiedziałem, że P. został przesłuchany w tej sprawie. Dopiero dzisiaj dowiaduję się o tym po raz pierwszy, a to, że on twierdzi, że ja znam prawdziwych sprawców, to jest nieprawdą. Gdybym ich znał, to pierwsze, co bym zrobił, tobym ich dał na papier. Tutaj P. mówi, że nie było takiej sytuacji, żeby on się przyznawał mi, że siedział z taką osobą, która mu to mówiła. To nie jest wymyślone z mojej głowy, bo on mi to mówił. Ja mam na to świadka, bo on to mówił przy Piotrku M., który siedział z nami w jednej celi, i on to może potwierdzić, że tak było.

– Czy pan kiedykolwiek później spotkał się z P. albo miał pan jakiś z nim kontakt?

- Nie, bo on wyszedł na wolność i po dwóch
tygodniach od oddziałowego dowiedzieliśmy się,
ale nie wiem, skąd on to wiedział, że P. zginął
w wypadku samochodowym.

Prokurator Tomankiewicz wyjął z teczki kolejny protokół przesłuchania świadka. Było to przesłuchanie mężczyzny, który razem
z Tomkiem siedział w celi. Człowiek tymczasowo aresztowany, a potem skazany za gwałt na własnej żonie. Mężczyzna zeznał wówczas,
że Tomasz Komenda kilkakrotnie opowiadał mu o zbrodni miłoszyckiej. Nigdy jednak nie było świadków ich rozmów. Z relacji współosadzonego wynika, że Tomek miał być w Miłoszycach wraz z innymi
mężczyznami. Co prawda według niego nie zgwałcił dziewczyny, ale
miał być w miejscu, gdzie dokonano zbrodni. Stanowczo podkreślał, że to on sam chciał tak zeznać, a nie były to zeznania w jakikolwiek sposób wymuszone przez funkcjonariuszy policji czy prokuratora. Podał jednocześnie, że Tomek rozmawiał o tej sprawie z innym
współosadzonym.

- „Jeszcze raz podkreślam, że złożone przeze
mnie zeznania w dniu dzisiejszym polegają na
prawdzie, co do tego, co słyszałem, i w całości podtrzymuję treść tychże zeznań. Gdyby za-
istniała sytuacja konieczności przeprowadzenia
z moim udziałem konfrontacji, czy to z Tomaszem Komendą, czy to z drugim z kolegów z celi,
to oświadczam, iż nie chcę brać udziału w tych
czynnościach. Odnośnie całej sprawy nie mam już
nic więcej do powiedzenia". Co pan na to? - zapytał prokurator Tomankiewicz, kończąc odczytywanie protokołu przesłuchania świadka.
- Powiem tak, to jest wyssane z palca, nawet
sąd mu nie uwierzył i nie wziął jego zeznań pod

uwagę, to o czym tu mówić. Nie zgadzam się absolutnie na to, co jest wrzucone na papier.

– Skąd mogła się wziąć taka treść jego zeznań? – spytała psycholog Poznańska.

– Nie wiem. Naprawdę nie wiem.

– A skąd on wiedział o pewnych szczegółach, o samochodzie, o tym, za co pan siedział? – dopytywała psycholog.

– Powiem tak. O sytuacji, za co się siedzi, pod celą się nie mówi. To jest jakby święte. Z tym człowiek sam zostaje, tego się nie mówi głośno. Opowiada się tylko to, co było przed aresztem, więc może stąd ma te informacje, że pracowałem tu i tu. Masakra, no nie wierzę, nie wierzę.

– Powiedział pan też dzisiaj, że osoba, która dłużej siedzi, ma prawo sprawdzić pana papiery.

– Ale nie na śledczaku, bo śledczak a zakład karny to jest zupełnie co innego. Bo z aresztu śledczego można w każdej chwili wyjść, a żeby z zakładu, to trzeba stanąć na wokandę. I to jest właśnie ta różnica.

– A rozmawiał pan z kimkolwiek, za co pan siedzi?

– Nigdy i z nikim.

Zapanowała chwila ciszy. Tomek siedział i czekał na kolejne pytania. Prokurator Tomankiewicz i prokurator Sobieski szukali czegoś w opasłych aktach. Zza kamery słychać było tylko szelest przewracanych kart. Trwało to kilka minut. Prokuratorzy próbowali odnaleźć protokół przesłuchania drugiego ze współosadzonych Tomasza Komendy, który tak jak pierwszy zeznawał w sprawie Tomka. Po chwili prokurator Tomankiewicz wyciągnął protokół.

- Odczytam teraz panu zeznania jako świadka Janusza K. z dwudziestego listopada dwa tysiące pierwszego roku: „W dniu szóstego lutego dwa tysiące pierwszego roku zostałem zatrzymany i aresztowany do sprawy prowadzonej przez Prokuraturę Rejonową w Oławie w zakresie czynu polegającego na usiłowaniu zgwałcenia i usiłowania napaści na funkcjonariusza policji. W tej sprawie został już skierowany akt oskarżenia i zapadł już wyrok skazujący w wymiarze czterech lat pozbawienia wolności, który jeszcze nie jest prawomocny z uwagi na moją apelację. Faktycznie w listopadzie skierowałem pismo do prokuratora F., że szukam do niego kontaktu. W tym piśmie nie podawałem, dlaczego tak gwałtownie chciałem spotkać się z tym prokuratorem. W dniu dzisiejszym skierowałem kolejne pismo i tam zawarłem informację, iż chcę rozmawiać o tak zwanej sprawie miłoszyckiej. W czasie od szóstego lutego do mojej sprawy byłem osadzony na terenie aresztu śledczego. Gdy byłem w areszcie na ulicy Świebodzkiej, to był taki czas, że siedziałem w celi numer osiemnaście wraz z Tomaszem Komendą. Siedziałem z nim kilka miesięcy, kiedy to zostałem przetransportowany do Zakładu Karnego we Wrocławiu. Siedziałem w tym czasie razem z Tomaszem Komendą i Mariuszem K. W tym czasie, kiedy podałem powyżej, siedzieliśmy tylko we trójkę. [...] W trakcie rozmów z Tomaszem Komendą, które miały miejsce w celi, jak i również w trakcie pobytu na spacerniaku i świetlicy, kiedy jeszcze nie siedzieliśmy razem, na moje pytanie, ale nie z mojej inicjatywy, bo sam opowiadał, to powiedział.

Powiedział mi, że to nie on dokonał tego gwałtu, ale był na tej zabawie w Miłoszycach. Mówił, że pojechał tam z dwoma innymi mężczyznami samochodem marki Mercedes. Nie był to samochód pożyczony, tylko w dziewięćdziesięciu dziewięciu procentach był własnością jednego z tych mężczyzn. Komenda powiedział mi, że spotkał się z jednym z tych dwóch, z którymi pojechał do Miłoszyc, i jak pamiętam, chodzi o S., w jakiejś kawiarence we Wrocławiu pierwszego albo drugiego stycznia tysiąc dziewięćset dziewięćdziesiątego siódmego roku. Komenda miał mi powiedzieć, iż po tym, jak słyszał prasowe wiadomości, że w trakcie tego spotkania miał powiedzieć któremuś z tych dwóch mężczyzn, że wtedy w tych Miłoszycach została zabita ta dziewczyna, z którą tych dwóch wychodziło z dyskoteki. Tenże mężczyzna miał powiedzieć, że nie chce już słyszeć nic na ten temat, i Tomasz Komenda już nigdy nie rozmawiał na ten temat ani z nim, ani z nikim, jakąkolwiek osobą. Z opowiadań Komendy odniosłem wrażenie, że ten mężczyzna nie chciał słyszeć już nic na ten temat i aby Komenda już na ten temat nie rozmawiał ani z nim, ani z jakąkolwiek osobą. Z opowiadań Komendy wywnioskowałem, że ten mężczyzna miał mu grozić, jeżeli usłyszy jakiekolwiek informacje w tym zakresie. Komenda powiedział mi, że w sytuacji, gdyby coś powiedział o całej sprawie, to ten mężczyzna z kawiarenki miał mu powiedzieć, że nie będzie żył on, jak i cała jego rodzina. Tak powiedział Komenda, że jak będziesz śpiewał, to się źle skończy dla ciebie i twojej rodziny. Już po aresztowaniu Tomasza Komendy miał być jego wypadek, i był. Jego brat został połamany. Z opowiadań Komendy wynikało, iż ktoś na terenie Wrocławia najechał na jego ośmioletniego brata, chodzi mi tu o najmłodszego brata Tomasza Komendy. Komenda powiedział mi, że to jest dla niego chyba ostrzeżenie, aby nic nie mówił na temat zabawy w Miłoszycach. Ten wypadek jego brata miał mieć miejsce już po jego tymczasowym aresztowaniu. Nie pamiętam, aby Komenda mówił mi o tych dwóch, którzy opuścili dyskotekę i zabili Małgorzatę. Komenda opowiadał mi, że już nigdy z tymi dwoma mężczyznami nie mówił o sprawie z Miłoszyc. Początek moich rozmów z Tomaszem Komendą na temat sprawy miłoszyckiej to był gdzieś koniec kwietnia dwa tysiące pierwszego roku lub po pierwszej sprawie, kiedy Komenda był w sądzie. Kwestia wystosowanego przeze mnie pisma do prokuratury o szybkie spotkanie z panem prokuratorem Tomaszem F. to była tylko i wyłącznie moja osobista inicjatywa i nikt mnie do tego nie nakłaniał. Ja wiem, że składając zeznania w tej sprawie, wykazuję pewną linię obrony Tomasza Komendy w jego sprawie. Uważam, i to było głównym motorem przesłuchania w mojej sprawie, że gdybym nie powiedział tego, co wiem, to gryzłoby mnie sumienie. Z Tomaszem Komendą rozmawiałem o tej sprawie osobiście i bez udziału innych osób. Ja nie wiem, czy nasze rozmowy słyszał kolega, który siedział z nami pod celą". Co pan na to? - zapytał prokurator Tomankiewicz.

– Nie mam nic do powiedzenia w tej kwestii.

– Ale skąd on miał wiedzę na temat wypadku. Pana brat miał taki wypadek?

- Nie miał. Nikt nie został potrącony, nikt nie został połamany.

- Nie rozmawiał pan z tym mężczyzną na ten temat?

- O ile dobrze pamiętam, to nie.

- A wiedział pan, że oni złożyli zeznania?

- Nie, dopiero w sądzie ich zobaczyłem, jak zeznawali.

- Odniósł się pan do ich zeznań na sali sądowej?

- Nie, ja już na początku odmówiłem składania wyjaśnień i mówiłem, że nie będę zadawał pytań.

- Dlaczego?

- Nie byłem przygotowany na to.

- Taką linię obrony pan ustalił razem z obrońcą wcześniej? - dopytywał prokurator Sobieski. - I konsekwentnie trzymał się jej pan przez cały czas trwania procesu?

- Tak.

- Ale kto był pomysłodawcą, żeby pan nie składał wyjaśnień, pan czy pana obrońca?

- Mój mecenas, Michał K.

- To pan nie chciał składać wyjaśnień czy obrońca panu tak podpowiedział?

- Mecenas powiedział, żebym nic nie mówił, że on mnie reprezentuje i że on wszystko będzie robił.

- A pan chciał wyjaśniać?

- No tak. Ja chciałem na sali sądowej mówić, co się stało na policji, że byłem bity na komisariacie, chciałem to sprostować.

- I sprostował pan?

- Nie, bo poszedłem myśleniem pana mecenasa.

- A nie rozmawiał pan z mecenasem, że mimo wszystko chciałby pan złożyć takie wyjaśnienia?
- Nie.
- A dzisiaj, z perspektywy czasu, jak pan ocenia taką linię obrony?
- Myślałem, że będzie dobrze, to był mecenas i tak dalej.
- Teraz odczytam panu zeznania Doroty P.

Przez kilka minut prokurator Dariusz Sobieski odczytywał zeznania kobiety, która przesądziła o tragicznym losie Tomasza Komendy. Od kilku miesięcy próbowałem umówić się z nią na wywiad. Kiedy byłem w Rzymie z Tomkiem, jego matką i ojcem, zadzwonił telefon. Odebrałem.

– Cześć, Remik, potrzebny mi numer telefonu do Doroty P., komórkowy.

– Zaraz ci prześlę. Ale coś się stało?

– Nie żyje.

Szybko przedyktowałem mu numer telefonu. Remik powiedział tylko, że trzeba wstrzymać pogrzeb, żeby wykonać sekcję zwłok. Zdaniem Remika był to zbyt ważny świadek. Nie powinien umrzeć, na pewno nie teraz.

Kilka dni przed wyjściem na wolność

Kiedy rzecznik prasowy Sądu Okręgowego we Wrocławiu oficjalnie powiadomił media, że na 15 marca wyznaczony jest termin posiedzenia w sprawie udzielenia Tomaszowi Komendzie przerwy w odbywaniu kary, wozy satelitarne przez kilka dni przemierzały drogę między Wrocławiem a Miłoszycami, relacjonując sprawę morderstwa sprzed ponad dwudziestu lat. Telewizyjne drony zawisły nad gmachem sądu, aresztem śledczym i Miłoszycami. Wszyscy usilnie szukali jakichkolwiek informacji o rodzinie Tomasza Komendy, jego znajomych i kolegów, czekając na posiedzenie w sprawie warunkowego zwolnienia bądź udzielenia przerwy w odbywaniu kary. Nikt jednak nie wiedział, co dokładnie się w tym dniu stanie. Wszyscy spekulowali na podstawie informacji, że równolegle do Sądu Najwyższego wpłynął wniosek o uniewinnienie Tomasza Komendy i wniosek do Sądu Okręgowego we Wrocławiu o udzielenie mu przerwy w odbywaniu kary kierowany przez Prokuraturę Krajową Dolnośląski Wydział Zamiejscowy do Spraw Przestępczości Zorganizowanej i Korupcji we Wrocławiu.

Dzień przed posiedzeniem sądu penitencjarnego zadzwonił do mnie telefon:

– Dzień dobry, tu sędzia Nowiński. Czy z panem Grzegorzem Głuszakiem?

– Tak, dobrze się pan dodzwonił.

– Muszę się skontaktować z rodziną pana Tomasza w sprawie posiedzenia, jutrzejszego posiedzenia, a wiem, że pan dysponuje kontaktem do rodziny, a muszę tam… muszę tam wysłać kuratora – oznajmił sędzia Nowiński.

– Oczywiście, panie sędzio, podam panu. Za chwilę prześlę esemesem, musimy się rozłączyć, żebym mógł znaleźć numer do pani Teresy, mamy Tomka, ale mam jedno pytanie… Nie pytam pana oczywiście jako sędziego składu orzekającego, bo wiem, że sąd zbierze się jutro, ale jako człowieka. Co by pan zrobił jako człowiek?

– Jako człowiek znam materiał i nie mam wątpliwości, ale co sąd jutro zrobi, nie mam zielonego pojęcia.

Słowa nie były już potrzebne. Podziękował za rozmowę. Trzydzieści sekund później kontakt do pani Teresy był już na wyświetlaczu jego telefonu, a kilka godzin później zadzwoniła do mnie mama Tomka:

– Panie Grzesiu, kurator była u nas, pytała, czy gdyby Tomek wyszedł jutro, to będzie się miał nim kto zaopiekować, jaka jest nasza sytuacja materialna, czy będzie miał gdzie spać. Fajna kobieta, ale strasznie dużo pyta. Myśli pan, że to dobry znak?

Miałem dobre przeczucie, jednak przed wydaniem postanowienia nie chciałem jeszcze nikogo o niczym zapewniać. Wizyta kuratora kilka chwil po zakończonej rozmowie z sędzią oznaczała jedno, Tomek wychodzi.

– Pani Teresko, to dobry znak, niech pani mi uwierzy, ale bądźmy cierpliwi, poczekajmy do jutra. Nic pani nie mogę obiecać. Wszystko wyjaśni się jutro.

To był długi dzień i jeszcze dłuższa noc. Następnego dnia z samego rana wóz satelitarny TVN 24 rozstawiony był już o siódmej rano przed zakładem karnym w Strzelinie, skąd Tomek miał być przewieziony do Sądu Okręgowego we Wrocławiu. Na miejscu bardzo fachowy dziennikarz Tomek Milde z wrocławskiego oddziału TVN 24. Kilka dni wcześniej rozmawiałem z nim o tym, jak medialnie będą zabezpieczać tę sprawę, ile wozów, ilu dziennikarzy, kto, gdzie. Około dziewiątej zadzwonił do mnie sprzed zakładu karnego w Strzelinie:

– Chyba Tomka tu nie ma, rozmawiałem z jakimiś klawiszami i mówili, że go wywieźli. Rzeczniczka prasowa też potwierdza, że Tomka u nich nie ma, ale nic więcej nie powie. Masz jakiś pomysł?

Oddzwoniłem do Tomka Milde za kilka minut.

– Z kimś rozmawiałem. Oczywiście oficjalnie nic nie potwierdza, ale wieczorem Tomek został przewieziony do aresztu śledczego we Wrocławiu na Świebodzką i do Strzelina nie wróci. Spakował rzeczy, jego papiery też wyjechały ze Strzelina do aresztu we Wrocławiu. Jeżeli dziś go wypuszczą, to na wolność wyjdzie przez bramy aresztu we Wrocławiu, bo ze Strzelinem się już pożegnał. Chyba nie masz tam co robić, ale może na wszelki wypadek zostań tam przez chwilę.

Dzień przed posiedzeniem sądu sędzia Nowiński wydał zarządzenie, aby w trybie pilnym przetransportować Tomasza z zakładu karnego w Strzelinie do aresztu śledczego przy ulicy Świebodzkiej, który przez ścianę sąsiaduje z gmachem sądu okręgowego, gdzie miało się odbyć posiedzenie. To w zasadzie oznaczało jedno. Wszyscy czekali tylko na posiedzenie sądu. Z samego rana byłem już w domu państwa Komendów. Mimo że do sądu mają zaledwie kilkaset metrów, zaproponowałem, że pojedziemy samochodem. Tak na wszelki wypadek, ponieważ wiedziałem, że wielu dziennikarzy będzie czekało gdzieś między sądem a ich domem. O dziwo, pod klatkę schodową kamienicy, w której mieszkają, nikt się nie pofatygował. Co innego w sądzie. Policjanci nawet nie sprawdzali ekip telewizyjnych, choć zwykle każą przepuszczać sprzęt przez urządzenie rentgenowskie. Trwałoby to pewnie do wieczora. Było kilkanaście ekip telewizyjnych, kilkunastu dziennikarzy radiowych i tyle samo prasowych oraz fotografów.

Z sali sądowej wyszła protokolantka:

– Do sprawy Tomasza Komendy.

Tłum dziennikarzy rzucił się w stronę sali. Z trudem udało się wejść rodzinie, która musiała się przepychać między kamerami, aby dostać się do środka. Ja ze swoją ekipą spokojnie czekałem. Weszliśmy jako jedni z ostatnich. Moją uwagę przykuł jeden, pewnie dla wielu nic nieznaczący szczegół. Tomasza wprowadzało dwóch policjantów. Po chwili usiadł na miejscu przeznaczonym dla oskarżonych. Funkcjonariusze usiedli po jego obu stronach, ale co dziwne, nikt nie zdjął mu kajdanek. Tomek w ogóle nie miał ich na rękach, co nie jest zgodne z procedurą. To był kolejny znak. Najpierw telefon od sędziego, później wizyta kuratora, teraz Tomek wprowadzony bez kajdanek. To mogło znaczyć tylko jedno, zaraz będzie wolnym człowiekiem. Sędzia Nowiński usiadł za stołem sędziowskim. Starszy mężczyzna, odkąd pamiętam, zawsze był przewodniczącym Wydziału Penitencjarnego. Niby mało ważna funkcja, ale tak naprawdę to w jego rękach spoczywał los setek osadzonych.

Chwila, na którą Tomek z rodziną czekali osiemnaście lat.

– Sąd Okręgowy we Wrocławiu Wydział V Penitencjarny postanowił nie udzielić Tomaszowi Komendzie przerwy w odbywaniu kary, ale…

Wszyscy zamarli, cała sala czekała na dalsze słowa. Na twarzach wielu osób pojawiły się łzy. Siedząca obok prokuratora Sobieskiego pani prokurator zakryła rękami twarz, pewnie po to, by nie zauważono jej wzruszenia. Nikt nie wiedział, co się dzieje. Tomek płakał. Sędzia Nowiński kontynuował:

– …z urzędu postanawia zwolnić Tomasza Komendę z odbycia reszty kary.

Sędzia Nowiński musiał uspokoić obecnych na sali dziennikarzy. Teraz już nikt nie krył łez wzruszenia, kilka osób zaczęło klaskać. To była ta chwila, na którą czekali wszyscy. Najważniejsze było to, że Tomek właśnie wychodzi na wolność.

Sędziego już chyba nikt nie słuchał, choć i jemu udzieliły się emocje:

– Ja rozumiem państwa emocje, bo i mnie się one udzielają. Już decyzję państwo znają… orzeczoną przez III Wydział Karny Sądu we Wrocławiu zmienioną wyrokiem Sądu Apelacyjnego we Wrocławiu, który to koniec kary przypada na dwunastego kwietnia dwa tysiące dwudziestego piątego roku, i na zasadzie artykułu osiemdziesiąt paragraf trzy postanawia warunkowo wyznaczyć okres próby w wymiarze dziesięciu lat, licząc od daty zwolnienia z jednostki penitencjarnej, i skazany już dzisiaj opuści jednostkę penitencjarną, i uda się do domu.

Sędzia jeszcze mówił, ale już nikt go nie słuchał. To rzadka chwila w życiu dziennikarza, kiedy może uczestniczyć w czymś takim.

Tomka Komendę poznałem dwanaście lat temu. Nie przypuszczałem, że nasze losy jeszcze się zbiegną. Zbiegły się, i to w takich okolicznościach. Dwanaście lat temu znałem dowody, przewertowałem kilkadziesiąt tomów akt, rozmawiałem z rodziną ofiary, rozmawiałem z Tomkiem. Mimo że już od kilku miesięcy wiedziałem, że jest niewinny, to jednak ta chwila była najważniejsza, wieńczyła kilkumiesięczną pracę zarówno moją, prokuratorów, jak i policjanta Remigiusza. On również był na sali, kiedy sędzia wypowiedział słowa: „Tomek dziś wróci do domu". Jego zapewne tak jak i mnie rozpierała duma. To była nasza sprawa. Jedna na milion. Ta jedyna. Nie tylko przywróciliśmy człowiekowi wolność, lecz także przywróciliśmy mu godność. Za chwilę Tomek miał się stać na powrót wolnym człowiekiem.

Przed wejściem, a raczej wyjściem z zakładu karnego przy ulicy Klęczkowskiej czekały tłumy dziennikarzy. Podjechały też dwa radiowozy i wysiadło z nich kilkunastu policjantów. Zaparkowaliśmy po przeciwnej stronie ulicy, na wprost wyjścia z więzienia. Podszedłem do dowódcy i zapytałem, czy możemy stanąć bliżej metalowych drzwi, przez które za chwilę wyjdzie Tomasz. Dowódca tylko zapytał, czy jesteśmy z rodziną i czy przyjechaliśmy po Tomka. Potwierdziłem. Poprosił, abyśmy stanęli jak najbliżej drzwi, a oni będą zabezpieczali wyjście. Funkcjonariusze ustawili się w szpaler, który ciągnął się od drzwi zakładu karnego po drzwi naszego samochodu. Dziennikarze stali za nimi. Co chwilę ktoś wchodził i wychodził. Każde otwarcie drzwi natychmiast powodowało włączenie zapisu w kamerach i flesze aparatów fotograficznych. W pewnym momencie z zakładu wyszedł mężczyzna postury Tomka, w białej kaszkietówce, takiej samej, jaką Tomasz trzymał w ręku na sali sądowej. Wszyscy rzucili się

za nim. Tylko uśmiechnąłem się, patrząc, jak tłum dziennikarzy po-
dąża za Bogu ducha winnym człowiekiem, który chyba w tym samym
momencie czuł, że zaraz dostanie zawału serca. Tylko Tomek Milde
nie pobiegł za mężczyzną, dostrzegł moją rozbawioną minę. Wszyscy dziennikarze wrócili z powrotem pod drzwi zakładu karnego.
My siedzieliśmy nadal w samochodzie, mama Tomka, ojciec, trzech
braci, realizator dźwięku i operator kamery, i zalewaliśmy się łzami
ze śmiechu. Szkoda było nam tamtego człowieka, którego wszyscy
wzięli za Tomka, rzucając się za nim jak za łowną zwierzyną. Spokojnie czekaliśmy w samochodzie, wiedząc, że Tomek w tym momencie
jest w dziale ewidencji, gdzie załatwia niezbędne do wyjścia formalności. Od tej pory wszyscy nas obserwowali. Wiedzieli, że jako jedyni
zostaniemy poinformowani z kilkuminutowym wyprzedzeniem, że
Tomek za chwilę przekroczy mury zakładu. Mijała kolejna godzina
od ogłoszenia wyroku przez sędziego Nowińskiego, a Tomka nie było
przed drzwiami. W pewnym momencie wrócili policjanci, którzy
znużeni oczekiwaniem na wyjście Tomka zrobili sobie przerwę. To
był jakiś znak. Podeszli pod drzwi zakładu karnego, szczelnie izolując
od nich operatorów kamer i fotografów. W tym samym momencie na
wyświetlaczu mojego telefonu pojawił się komunikat: „Za trzy minuty Tomek będzie przed drzwiami". Rodzice i bracia zbliżyli się do
wyjścia. Policja tylko ich dopuściła do tego miejsca, prosząc wszystkich pozostałych, by się odsunęli. Drzwi się uchyliły. Człowiek w białej kaszkietówce wychylił głowę. To był Tomek. Matka rzuciła mu się
w objęcia, podobnie jak ojciec i bracia. Policja z trudem oddzielała
dziennikarzy od Tomka i rodziców. Dziennikarze krzyczeli tylko: „Panie Tomku, proszę zostać z nami. Co pan czuje? Dlaczego nie chce pan
nic nam powiedzieć?". Drzwi naszego busa się zamknęły. Operatorzy
i fotografowie próbowali zrobić jeszcze jakieś zdjęcia przez okno, ale
bez powodzenia. Szyba, za którą siedział Tomek i jego rodzina, była
przyciemniona. Policja pomogła nam odjechać, tak żebyśmy nikogo
nie potrącili. I cisza, która trwała może kilka sekund. Potem płacz
i uściski. I tak przez kilkanaście minut. W końcu stanęliśmy na jakimś

parkingu, upewniając się, że nie jedzie za nami jakaś ekipa telewizyjna albo fotoreporterzy. Wysiedliśmy z samochodu. Tomek zapalił pierwszego normalnego papierosa, bo w zakładzie karnym raczej kupuje się tytoń i skręca szlugi. Nie zdążył się nawet zaciągnąć, gdy na jego szyi wisiał już Piotrek, najmłodszy z braci. Cały zapłakany. Nie mówił nic, ściskał Tomka i nie chciał się od niego odkleić. Tylko Tomek mówił:

– Nazywamy się Komenda i Klemańscy, a to do czegoś zobowiązuje. Ja się bałem o was, bo wiedziałem, że ja wytrzymam. Nie płacz.

Piotrek na chwilę wypuścił brata z objęć, po czym znów rzucił się mu na szyję. Kiedy go puścił, w objęcia Tomka, też cały zapłakany, rzucił się Krzysiek. Następny był ojciec. Wszyscy płakali, poza Tomkiem. On mówił tylko, że teraz świat należy do niego, że teraz wszystko się zmieni, że czas jest dla nich. Nie minęło pół godziny od jego wyjścia z zakładu karnego, a zupełnie obcy człowiek, który wsiadał do swojego białego BMW, już wiedział, że mężczyzna, który stoi obok niego, to Tomasz Komenda, uwolniony po osiemnastu latach i niesłusznie skazany za gwałt i morderstwo.

– Gratuluję, panie Tomku, wszyscy jesteśmy z panem, niech się pan trzyma. Niech pan im teraz dołoży.

Kilka sekund później obok nas przechodziły dwie dziewczyny. Na widok Tomka zatrzymały się na chwilę, jedna z nich z uśmiechem na ustach zapytała:

– To naprawdę pan? Gratulujemy! Mojego konkubenta też na siedem lat wsadzili za nic, teraz będzie miał siłę, żeby walczyć tak jak pan.

Jeszcze inny mężczyzna, który znalazł się koło nas, zapytał Tomka, czy może zrobić sobie z nim selfie. Tomek się zgodził, choć nie bardzo wiedział, o co chodzi, ale zdjęcie wyszło ładnie. Mężczyzna podziękował, pogratulował i życzył szczęścia.

Nie było z nami tylko jednej osoby z grona rodziny. Gerarda, najstarszego z braci. Po powitaniu przed zakładem karnym pobiegł do domu, gdzie była przygotowywana niespodzianka. Po około czterdziestu minutach od opuszczenia przez Tomka zakładu karnego byliśmy pod jego kamienicą, tą samą, z której osiemnaście lat temu siłą został wyciągnięty przez policjantów. Dziś nie było wozów policyjnych, które miały zabezpieczyć wyjście, gdyby Tomek miał uciekać. Wszyscy razem wyszliśmy z samochodu. Na podwórku było spokojnie. Żadnych kamer, żadnych fotoreporterów, sąsiadów, nikt specjalnie Tomka nie witał. Mama wyjęła klucze z torebki. Otworzyła bramę wejściową. Gerard, jego żona, dzieci, sąsiedzi, kilku dziennikarzy czekali w środku. Rodzina trzymała ogromny transparent. „Witamy Cię w domu". Wszyscy rzucili się Tomkowi w objęcia. Tomek wrócił do nich, do swojego domu po osiemnastu latach. Był marzec 2018 roku. Święto Trzech Króli już dawno minęło, ponoć wtedy rozbiera się choinkę, jednak na Tomka drzewko nadal czekało. Cała rodzina obiecała sobie, że je rozbiorą po jego powrocie do domu. To było dla nas wszystkich prawdziwe święto, choć wiedzieliśmy, że wszystko jeszcze przed nami. Przed Tomkiem. Wolny, ale nie uniewinniony. Minęło dopiero kilka godzin od wyjścia, ale w związku ze zobowiązaniami zawodowymi do mieszkania zaprosiłem operatora kamery i realizatora dźwięku. Kilka wozów satelitarnych stało na podwórku, gdzie zebrał się niewielki tłum. Za kilka minut mieliśmy mieć wejście na żywo w telewizji TVN. Tomek chciał powiedzieć całemu światu, że wyszedł z więzienia, po osiemnastu niesłusznie spędzonych tam latach. Zgodził się na rozmowę, pod warunkiem że będę osobą zadającą pytania. To zresztą był pierwszy mój program, który samodzielnie prowadziłem na żywo. Zdarzało mi się w takich uczestniczyć, ale zazwyczaj w roli eksperta, dziennikarza, który właśnie coś ujawnił, ale nigdy nie jako prowadzący. Był to dla mnie zaszczyt, ale także stres. W słuchawce usłyszałem, że za dwie minuty wchodzimy na antenę. Uprzedziłem Tomka i jego mamę. „Za minutę… Za trzydzieści sekund… Jesteście na wizji". Głos w słuchawce dał znać, że rozpoczął się program. Tomek nawet nie był speszony, może trochę zmęczony, ale emocje cały czas brały górę nad stresem, jakiego tego dnia doświadczył. Obok siedziała jego matka. Na jej twarzy rysowało się olbrzymie szczęście.

– Tomku, jak smakuje pierwsze pięć godzin wolności po osiemnastu latach w więzieniu?

– To jest po prostu rzecz nie do opisania. Po prostu nie dociera to do mnie, że jestem wolnym człowiekiem.

– Pięć godzin minęło, odkąd przeszedłeś przez bramę zakładu karnego. Jeszcze nie dotarło?

– Nie dotarło.

– A pierwsze wrażenia, to już jest inne miasto, inny Wrocław?

– Tak jakbym się narodził po raz kolejny. Po prostu wszystko od początku, ale najważniejsze, że mam osobę, którą bardzo kocham. – W tym momencie na oczach kilku milionów widzów Tomek objął mamę. – Bez niej po prostu by się nie udało.

– A coś cię zaskoczyło? Wrocław się zmienił?

– Zaskoczyło mnie to, że jestem, już minęło pięć godzin, a ja nadal jestem na czołówkach telewizji. To jest zaskakujące.

– Nie spodziewałeś się, że będzie tylu dziennikarzy, że tyle ekip telewizyjnych będzie relacjonowało posiedzenie sądu i twoje wyjście?

– Absolutnie się nie spodziewałem. Absolutnie. Najbardziej się cieszę z tego, że po osiemnastu latach po raz pierwszy na wolności mogę przytulić osobę, którą bardzo kocham.

Tym razem to mama objęła Tomka i pocałowała go w policzek. Ze wzruszeniem po cichu powiedziała tylko:

– Tomku, co ty.

– Tomku, a powiedz mi, bo muszę o to zapytać. Jak ty byłeś traktowany w więzieniu?

– Ja po prostu nie miałem życia, bo ludzie z takimi paragrafami, jak ja miałem, jakie mi prokuratura postawiła, a sąd mnie skazał, to ja myślałem, że już nie wyjdę, że mnie zabiją w kryminale.

– Znęcali się nad tobą? Bili cię?

– Tak, tak.

– A do kogo masz największy żal za to, co się stało?

– Do kogo? Jest taka jedna osoba, od której wszystko się zaczęło. To jest moja sąsiadka.

– A co sobie pomyślałeś, kiedy pierwszy raz cię zatrzymywano?

– Że to jest jakaś pomyłka, że ja zaraz wyjdę.

– A wiedziałeś, do jakiej sprawy w ogóle jesteś zatrzymywany?

– Nie, nie. Ja myślałem, że to jest zwykła pomyłka i że za chwilę opuszczę komendę wojewódzką. Niestety stało się inaczej.

– A wtedy, kiedy cię zatrzymywano, kiedy stawałeś na ławie oskarżonych, to jakie myśli ci towarzyszyły?

– Że zostanę uniewinniony, cały czas na to liczyłem. A zapadły wyroki skazujące mnie. Od samego początku mówiłem, że ja nie jestem osobą, która powinna siedzieć na ławie oskarżonych.

– A co pozwoliło ci przetrwać te osiemnaście lat?

– Rodzina. Przede wszystkim rodzina, że dawała mi wsparcie, i to było w tamtym momencie dla mnie najważniejsze.

– Byłeś gotowy odsiedzieć te dwadzieścia pięć lat.

– Ja nie powiem, że byłem gotowy, bo ja miałem próby samobójcze, nawet doszło do czegoś takiego, że ja wisiałem. Wisiałem, tylko mnie współosadzeni odcięli. Po prostu na tamtą chwilę nie był czas dla mnie, po prostu ja miałem jeszcze żyć, żeby doczekać tej chwili, która jest dzisiaj.

– Mama opowiadała nam, że krzyczała do ciebie. Kiedy dostała gryps, że chcesz się wieszać, to mówiła, że to nie będzie jedna trumna, tylko dwie, bo ona pójdzie za tobą.

– Bez mamy, bez rodziny to by się nie udało. Nie siedzielibyśmy tutaj, tylko raczej w innym miejscu. Wy siedzielibyście nad moim grobem.

– Proszę mi powiedzieć, przez te wszystkie lata wy nosiliście takie piętno... Że jesteście rodziną mordercy... I to się właśnie skończyło?

– No nie wiemy, czy się skończyło, jeszcze za wcześnie o tym mówić, ale tak było przez osiemnaście lat. Pluto nam pod nogi, wieszano nam na drzwiach zgnite mięso. Straszono nas, męża chciano nawet z drogi zrzucić.

– To dla was był koszmar?

– To było osiemnaście lat koszmaru, ale wytrzymaliśmy.

– Tomku, a powiedz mi, bo ty przez te kilka ostatnich tygodni wiedziałeś, że raczej wyjdziesz. Zastanawiałeś się, co dalej, nad jakimiś planami na przyszłość?

– Nie, na chwilę obecną żyję chwilą, która jest dzisiaj. Co będzie jutro, co będzie za miesiąc, nie wiem.

– To odkładasz na potem. Rozumiem, że teraz czas nacieszyć się rodziną. Mamą, ojcem, braćmi…

– Tak, chcę teraz pobyć z nimi, pobyć z rodziną.

– To pytanie, Tomku, do ciebie, ale i też do mamy. Czy wy dzisiaj będziecie mogli zasnąć spokojnie po tych osiemnastu latach?

– Tak, mamy w końcu całą rodzinę w komplecie. Tomuś ma swój pokój, położy się grzecznie spać, mam nadzieję.

– Czy Tomek będzie miał teraz choć trochę wolności od pani? Czy teraz to pani nie przygarnie go jak małe dziecko i nie zniewoli go swoją matczyną miłością?

– To już jest dorosły mężczyzna z bardzo mocnym charakterem. Kocham go nad życie, ale on może do mnie przyjść po poradę, może przyjść mnie zapytać, o co tylko będzie chciał, ale to jest jego życie.

– Tomku, nie boisz się teraz tego, co tam za oknem, nie za więziennymi kratami?

– Ja jestem gotowy na wolność. Na pewno nie może być gorzej, niż było przez te osiemnaście lat.

– Tomku, jeszcze raz dziękuję za rozmowę i gratuluję, bo ja też na ten dzień czekałem bardzo długo.

– Dziękuję.

Wszyscy czekali na ten moment, kiedy wreszcie skończy się oficjalny pierwszy dzień Tomka. Wozy satelitarne powoli odjeżdżały, z mieszkania wyszły już wszystkie osoby realizujące transmisję na żywo dla telewizji TVN. Zostaliśmy sami. Umówiliśmy się, że nie rozmawiamy o przeszłości, bo na to jeszcze przyjdzie czas, a póki co skupimy się na przyszłości. Poinformowałem profesora Ćwiąkalskiego, że Tomka mamy już w domu. Dodałem, że za kilka dni przyjedziemy do niego.

Wywiad
z sędzią Nowińskim

Kilka dni po tym, jak Tomek był już na wolności, zadzwoniłem do sędziego Nowińskiego. Tego samego, który jako przewodniczący Wydziału Penitencjarnego Sądu Okręgowego we Wrocławiu udzielił Tomkowi warunkowego przedterminowego zwolnienia. Nie ukrywałem, że bardzo zależy mi na rozmowie z nim, już po ogłoszeniu decyzji przez sąd, któremu jednoosobowo przewodniczył. Zgodził się i oznajmił, że oczywiście, komu jak komu, ale mnie wywiadu udzieli. Umówiliśmy się w jego gabinecie w budynku Sądu Okręgowego we Wrocławiu. Wcześniej zadzwoniłem do sędziego Poteralskiego, od lat piastującego urząd rzecznika tej instytucji, i poinformowałem go o tym, że zamierzam przeprowadzić wywiad z panem sędzią. Usłyszałem tylko, że nikt nie zabrania sędziom się wypowiadać, ale zazwyczaj nie zabierają oni głosu w sprawach, w których orzekają. Z sędzią Poteralskim też znałem się od lat, wielokrotnie nagrywaliśmy rozmowy przed kamerą. Zawsze uśmiechnięty i miły dla dziennikarzy. Rozmawia nawet wtedy, gdy wie, że wywiad nie będzie przyjemny i padną w nim zarzuty przeciwko sądowi.

Kiedy wszedłem na umówioną wizytę do sędziego Nowińskiego, w jego gabinecie siedzieli sędzia Poteralski i sędzia, którego wcześniej nie znałem. Ekipa rozstawiła sprzęt. Byliśmy gotowi do nagrania.

Sędzia zresztą również. Bardzo miły i elokwentny starszy pan, jednak musiałem zacząć od tego, co zaniepokoiło mnie w dniu, w którym decydował o losie Tomka.

– Panie sędzio, ja muszę przyznać, że byłem na pana bardzo wściekły, kiedy zaczął pan od słów: „Nie udzielam Tomaszowi Komendzie przerwy w odbywaniu kary". Wszystkim chciało się płakać, nawet nam, dziennikarzom, a dopiero po kilku sekundach powiedział pan: „Ale z urzędu postanawia zwolnić Tomasza Komendę z odbycia reszty kary". Dlaczego pan tak zrobił, skąd taka konstrukcja?

– Więc tak to wyglądało i stąd taka decyzja, że był wniosek z Prokuratury Krajowej, wniosek o udzielenie przerwy w odbywaniu kary. Ja ze sprawą się zapoznałem i nie było żadnych podstaw prawnych, żeby, prawda, a musiałem się do tej kwestii odnieść, dlatego odmówiłem udzielenia przerwy. I zauważyłem pełną konsternację na sali, tragiczną reakcję rodziny pana Tomasza Komendy i, co mnie jakoś tak tchnęło pierwszy raz w życiu, i od razu poinformowałem, że udzielam warunkowego przedterminowego zwolnienia na okres próbny lat dziesięć. To jest ten minimalny okres przy tego typu kwalifikacji. Decyzję podjąłem samodzielnie bez żadnego wpływu. Decyzja o jego przedterminowym zwolnieniu nie stwierdza ani jego winy, ani niewinności. Jak tylko doszły nowe okoliczności, że podstawa kryminalistyczna jest negatywna, bo nigdy nie przyznał się do winy, to w sytuacji, gdy są takie nowe materiały, to trzeba je rozpatrzyć. Tylko w sytuacji, gdy Tomasz Komenda przebywa na warunkowym przedterminowym zwolnieniu, to cały czas jest osobą skazaną i wyroku pierwszej czy drugiej instancji cały czas nie mogę komentować. Ale jako człowiek panu Komendzie życzę jak najlepiej, czemu dałem wyraz na sali, na tym posiedzeniu. I ja, podkreślam jeszcze raz, ja nie mogę wysuwać żadnych sugestii, czy materiały są takie, czy inne. Ja oczywiście materiały znam, ale to Sąd Najwyższy na posiedzeniu rozstrzygnie, czy sam zdecyduje o sprawie, czy może przekaże sprawę do sądu apelacyjnego, czy może do sądu pierwszej instancji. Ale też nie chcę spekulować, jaka będzie decyzja, bo mnie co do zasady nie można komentować wyroków, które zapadły, bo dla mnie jako dla sędziego sądu penitencjarnego wyroki, które zapadły, są wiążące. Ja bardzo często na posiedzeniach mam… Nawet nie ma posiedzenia, na którym nie byłoby, żeby jakiś skazany, który ubiega się o przerwę czy zwolnienie warunkowe, czy jakiś inny, składał wniosek, żeby nie podnosił, że on jest niewinny. Ale zawsze spoglądam do akt osobowych część A czy B i widzę ewidentne znęcanie się na przykład nad matką, wybijanie zębów, załatwianie potrzeb fizjologicznych tej osoby na nią. I tu jest sprawa jasna, ale taka sprawa, gdy chodzi o sprawstwo przestępstw seksualnych, to oni bardzo często podnoszą, że są niewinni, ale to z jednej strony jest taktyka, z drugiej strony to jest drugie życie. Subkultura, która jest w zakładach karnych, to oni innych nakręcają, że tak powiem kolokwialnie, do tego, żeby się nie przyznawać. I jak ktoś powtarza ileś razy, że nie ponosi winy, i powtarza to w kółko, to on sam w końcu nie wierzy w swoje sprawstwo, w swoją winę. Nie ma tygodnia, żeby osadzeni nie wypierali się swoich czynów, ale w przypadku pana Tomasza Komendy sytuacja była o tyle złożona, że on się cztery razy ubiegał o warunkowe przedterminowe zwolnienie i cztery razy była odmowa. Tu negatywną opinię kryminalistyczną wydała komisja penitencjarna, którą akceptuje dyrektor i przedkłada sądowi. I sąd oczywiście taką decyzję musi uwzględnić, ale może też skorygować, czy może zmienić, co się czasami zdarza. Ale biorąc w tym przypadku pod uwagę nie charakter przestępstwa, bo gwałt czy zabójstwo nie mogą przekreślać szans o ubieganie się o zwolnienie, ale okoliczności, w jakich to przestępstwo zostało popełnione, były na tyle drastyczne, że zapadł taki, a nie inny wyrok. Ale wracając do przypadku pana Tomasza Komendy, skazani za tego typu przestępstwa w zakładach karnych są szykanowani, choć sami o tym nie chcą mówić, choć nie wiem, dlaczego tak jest, czy im się jakoś to perswaduje, żeby o takich rzeczach nie mówili, bo oni takich faktów nie chcą zgłaszać, ale tak właśnie jest. Człowiek, w tym przypadku Tomasz Komenda, wyrwany z domu, z podwórka, który myślał, że zaraz wyjdzie, bo jest niewinny, a ciągle nie wychodził, zamknął się w sobie i o takich rzeczach nie mówił, choć zapewne był szykanowany, co go spotkało, tylko on sam o tym wie. Czytając jego akta, wiem, że on w dwa tysiące czwartym roku przeżył bardzo samobójstwo współosadzonego. Widać z akt z więzienia, że to była taka sytuacja, która nim bardzo wstrząsnęła. Kolejną sytuacją był pogrzeb babci, na który bardzo chciał jechać. To też było dla niego traumatyczne przeżycie, bo na konwój pojechał, ale konwój się spóźnił.

– A jak pan czyta te wszystkie jego akta, to był, nazwijmy to, grzecznym osadzonym czy sprawiał trudności?

– Miał drobne przewinienia, ale one na przykład polegały na tym, że mama miała przyjść na widzenie, choć szczegółów nie znam, i na dany dzień limit się wyczerpał, bo weszło sto osób, a ona była sto pierwsza i już wejść nie mogła. To tak się zdenerwował, że odmówił przyjmowania posiłków. I to jest w aktach, że to jest przewinienie dyscyplinarne.

– Czyli nazwijmy to: drobne przewinienie?

– Tak, drobne. Można powiedzieć, że jego zachowanie przez te wszystkie lata było wzorowe, o czym zresztą napisał ostatnio dyrektor zakładu karnego w opinii, ale też napisał, że się nie przyznaje, że jest bezkrytyczny w stosunku do czynu, który popełnił, dlatego zdaniem dyrektora opinia kryminalistyczna jest negatywna.

– Panie sędzio, ale kilka dni temu udzielił pan Tomkowi warunkowego przedterminowego zwolnienia, a stawał on już cztery razy na wokandzie o zwolnienie. Co się takiego zmieniło dziś? Bo wiem, że przesłanką do tego, żeby zwolnić osadzonego, jest to, że przyzna się do winy i wyrazi skruchę. Tomek nie przyznał się nigdy i nie przyznał się dziś, a pan go wypuścił na warunkowe przedterminowe zwolnienie?

– Niekoniecznie, bo w przypadku pana Tomasza Komendy przesłanką było podjęcie postępowania o wznowienie śledztwa przez Prokuraturę Krajową. Ja poprosiłem pana prokuratora Tomankiewicza, żeby naświetlił mi, o co chodzi, bo tylko z mediów dowiadywałem się, że pojawiają się liczne informacje, i to pięć dni przed posiedzeniem, że Tomasz Komenda w stu procentach jest niewinny, a ja ani sąd nie możemy się opierać się na doniesieniach medialnych. Pan prokurator odpisał mi, że do Sądu Najwyższego przygotowywany jest wniosek o wznowienie postępowania w sprawie Tomasza Komendy w związku z nowymi faktami, dowodami, jakie zaistniały, a wskazują one, że Tomasz Komenda jest bądź może być niewinny. I ja powtórzę jeszcze raz, że warunkowe przedterminowe zwolnienie nie oznacza, że jest niewinny czy winny, tylko że zaistniały przesłanki, że osoba może ubiegać się o takie zwolnienie. Ja muszę panu powiedzieć, że warunkowe przedterminowe zwolnienie, jeżeli chodzi o osoby, które dopuściły się przestępstw na tle seksualnym i zabójstwa, to takich się wypuszcza, ale dopiero pod sam koniec odbywania kary, po na przykład dwudziestu czterech czy dwudziestu czterech i pół roku odbywania kary, nie po to, by im darować, ale żeby mieć nad nimi dalej kontrolę. Jeżeli ma taki człowiek do odbycia dwadzieścia pięć lat, to ten rok czy pół mu się daruje, żeby mieć go pod dozorem kuratora czy policji, bo warunkowe zwolnienie daje się na jakiś okres, na przykład zwalnia się wcześniej, ale wyznacza dozór kuratora na przykład na trzy lata, żeby skazany nie przepadł jak kamień w wodę, a szczególnie jest to niebezpieczne, jeżeli chodzi o sprawców przestępstw seksualnych. Nie będę wymieniał nazwiska, bo nie mogę, ale chodziło o człowieka, który dopuścił się gwałtu na trzech, a w zasadzie na czterech małych chłopcach. Pedofil, który mówi mi: „Proszę sądu, ja wiem, że jak ja wyjdę, to będę robił to samo, bo ja to w sobie mam. Proszę mi załatwić kastrację chemiczną". Ale niestety takich możliwości nie ma, więc lepiej taką osobę wypuścić na warunkowe przedterminowe zwolnienie zaraz przed końcem kary, żeby mieć nad nim kontrolę kuratora czy policji, bo jak wyjdzie po całym wyroku, to przepadnie jak kamień w wodę i nie wiadomo, co będzie robić i gdzie.

– Panie sędzio, wrócę do sprawy Tomka Komendy, czuł pan presję? Presję medialną, na sali były dziesiątki dziennikarzy.

– Nie, choć tym byłem zaskoczony, ilu dziennikarzy było na sali sądowej. Presja oczywiście istnieje i tu nie ma wątpliwości, tylko sędzia profesjonalny jej nie ulegnie nigdy, choćby nie wiem co. Nawet według własnego sumienia co zrobić, kładąc się spać, czy zrobić tak, czy zrobić tak.

– A myślał pan w ten sposób, kładąc się spać przed tym dniem, kiedy miał pan wydać postanowienie w sprawie Tomasza Komendy?

– Nie, ja już miałem przygotowaną decyzję, choć oczywiście nikomu o tym nie mówiłem. Przyznam szczerze, że już *post factum* jeden z kolegów, żeby było jasne, niesędzia, powiedział, że trzeba było to do Sądu Najwyższego przesłać i poczekać, co on zrobi. Ja mu powiedziałem: „Ale wiesz, to mogłoby jeszcze zająć tydzień, może dwa, miesiąc". To mi odpowiedział: „No to by jeszcze sobie miesiąc posiedział". Trochę się wzburzyłem i powiedziałem mu: „No to jak to, przecież dla niego każdy dzień jest cenny". Zawsze opowiadałem aplikantom, studentom, że kiedyś, kilka lat temu, czytałem taki felieton dotyczący jednego sędziego angielskiego. Zastanawiał się przez cały dzień, czy wymierzyć oskarżonemu karę pięciu, czy ośmiu dni pozbawienia wolności. Pięciu czy ośmiu dni… I to jest taka refleksja, która się nasuwa. W zakładach karnych mówi się: rok nie wyrok, dwa lata dla brata. Przepraszam, że takich określeń używam, ale inna jest miara wolności u nas, inna w innych krajach, to zawsze jest kara pozbawienia wolności. Więzienie to nie sanatorium.

– Panie sędzio, chciałem zapytać się o jeszcze jedną rzecz, bo nie wierzę, że panu nie towarzyszyły emocje przy tej sprawie…

– Emocje mi towarzyszyły. Jak zobaczyłem reakcję rodziny skazanego, zwłaszcza mamy, to pierwszy raz w życiu aż mnie zatkało. To pierwszy raz w życiu zobaczyłem, choć nie powiem nazwiska, jak jeden z ważnych urzędników państwowych ocierał łzy rękawem togi. Prawie wszystkie kobiety, które były na sali, płakały i z taką sytuacją w życiu się jeszcze nie spotkałem, ale tutaj już nie mówię jako sędzia, tylko jako człowiek. Jako człowiek zresztą życzę panu Komendzie jak najlepiej. Osiemnaście lat pobytu w warunkach izolacji całkowicie człowieka zmienia. Kto ma do czynienia z osadzonymi, to widzi po ich ruchach, po ich zachowaniu, co oni przeszli, że byli w warunkach izolacji więziennej. I tu pomoc psychologa i innych specjalistów dla pana Tomasza będzie niezbędna, ale mam nadzieję, że to jest tak silny człowiek, który przetrzymał tyle lat, że bez żadnych problemów da sobie radę. I nie powinienem komentować, ale on miał wyjątkowego pecha, to był zbieg nieszczęśliwych okoliczności. On miał wyjątkowego pecha, ale obiecałem swoim przełożonym, że o samej sprawie Tomasza Komendy, w której został skazany, mówić nie będę.

– Ale zna pan akta całej sprawy?

– Znam, musiałem je poznać.

– To zapytam pana jako prawnika, a nie jako sędziego. Pan na podstawie tych materiałów, dowodów skazałby Tomasza Komendę?

– Panie redaktorze. Sąd pierwszej instancji, sąd drugiej instancji, Sąd Najwyższy. To będzie coś niesamowitego, jeżeli się okaże, że jest niewinny. Ja jako sędzia na tym etapie zakładam, że został skazany, ale jako człowiek życzę mu, żeby z tego wyszedł, żeby to wszystko zostało wyjaśnione. Mam nadzieję, że sprawa jak najszybciej się skończy, i mam nadzieję, że Sąd Najwyższy podejmie słuszną decyzję.

– A pan jako doktor nauk prawnych, gdyby zasiadał pan w Sądzie Najwyższym, to jaką decyzję by pan podjął?

– Pozwoli pan, że uchylę się od tego pytania. Rozmawiam z panem jako sędzia. Na pewno słuszną. Jaką? O tym zdecyduje Sąd Najwyższy.

– Obiecuję, że to już ostatnie pytanie. Zna pan doskonale akta. Tomek miał ciężko w zakładzie karnym?

– Nie zgłaszał do sądu żadnych skarg. To, że miał rodzinę, to pewnie dlatego przeżył. To, że miał rodzinę, to jemu pozwalało żyć. Żadne pieniądze mu tego nie zrekompensują. To jest coś strasznego. U nas robi się, co może, ale wie pan, trzy metry kwadratowe.

– To nie sanatorium.

– W Niemczech jest dziewięć, w Szwecji jedenaście, ale jak jest, to jest.

– Panie sędzio, bo sam pan przed chwilą powiedział, że ludzie popełniają błędy. To jakie błędy popełnił Tomasz Komenda?

– Powiedziałem, że popełniają, ale Tomasz Komenda miał wyjątkowego pecha.

– Myśli pan, że to tylko pech?

– Pech, może złośliwość ludzi, ale nie przesądzam, bo nie chcę oceniać materiału dowodowego.

– Ale czytał pan wniosek do Sądu Najwyższego o wznowienie postępowania bądź w ogóle uniewinnienie Tomasza Komendy?

– Tak, czytałem.

– Czy to według pana jako sędziego jest dokument, który potwierdza niewinność Komendy?

– Jest tam wiele elementów na to wskazujących, ale to Sąd Najwyższy rozstrzygnie. Na pewno potrzeba wnikliwego spojrzenia na tę sprawę, ale mówię to tylko jako sędzia, który zastosował tylko warunkowe przedterminowe zwolnienie.

– Panie sędzio, wróćmy jednak do mojego pierwszego pytania, dlaczego zaczął pan od negatywnej informacji: „Nie udzielam przerwy w odbywaniu kary”. Bo mógł pan zacząć od tego, że zwalnia pan warunkowo Tomasza Komendę, ale nie udziela mu przerwy w odbywaniu kary.

– Ale to było kilkanaście sekund.

– Panie sędzio, to było kilkanaście sekund, które kilka osób mogło przypłacić zawałem serca. Te kilkanaście sekund to dla niektórych była cała wieczność.

– Wiem, oczywiście mogłem odwrotnie to zrobić, ale wtedy nikt nie usłyszałby, że nie udzielam przerwy, bo warunkowe przedterminowe zwolnienie było lepszym rozstrzygnięciem.

– Panie sędzio, dużo nas to wszystkich kosztowało, te kilkanaście sekund.

– Mam nadzieję, że to ostatnia tego typu sprawa, gdzie będę musiał ważyć, co najpierw powiedzieć.

Z sędzią rozmawialiśmy jeszcze dłuższy czas. Wiedzieliśmy, że Tomek był niemal wzorowym osadzonym. Przez osiemnaście lat prawie dwadzieścia wyróżnień, tylko cztery nagany, i to też nie z jego winy, bowiem w odnotowanych sytuacjach jako jeden ze współosadzonych odpowiadał zbiorowo za to, co działo się pod celą. Nagrody w postaci dodatkowych widzeń i wokandy, na których stawał. Zawsze odmowne. „Nie twój czas i nie twój paragraf". Takie słowa miał słyszeć od podwładnych sędziego Nowińskiego, którzy cztery razy mówili, aby poszedł do celi i przemyślał swoje położenie. Piąta wokanda była jednak inna. Już wszyscy wiedzieli, że Tomek siedzi za kogoś innego i jest niewinny. Sędzia Nowiński też to wiedział. Przeczytał akta nie tylko sprawy miłoszyckiej, ale też sprawy Bożeny H., którą Tomek miał zgwałcić parę miesięcy wcześniej, zanim doszło do zbrodni w Miłoszycach. Dzięki niemu Tomek był już wolnym człowiekiem, choć jeszcze nie uniewinnionym.

– A czego by pan życzył Tomaszowi Komendzie?

– Życzyłbym mu, żeby odnalazł się i był taką osobą jak przed aresztowaniem. On tego nie zapomni. Gdyby nawet ponosił winę, to taki pobyt zmienia charakter. I życzę mu, żeby był sobą w tym dobrym znaczeniu tego słowa. Przekonany jestem, że rodzina mu pomoże, bo dawała przez czas jego pobytu w więzieniu tego wyraz. Przyznam, że ta sytuacja mnie wzruszyła. Pierwszy raz na sali sądowej miała miejsce taka sytuacja. Wszyscy płakali. Te emocje rodziny, płacz Tomka.

– Panie sędzio, bardzo dziękuję za rozmowę i mam nadzieję, że Sąd Najwyższy postawi kropkę nad i.

– Przekonany jestem.

– Panie sędzio, to już naprawdę ostatnie pytanie, ale muszę zadać je i panu. Zadałem je już wcześniej prokuratorowi Sobieskiemu. Po co ruszaliście tę sprawę, będzie niewygodna dla was, dla policji, ale dla sądów również. To sądy go skazały.

– Panie redaktorze, nie chcę tutaj być trywialny, ale absolutem dla każdego powinna być sprawiedliwość. I tak jak klasyk powiedział, lepiej dziewięciu winnych też uniewinnić aniżeli jednego spośród tych dziesięciu, ale niewinnego, skazać. I to jest to.

Przyjaciel gangster

Wieśka znałem od lat. Nie pamiętam dokładnie, w jakich okolicznościach się spotkaliśmy. Mieszkał wtedy pod Wrocławiem. Był już wolnym człowiekiem, po ośmiu latach odsiadki za zabójstwo. Krótki wyrok, ale chodziło o porachunki gangsterskie. Ktoś uprowadził mu dziecko, on kogoś zabił w biały dzień na ulicy Prostej we Wrocławiu, potem kogoś wsypał i chyba od tego zaczęła się nasza znajomość. Pamiętam, że bigos robił świetny. Sam zresztą się chwalił, że jest po szkole gastronomicznej i gotował nawet samemu Jaruzelskiemu, kiedy ten był we Wrocławiu. Gdzieś ćwiczył jakieś sztuki walki, gdzieś się bił, potem był ochroniarzem, a potem szefem gangu wrocławskiego, który zajmował się w zasadzie wszystkim. Od wymuszeń po rozboje. W grę wchodziła też prostytucja. Najbardziej uderzająca była szczerość. Mówił, żebym nigdy swojego dziecka nie prowadził na żadne karate czy kyokushin, bo tak się zaczyna przestępczość.

– Jak umiesz się bić, a ja napierdalałem wszystkich, to jesteś gościem. Wiesz, ja mam list żelazny z Niemiec. Jeździliśmy tam opierdalać jubilerów, jakieś banki, ale najlepsze były festiwale piwa, Octoberfest, czy jak się to tam nie nazywało. Kupa hajsu. Już po zakończeniu takiego octobera wchodziło się z gnatami i proste – mówiło się: „Dawać utarg", dawali, a było tego tyle siana, że się ledwo w worki mieściło. Potem przez granice te worki się taskało, ale to były inne czasy.

Wiesiek zawsze opowiadał, że skrupułów nie miał, przynajmniej w stosunku do Niemców.

– Ja to tylko robiłem w ramach reparacji wojennych, ile oni tego od nas wywieźli, to trzeba, żeby choć część wróciła z powrotem.

Zawsze opowiadał to z takim poczuciem humoru i z przekonaniem, że dobrze zrobił, że każda kolejna ekipa telewizyjna, która była ze mną u niego, kupowała takie opowieści. Jego przekonanie powodowało, że od razu stawał się przyjacielem wszystkich. Nawet kiedy opowiadał o tym, jak strzelał do ludzi, to robił to w tak szczególny sposób, że człowiek od razu miał poczucie, że w zasadzie to dobrze, że strzelał. Potem oczywiście dodawał, że to zwykłe łobuzy były, więc należało im się, czym jeszcze bardziej wzbudzał sympatię u słuchaczy. O swoich doświadczeniach napisał nawet i wydał pod pseudonimem Grek książkę *Byłem gangsterem. Prawdziwa historia*. Bardzo ciekawa lektura. Ile w niej fikcji, a ile prawdy, wie chyba tylko on. Pewne było, że znał bardzo dobrze prokuratora Stanisława O., tego samego, który wydał nakaz zatrzymania i tymczasowego aresztowania Tomasza Komendy. Jeżeli mu wierzyć, to bywał z nim często w agencji towarzyskiej przy ulicy Semaforowej we Wrocławiu, która – co wynika z akt różnych spraw – była miejscem często odwiedzanym przez policjantów, prokuratorów, adwokatów i gangsterów. Biznes ten prowadziła zresztą żona jednego z wrocławskich policjantów, który już w późniejszych latach miał sporo problemów z prawem.

Przez telefon zapytałem Wieśka, czy aby o tej sprawie, Tomasza Komendy, ma jakieś informacje, bo w zasadzie wiedział o wszystkim, co działo się we Wrocławiu na przełomie lat dziewięćdziesiątych i dwutysięcznych. Na odpowiedź nie musiałem długo czekać. Zapytałem, czy zgodziłby się na wywiad, anonimowo rzecz jasna. Zgodził się. Powiedziałem mu wprost, że znam znakomitego policjanta, który pracuje przy sprawie Tomasza Komendy, i chciałbym, aby spotkał się z nim i powiedział mu o tym, o czym za chwilę miał powiedzieć przed kamerą. Myślę nawet, że polubili się z Remigiuszem. Wiesiek kilka dni po ich spotkaniu siedział w pokoju w budynku Prokuratury Krajowej we Wrocławiu i już nie operacyjnie, ale na przysłowiowy papier mówił o tym, co miał do powiedzenia w sprawie Tomasza Komendy.

– To co wiesz o sprawie miłoszyckiej?

– W dwutysięcznym roku, to był okres wakacyjny, z tego, co pamiętam, siedziałem z prokuratorem Stasiem na wódce i on w trakcie rozmowy powiedział mi, że prowadzi tę sprawę. Chwilę rozmawialiśmy na ten temat i on mi powiedział, że to jest lipna sprawa, że on nie chce jej prowadzić i że ten chłopak, którego aresztował, jest niewinny.

– Tak ci powiedział? Że aresztował niewinnego człowieka?

– Tak powiedział. Powiedział, że jakiś policjant go o to poprosił. Ja wtedy zdębiałem i zapytałem go, że jak. On wtedy powiedział, że nie chce tego prowadzić, że da to jakiemuś innemu prokuratorowi, wymienił nazwisko innego prokuratora, też sporo o nim wiedziałem, bo Stasiu zawsze mówił, że to jego serdeczny przyjaciel i jemu przekaże tę sprawę. Powiedział wyraźnie, bo to pamiętam jak dziś, że ten człowiek jest niewinny, no i z tego, co on mówił, wiedzieli, kto jest winny. Pamiętam to na pewno, na sto procent mówię ci, że na pewno, mówił mi, że sprawa jest lipna i on jej nie chce prowadzić, i mówił na pewno. Podkreślę ci jeszcze raz, że na pewno mówił, że chłopak, który został aresztowany, na pewno nie jest sprawcą tej zbrodni, i to było na sto procent. Mówił, że może być w to zamieszany jakiś policjant albo jego syn, albo jakiś radny i syn tego radnego.

– Według ciebie prokurator z pełną świadomością wsadził na osiemnaście lat niewinną osobę?

– Mówił mi, że wie, że sprawa jest lipna i że ten chłopak jest niewinny. Tego jestem pewien, bo ja przyznam, że ja też zdębiałem, aczkolwiek wcale mnie to nie dziwi, bo wiele osób siedzi niewinnie.

– Byłeś wielokrotnie przesłuchiwany na okoliczność spraw korupcyjnych dotyczących prokuratorów, adwokatów, przestępców. A czy o tej sprawie wspomniałeś komuś? Że wiesz, że sprawa miłoszycka jest lipna?

256

– W dwa tysiące szóstym roku byłem przesłuchiwany w komendzie przez funkcjonariusza CBŚ, była przy tym obecna pani prokurator i mówiłem o tej sprawie, ale nie chciałbym, i to muszę bardzo mocno podkreślić, nie chciałbym, aby ktoś wyciągał z tego jakieś wnioski. Ja mówiłem o tylu sprawach, że nawet nie sądzę, żeby z tego ktoś zrobił jakieś notatki. Wtedy usłyszałem od funkcjonariusza, że ta sprawa jest zamknięta, że siedzi facet i nie ma co do niej wracać. Tylko pani prokurator otworzyła oczy i zaczęła dopytywać, ale co pan wie o tej sprawie, i powiedziałem to samo co tobie. Że Komenda został wsadzony, mimo że jest niewinny. I pamiętam jak dziś, że pani prokurator była zaskoczona tym, co mówię, ale policjant, który siedział naprzeciwko, skwitował to tak, że to jakieś bzdury, to nie tak, sprawa jest zamknięta. Ale żeby było jasne, ja o tylu rzeczach opowiadałem, że wcale się im nie dziwię, że machnęli na to ręką. Coś tylko ten funkcjonariusz powiedział, że tam jest DNA, tam są opinie, że tam wszystko jest jasne.

– Czyli rozumiem, że to było na zasadzie takiej, że tej sprawy nie ruszajmy?

– Dokładnie na takiej zasadzie. To tak wyglądało, jakby on machnął ręką, przecież ja gadam jakieś głupoty. Tyle że, jeszcze raz podkreślę, to jest bardzo porządny policjant i nie wyciągałbym zbyt pochopnych wniosków. Po prostu dla niego to była jedna z tysiąca spraw, o których mu mówiłem. Nie wiem, czy powstała z tego jakaś notatka, bo gdyby mieli robić notatki ze wszystkiego, co mówię, to nic by innego w życiu nie robili, jak tylko notatki z tego, co im mówię. Na pewno to mówiłem w dwa tysiące szóstym roku, bo wtedy zacząłem współpracować z organami ścigania.

– A spotkałeś się kiedyś z Tomkiem Komendą, bo sprawdziłem i siedzieliście w tym samym czasie w zakładzie karnym we Wrocławiu przy ulicy Klęczkowskiej?

– Dla niego na całe szczęście nie spotkaliśmy się. Powiem tylko tyle. Nikt z ludzi, którzy nie siedzieli w więzieniu, nie zrozumie, co ten człowiek przeżył. Powiem tak, ja byłem winny tego, co zrobiłem, i siedziałem słusznie.

– Za morderstwa.

– Tak, za morderstwa. Więzienie mi się należało, ale powiem tak, do dnia dzisiejszego nie potrafię sobie wyobrazić, co ten człowiek musiał przechodzić w więzieniu, bo ja wiem, co on przechodził w więzieniu. Potworny szacunek dla jego rodziny, potworny szacunek dla jego mamy, bo kiedy ja siedziałem, to też wszyscy mnie opuścili poza mamą, ale powiem ci, ja mam potworną wyobraźnię, bo wiele przeżyłem w zakładach karnych, ale nie wyobrażam sobie, jak ten człowiek przetrwał w zakładzie karnym. Powiem ci jeszcze raz. To, co on przeszedł w więzieniu, to on nigdy ci tego nie powie. I nikt z wolności nie dowie się, co on przechodził w więzieniu. Ja powiem ci tak. Gdyby on trafił do mnie pod celę, lekko by nie miał. Lekko by nie miał.

– To znaczy?

– Gdybym mógł i nie poniósłbym za to konsekwencji, tobym go z przyjemnością zabił. Gdybym dostał pod celę pedofila, mordercę dzieci, tobym go z czystą przyjemnością zabił. Bez mrugnięcia oka, bez wyrzutów sumienia. Powiem to uczciwie. Dziś, mimo że nie siedzę, zrobiłbym to samo z takim człowiekiem. Na pewno był bity, poniżany... Albo powiem jeszcze inaczej. Pedofil nie mógłby siedzieć ze mną, bo służba więzienna wiedziałaby, co z nim zrobię. Wiesz, opowiem ci zabawną historię, ale dla mnie, nie dla tego drugiego. Wywieźli mnie gdzieś na jakieś przesłuchanie i przyszedł młody klawisz. Zrobili tak zwaną przerzutkę i zabrali ode mnie więźnia i podrzucili mi innego. I zasady są takie w więzieniu. Wszedł on do mnie pod celę, się masz, się masz, za co siedzisz. On mi mówi, że za jakąś grupę. Miał to nieszczęście, że akurat tę grupę znałem, bo współpracowała z moją. Ale ja się go pytam, z jaką grupą, to on na jego nieszczęście zaczął się powoływać na moich kolegów i na mnie, że niby mnie zna, a ja siedziałem naprzeciwko niego i w życiu go nie widziałem. No to mu mówię: „Pokaż papiery, za co siedzisz", bo każdy musi je mieć pod celą. Każdy musi mieć dokument przy sobie. To wyjął papiery i zaczął się tłumaczyć, że to nie tak, że to nieporozumienie. Coś tam zaczął skomleć, zanim dostał po ryju.

– To był pedofil?

– Był.

– I co się z nim stało?

– Nie mogę ci powiedzieć, bo ty wszystko nagrywasz, a mi już nie chce się wracać do pudła, ale mogę ci przysiąc, że żyje.

– To paradoksalnie dobrze, że Tomek nie trafił do ciebie pod celę?

– Ja powiem ci tak. W pierdlu są myszy, szczury i karaluchy i one mają większe prawa niż ktoś taki jak on, skazany za pedofilię i morderstwo dziecka. I nie dziw mi się ani też klawiszom. Wszyscy mamy dzieci. To, co jeszcze raz ci powiem. Aż dziw, że on przeżył.

Wyrok w imieniu Rzeczypospolitej

15 maja 2018 roku srebrny volkswagen T5 podjechał na tył kamienicy przy ulicy Piłsudskiego we Wrocławiu. Zaraz za nim kolejny, granatowy. Oprócz zwykłych walizek nieśliśmy pokrowce, w których były garnitury. Samochody zapakowane były po sam dach. Z zupełnie innego punktu Wrocławia wyjeżdżał inny samochód. Niewielki, osobowy, a w nim trzech mężczyzn. Z Krakowa kolejny. Wszyscy zmierzaliśmy w to samo miejsce. Plac Krasińskich w Warszawie. Kolejnego dnia miało wydarzyć się coś wielkiego. Coś, na co Tomek czekał osiemnaście długich lat. Wprawdzie był już dwa miesiące na wolności, ale nadal obciążony zarzutami. Każdy się zastanawiał, co wydarzy się następnego dnia. Najspokojniejszy był chyba profesor Ćwiąkalski. Rozmawiałem z nim przez telefon i sprawiał wrażenie pewnego swojej intuicji. Ale tak naprawdę to możliwości były dwie. Albo następnego dnia Tomek wyjdzie z Sądu Najwyższego jako niewinny człowiek, albo sędziowie zawrócą sprawę do sądu okręgowego bądź apelacyjnego do ponownego rozpatrzenia. Jechaliśmy. Cztery przerwy na papierosa. I w końcu Warszawa. Tomek, aż trudno w to uwierzyć, nigdy tu nie był. Po zameldowaniu się w hotelu zabrałem go na przejażdżkę po stolicy. Podjechaliśmy na plac Krasińskich. Był środek nocy. Zaparkowaliśmy nieopodal zielonego gmachu. Wyszliśmy z samochodu.

– Wiesz, gdzie jesteśmy?

– To chyba Sąd Najwyższy.

– Dokładnie tak, za kilka godzin tu wrócimy.

– Czego się spodziewasz?

– Nie wiem sam, co mam myśleć.

– Jeżeli obiecam ci, że jutro wyjdziesz stąd jako wolny człowiek, to zrobisz coś dla mnie?

– To zależy co?

– Jeżeli jutro tu zakończy się twoja historia, to chciałbym, żebyś gdzieś ze mną pojechał.

– Wiem, co masz na myśli.

– Nie uważasz, że jej się to należy, żebyśmy razem położyli kwiaty na jej grobie i zapalili świeczkę?

– Grzesiu, nie jestem jeszcze na to gotowy. Może kiedyś. Nie teraz, nie w tym momencie, za dużo krzywdy spotkało mnie ze strony jej rodziców. Może kiedyś.

– Miłoszyce i to miejsce?

– Też nie teraz. Muszę do tego dojrzeć.

Kilka godzin później jechaliśmy do Sądu Najwyższego. Bus przejeżdżał kolejne skrzyżowanie w jeszcze niezakorkowanym mieście.

– Masz dowód osobisty? – zapytałem Tomka.

Nerwowo zaczął przeszukiwać wszystkie kieszenie swojego nowego garnituru. Bardzo ładny. Szary. Tomek wyglądał w nim naprawdę dobrze, ale dowodu w nim nie było. Chwila zastanowienia.

– Gdzie go masz? Jak chcesz zostać uniewinniony bez dowodu osobistego? Gdzie go masz?

– Gdzieś w pokoju, chyba w nerce. – Tomek też był mocno zdenerwowany.

Szybko z kieszeni wyjąłem telefon komórkowy.

– Panie profesorze, mamy mały problem. Tomek nie ma dowodu osobistego przy sobie. Jeżeli jest niezbędny, to mam drugi samochód, więc najwyżej go zawrócę – powiedziałem profesorowi Ćwiąkalskiemu.

– Niech go pan zawróci, raczej powinien go mieć.

Dwa miesiące czekaliśmy na ten dzień, a zapomniał o dowodzie osobistym. Niby nic wielkiego, ale Sąd Najwyższy musi kierować się pewnymi zasadami. To, że ktoś od kilku tygodni pojawia się w mediach, dla sądu wcale nie potwierdza jego tożsamości. Procedury, regulamin, zasady, przepisy. Wszystko musi się zgadzać.

– Ma jakikolwiek inny dokument ze zdjęciem? – zapytał Ćwiąkalski.

Tomek znów nerwowo zaczął przeglądać kieszenie, ale po dokumentach nie było śladu. Ledwie rozłączyłem się z profesorem Ćwiąkalskim, a już wybierałem numer telefonu do kierowcy drugiego busa, który przez całą dotychczasową drogę siedział nam na zderzaku. Była ósma trzydzieści. Do posiedzenia sądu została niecała godzina. Nie zdążą. Kolejne dwa miesiące przez brak plastikowego kartonika.

– Na najbliższym skrzyżowaniu zawracaj i zapierdalaj do hotelu po Tomka dowód. Tomek już dzwoni do Gerarda i wytłumaczy mu, gdzie jest dokument. Nie zwracaj uwagi na przepisy, biorę to na siebie, o godzinie dziewiątej dwadzieścia musicie być w sądzie. Mandaty ja płacę – oznajmiłem kierowcy, nieco poirytowany.

– Panie profesorze, Tomek nie ma żadnego dokumentu. Zawróciłem już kierowcę. Będzie problem, jeśli nie zdążą?

– Może nie, w końcu jestem jego pełnomocnikiem, więc potwierdzę, że on to on. Ale jakiś dokument by się przydał – usłyszałem już nieco spokojniejszy głos w słuchawce.

Na podziemnym parkingu, gdzie zostawiliśmy samochód, panowała cisza. Tylko parkingowy zapytał, na ile i do kiedy. Nie znaliśmy odpowiedzi. Pewnie na trzy, może cztery godziny, oznajmiłem miłemu człowiekowi w kurtce ochroniarskiej jakiejś firmy, której nazwy nie zdążyłem zapamiętać. Sto metrów do wyjścia schody, przeszklone drzwi i wejście do gmachu Sądu Najwyższego. Pytaniem otwartym pozostawało, gdzie są dziennikarze. Nie było ich. Byli trzej panowie, którzy przyjechali niewielką osobówką. Robert palił papierosa, Darek stał koło niego, podobnie jak Remik. Przywitaliśmy się. Ja też zapaliłem papierosa. Normalnie pali się jakieś cztery minuty, my wypaliliśmy w niecałe dwie.

– Jak obstawiacie? – zapytałem prokuratora Tomankiewicza.

Ze spokojem, jaki zawsze miał w sobie, odpowiedział, zaciągając się dymem:

– Panie redaktorze, niezbadane są wyroki losu, a co dopiero Sądu Najwyższego.

Weszliśmy do sądu. Bramka, wykrywacz metali, rentgen. Ochroniarz tyko zapytał, gdzie idziemy, na jaką sprawę. Oznajmiłem, że wszyscy na sprawę Komendy. Mężczyzna pobieżnie przeglądnął nasze rzeczy. Była dziewiąta. Do posiedzenia zostało jeszcze dwadzieścia minut, ale wszyscy już byli. Nie minęło trzydzieści sekund od chwili, kiedy Tomek wszedł do gmachu Sądu Najwyższego, a jego zdjęcia już krążyły po całym Internecie. Rozpętaliśmy burzę i wiedziałem, że teraz będziemy zbierać gromy. Dziewiąta dwadzieścia, dziesiąta, dziesiąta piętnaście, dziesiąta trzydzieści, ciągle nic, mimo że na dziewiątą dwadzieścia mieliśmy wyznaczony termin. Dziesiąta czterdzieści osiem, dziesiąta pięćdziesiąt siedem, nadal nikt nas nie prosił, protokolantka wychodziła tylko co jakiś czas i mówiła, że sprawa Tomasza Komendy nieco się opóźni. Sąd Najwyższy nieustannie debatował, a Tomek stał i czekał. Czekaliśmy wszyscy. Trudno mi ocenić, ale około pięćdziesięciu dziennikarzy chciało wejść na salę sądową i usłyszeć wyrok. Dowód osobisty dojechał. Ulga. Tomek będzie mógł wejść na salę.

Jedenasta.

– Do sprawy Tomasza Komendy.

Protokolantka zaprosiła na salę Tomasza i jego obrońcę. Po godzinie wyszli. Każdy myślał, że już po wszystkim. Tłum dziennikarzy rzucił się w stronę Tomasza. Profesor Ćwiąkalski oznajmił, że decyzja jeszcze nie zapadła. W końcu na korytarz wyszedł rzecznik prasowy

Sądu Najwyższego z informacją, że za dwie godziny w sali piętro wyżej zostanie odczytane postanowienie sądu. Dwie długie godziny dalszego czekania. Około czternastej weszliśmy do jednej z największych sal w Sądzie Najwyższym. W pierwszej ławie, przeznaczonej dla publiczności, zasiadła cała rodzina Tomka. W miejscu zarezerwowanym dla oskarżycieli prokurator Tomankiewicz i prokurator Sobieski, choć ich obecność nie miała takiego charakteru. Równie dobrze mogliby usiąść po drugiej stronie, którą zajęli Tomasz i jego obrońca.

Kiedy sędzia Sądu Najwyższego zapytał Tomasza Komendę, co ma do powiedzenia w sprawie wniosku prokuratorów, Tomek wstał z zamiarem udzielenia odpowiedzi, ale nie zdołał tego zrobić. Emocje były zbyt duże. Sędzia zapytał jeszcze, jak do wniosku odnosi się profesor Ćwiąkalski. Mecenas powiedział, że w całości popiera wniosek prokuratorów i prosi, aby sąd niezwłocznie zdecydował o niewinności Tomasza Komendy, ewentualnie wznowił sprawę i skierował do ponownego rozpatrzenia przez sąd niższej instancji. Profesor wziął od Tomka kartkę. Tomek przygotował ją z myślą o posiedzeniu Sądu Najwyższego, lecz nie zdołał z niej przeczytać ani jednego zdania. Zrobił to za niego obrońca.

Wysoki Sądzie,

na wstępie chciałbym po raz kolejny podziękować prokuratorom: panu Sobieskiemu i panu Tomankiewiczowi oraz policjantowi Remigiuszowi za to, że zajęli się moją sprawą i doprowadzili do tego, że znajduję się dzisiaj w Sądzie Najwyższym.

Dziś, po osiemnastu latach spędzonych w izolacji, dzięki ogromnej pracy osób wcześniej wymienionych, mogę udowodnić swoją niewinność. Bardzo współczuję rodzinie ofiary z powodu śmierci tak młodej dziewczyny, ale jak oświadczałem osiemnaście lat temu, to nie ja byłem sprawcą tej bestialskiej zbrodni.

Nie będę ukrywał, że ja również, przebywając w zakładach karnych, przeżyłem horror. Nie życzę najgorszemu wrogowi, aby musiał przechodzić przez takie samo piekło jak ja, które trwało sześć tysięcy pięćset czterdzieści dni.

Przetrwałem jedynie dzięki rodzinie: mamie, tacie, braciom oraz bratowej, która dzisiaj znajduje się na sali sądowej.

Gdy mnie aresztowano, miałem zaledwie dwadzieścia trzy lata, teraz mam lat czterdzieści dwa. Niesłusznie zabrano mi najlepszy czas życia. Nie pozwolono mi, abym założył rodzinę, abym spędzał z nią święta oraz abym razem z nią cieszył się normalnym, spokojnym życiem. Również nie miałem szans, aby się wyedukować.

Mam głęboką nadzieję, że osoby, które bezpośrednio przyczyniły się do mojego aresztowania i osadzenia, odpowiedzą osobiście za swoje celowe działania na moją niekorzyść, mam tu na myśli: panią Dorotę P., pana Bogusława R., pana Zbigniewa P., pana Stanisława O., pana Tomasza F., pana Michała K. Sprawiedliwości stanie się zadość, gdy po uczciwym śledztwie wszystkie osoby wyżej wymienione zasiądą na ławie oskarżonych.

Wczoraj minęły pierwsze dwa miesiące od czasu, kiedy opuściłem więzienne mury, i muszę powiedzieć, że spotykam się z bardzo miłą reakcją obcych mi ludzi. Chciałbym im wszystkim podziękować za wsparcie i dobre słowa otuchy, które są dla mnie bardzo ważne i dają siłę do życia.

Kończąc swoją krótką wypowiedź, chciałbym podzielić się z Wysokim Sądem pytaniem, które nurtuje mnie od osiemnastu lat: co ja zrobiłem

złego, że moje życie zostało zamienione w piekło. Chciałbym również podkreślić, że jestem
bardzo wdzięczny za to, że w Polsce nie ma kary
śmierci, w przeciwnym wypadku nie mógłbym udowodnić swojej niewinności, a osoby, które osiemnaście lat temu brutalnie wtargnęły do mojego
życia, przewracając je do góry nogami, nigdy nie
odpowiedziałyby za swoje czyny.

Mam ogromną nadzieję, że werdykt Sądu oczy-
ści mnie z zarzucanych mi czynów oraz że będę
mógł z powrotem od dzisiejszego dnia być wolnym człowiekiem.

Profesor Ćwiąkalski podszedł do stołu sędziowskiego i przekazał
pismo Tomka celem dołączenia go do akt sprawy.

Kiedyś wszystkie media domagały się dla niego bezwzględnej kary,
najlepiej kary śmierci, gdyby taka istniała. Dziś wszyscy trzymali za
Tomasza Komendę kciuki i wierzyli, że wyjdzie stąd jako wolny człowiek. Trzech mężczyzn w czarnych togach z fioletowymi żabotami
i lamówkami weszło w końcu na salę sądową. Wszyscy wstali. „Wyrok
w imieniu Rzeczypospolitej Polskiej", padło z ust jednego z sędziów.
Cała sala zamarła. „Niewinny". Krótkie słowo, które usłyszeli wszyscy,
i nie był to amerykański film. Tak właśnie kończyła się tragiczna historia okrutnej pomyłki całego systemu, policji, prokuratorów, sędziów.
Tomek nie był już tylko wolnym człowiekiem, był człowiekiem wolnym i oczyszczonym ze wszystkich zarzutów. Sędzia Sądu Najwyższego,
czytając uzasadnienie, nie miał wątpliwości, że siedzi przed nimi niewinny człowiek. Uzasadnienie nie pozostawiało żadnych złudzeń. Tomasz Komenda został skazany na podstawie szeregu błędnych opinii.

– Zebrany w toku postępowania prowadzonego przez Prokuraturę Krajową Wydział Zamiejscowy we Wrocławiu (syg. PK I WZ
Ds.43.2017) materiał dowodowy umożliwił przedstawienie innej

osobie zarzutu zgwałcenia ze szczególnym okrucieństwem i zabójstwa, z zamiarem ewentualnym, Małgorzaty K., a jednocześnie w sposób jednoznaczny i niebudzący wątpliwości wskazał, że Tomasz Komenda nie jest sprawcą czynu, za popełnienie którego został prawomocnie skazany – mówił do zgromadzonych na sali sędzia Sądu Najwyższego.

Powoływał się przy tym głównie na nieprecyzyjną, a wręcz błędną opinię, na podstawie której skazano Tomasza. Przywoływał nową, sporządzoną przez biegłych z Poznania opinię, która jednoznacznie wyklucza, aby to Tomasz Komenda gryzł dziewczynę, stwierdza natomiast, że z dużym prawdopodobieństwem zrobił to ustalony właśnie mężczyzna. Nie mówił jednak konkretnie, o jaką osobę chodzi. Nowa opinia była głównym dowodem dającym podstawę do wznowienia postępowania, a w konsekwencji do uniewinnienia Tomasza Komendy. Sędzia w swoim uzasadnieniu nie pozostawił też suchej nitki na ekspertyzie dotyczącej śladów DNA, które to rzekomo miał pozostawić na miejscu zbrodni Komenda.

– Czapka i włos bez wątpienia nie należały do niego, mimo że ktoś tak zdecydował osiemnaście lat temu – mówił sędzia Sądu Najwyższego.

Najmniej czasu poświęcił opinii z zakresu śladów osmologicznych, być może uznał, że nie miało to większego sensu; skoro Tomasza Komendy nie było na miejscu zbrodni, to w jaki sposób miałby pozostawić tam swój ślad zapachowy.

```
Zważywszy na to, że wywołane w podjętym przez
Prokuraturę Krajową Wydział Zamiejscowy we Wroc-
ławiu śledztwie opinia biegłych całkowicie zde-
precjonowała dowody będące podstawą skazania,
Sąd postanowił jak na początku.
```

Tomasz Komenda dzięki pracy kilku osób po osiemnastu latach został całkowicie oczyszczony z zarzutów. Byłem z niego ogromnie dumny. To było kilka trudnych miesięcy dla wszystkich, wiele łez, poświęceń, wyrzeczeń, wiele nieprzespanych nocy. Wiedzieliśmy, że było warto. Tomasz Komenda przestał być mordercą, gwałcicielem, pedofilem i bestią w ludzkiej skórze. Wstał z podniesioną głową z miejsca przeznaczonego dla oskarżonych. Zanim otoczyli go dziennikarze, zdążył jeszcze podejść do prokuratora Dariusza Sobieskiego i Roberta Tomankiewicza.

– Panowie jesteście moimi aniołami – tylko tyle zdążył powiedzieć, zanim wszyscy rzucili mu się w objęcia.

Cała rodzina wisiała na jego szyi. Jego anioł siedział jednak daleko, w przedostatnim rzędzie wielkiej sali Sądu Najwyższego. Podszedłem do Remika. Nic nie musieliśmy mówić. Podaliśmy sobie ręce. Podziękowałem mu. Powiedział tylko, że to nasza wspólna sprawa. Przez chwilę zastanawiałem się, czy aby naprawdę nie jest aniołem. Seminarium duchowne, skoki na spadochronach, wspinaczka wysokogórska, wszystko jakby bliżej Stwórcy. Szybko jednak przypomniałem sobie, że ma przy sobie broń, a anioły broni nie noszą. I nigdy nie udzielił mi odpowiedzi na jedno nurtujące mnie pytanie. I niech ono pozostanie naszą tajemnicą. Dziś wiem, że aniołem nie jest, anioły nie spadają na spadochronach, od tego mają skrzydła. Wiem tylko tyle, że jest dobrym i uczciwym człowiekiem.

Funkcjonariusz Remigiusz

W zasadzie to za wiele o nim nie wiadomo. Rocznik siedemdziesiąty szósty, ojciec trójki dzieci. Remigiusz najpierw był duchownym w seminarium, lecz księdzem nie został. Potem pracował w służbach specjalnych. Jak sam przyznaje, najlepsze lata swojego życia zawodowego spędził w straży granicznej. Skakał z kilku tysięcy metrów i uczył ratować ludzi jako instruktor ratownictwa z powietrza, wspinał się po górach, uczył też wspinaczki. Niski człowiek, niemal zawsze chodzący w czapce, bez względu na pogodę, skórzana kurtka i „dziadówka", przepasana wokół pasa torebka zwana ponoć nerką, z lewej strony coś wystającego spod kurtki. Mogłem się tylko domyśleć co, ale nigdy nie pytałem. Jest bardzo dumny z tego, że był w osobistej ochronie Dalajlamy podczas jego wizyty w Polsce. Opowiedział mi nawet o tym zabawną anegdotę związaną z wizytą duchownego u prezydenta Wrocławia. Zwyczajowo przy takich uroczystościach stoły są suto zastawione wyśmienitymi potrawami. Po krótkim przywitaniu goście zasiedli i rozpoczęli biesiadę. Mnich nie poczęstował się niczym, co stało na stołach, a poprosił jedynie o ryż i szklankę wody. Jakaż była konsternacja gości, którzy już zajadali się krewetkami, a jeszcze większa kucharza, który szybciej byłby w stanie przygotować pieczeń

269

z dziczyzny niż zwykły ryż. Ostatecznie zamówione danie znalazło się na stole, ale do końca posiłku wszyscy byli nieco zawstydzeni.

Remigiusza poznałem, kiedy po raz pierwszy byłem w Prokuraturze Krajowej w Oddziale Zamiejscowym we Wrocławiu. Przedstawił nas sobie prokurator Tomankiewicz. Remigiusz był w pokoju, kiedy rozmawiałem z prokuratorem o Ireneuszu M. Był też, kiedy pytałem prokuratorów, co z Tomkiem, był również, kiedy mówiłem im, że trzymają w więzieniu niewinnego człowieka. Remigiusz tylko słuchał. Wtedy jednak bardziej interesował mnie sam Ireneusz M., choć wiedziałem, że coś jest na rzeczy w sprawie Tomasza Komendy. Remigiusz wiedział tym bardziej, bo chcąc wyjaśnić sprawę morderstwa z Miłoszyc, wpadł na trop, dzięki któremu można było udowodnić, że Komenda jest niewinny. Kilka tygodni później, będąc w siedzibie Komendy Wojewódzkiej we Wrocławiu, znów spotkałem Remigiusza. Wypełniał jakieś papiery w pokoju, w którym rozmawiałem z funkcjonariuszami policji. Na chwilę zostaliśmy sami, bo czterech pozostałych musiało się zameldować u komendanta. Zacząłem wtedy dopytywać Remika o sprawę z Miłoszyc, wiedziałem bowiem, że nad nią pracuje. Opowiedział o nowych badaniach, jakie zleciła prokuratura, mówił, że DNA Tomka nie występuje na żadnych dowodach rzeczowych, a także, że ciągle czekają na jedną ekspertyzę, która ostatecznie rozwieje wątpliwości. Zaproponowałem mu wtedy, że wystąpię do jego przełożonych o formalną zgodę na nagranie wywiadu. Zgodził się.

Remik pracuje w Centralnym Biurze Śledczym w Wydziale do Spraw Zwalczania Przestępczości Narkotykowej. W związku ze sprawą miłoszycką został oddelegowany do Komendy Wojewódzkiej Policji we Wrocławiu. Mówiono mu, żeby dał sobie spokój i nie wracał do śledztwa, bo przecież ktoś siedzi i nie ma sensu rozdrapywać starych ran. Nie posłuchał. Kiedyś niezbyt poważnie zapytałem go, po co bierze się za tę sprawę, przecież może wyjść przy tym sporo nieprawidłowości, choćby to, że któryś z jego kolegów wsadził niewinnego człowieka. Remik nie potraktował mojego pytania jako żartu i w swoim

stylu odpowiedział coś, co słyszałem już wiele razy: „Siła i honor".
Takie wartości wyniósł z wojska.

Mariusza Ciarkę poznałem, kiedy był jeszcze rzecznikiem prasowym Komendanta Wojewódzkiego Policji w Krakowie. Kiedy musiałem uzyskać zgodę na rozmowę z Remikiem, aby ominąć wszystkich
niepotrzebnych pośredników, zadzwoniłem prosto do niego. Był już
wtedy rzecznikiem prasowym Komendanta Głównego Policji. Oczywiście wyraził zgodę, jednak z zastrzeżeniem, że jest to funkcjonariusz
operacyjny i nie możemy ujawnić jego wizerunku. Poprosił też, abym
skontaktował się z rzeczniczką prasową Centralnego Biura Śledczego.
Ona też nie widziała przeciwwskazań, ale powiedziała, że jest jeden
mały problem. Formalnie Remigiusz jest pracownikiem Komendy
Wojewódzkiej Policji we Wrocławiu, więc powinien uzyskać zgodę komendanta wojewódzkiego. Na nic się zdały tłumaczenia, że zgodę
w imieniu Komendanta Głównego Policji wydał już Mariusz Ciarka.
Pani rzecznik tylko westchnęła i powiedziała, że musi tak być, choćby
tylko dla przyzwoitości. Ostatecznie zgodę na rozmowę w imieniu komendanta wojewódzkiego uzyskałem od bezpośredniej przełożonej
Remika, naczelnik Wydziału Dochodzeniowo-Śledczego. Długo to
trwało, ale było warto.

To był pierwszy wywiad, jakiego udzielił funkcjonariusz operacyjny Centralnego Biura Śledczego oddelegowany do Komendy Wojewódzkiej Policji we Wrocławiu Remigiusz K.

– Panie Remigiuszu, miał pan znaleźć mordercę. I znalazł pan,
ale przy okazji odkrył pan również mroczną tajemnicę tej sprawy.

– Ta sprawa od początku wiązała się z jakąś tajemnicą, mroczną
sytuacją. Znałem ją tylko z mediów. W tej sprawie osobą podejrzewa-
ną był na przykład syn biznesmena, był Krzysztof K., był Ireneusz Ł. i tak naprawdę nie wyobrażałem sobie, dopóki nie zapoznałem się z aktami, że ta sprawa obierze zupełnie inny kierunek. Ona
w tamtym czasie, ponad dwadzieścia lat temu, zmierzała w zupełnie
złą stronę. Cały czas była mowa o zmowie milczenia, że ludzie ze wsi

Miłoszyce w jakiś sposób chronią sprawcę, z drugiej strony nie mieściło mi się w głowie, że normalni ludzie mogą chronić sprawcę, który zgwałcił i zamordował dziewczynkę. To jest takie przestępstwo, że jak dorośli, normalni ludzie, którzy wierzą w Boga, chodzą do kościoła, mają dzieci, mogliby chronić taką osobę? I niewiele się pomyliłem. Gdy zacząłem wertować akta.

– Przepraszam, że przerwę, ale dlaczego w ogóle zainteresował się pan sprawą? Przecież nie leżała w pana gestii, a na pewno nie miała nic wspólnego z przestępczością narkotykową. Chyba że się mylę?

– Ta sprawa była ogólnie bardzo znana w środowisku policyjnym, prokuratorskim i sędziowskim. Niosła ze sobą bardzo dużo emocji. Sam fakt, że została zamordowana i zgwałcona w tak brutalny sposób dziewczynka… Obok takiej sprawy nie da się przejść obojętnie. Ja o tym cały czas myślałem. Dla mnie dziwną rzeczą było, że do tej sprawy zatrzymany jest chłopak, Tomasz Komenda, dostaje wyrok dwudziestu pięciu lat pozbawienia wolności, zostaje skazany na podstawie trzech bardzo ważnych dowodów i tylko z doświadczenia policyjnego zastanawiało mnie to, dlaczego nie mówi, z kim to zrobił. Jak wiemy, Tomasz Komenda nigdy się do zbrodni nie przyznał i to budziło moją wątpliwość. No i faktycznie, po zapoznaniu się z materiałem procesowym z tamtych lat doszedłem do wniosku, że nawet gdybym nie wiem jak mocno tego chciał, Tomasz Komenda tam w ogóle nie pasował.

– Najpierw pan znalazł mordercę, a potem doszedł do wniosku, że Tomasz Komenda jest niewinny?

– Najpierw uzyskałem informację, kto może być drugim sprawcą, bo Tomek był już wtedy osądzony. Ta sprawa na tyle wpływała na mnie… Wiadomo, większość z nas ma dzieci i myślę, że każdy człowiek jakąś sytuacje porównuje, co by było, gdyby mnie to spotkało. Pamiętałem o tej sprawie, nie zapomniałem. Życie normalnie się toczyło, ale w jakiś sposób związałem się z nią, prywatnie związałem się z tym miejscem, bo od niedawna mieszkam w tamtych okolicach, i cały czas miałem tę sprawę z tyłu głowy. Pewnego dnia, trochę dzięki szczęściu, uzyskaliśmy informację o tym, kto może być niewykrytym sprawcą. Z drugiej strony Tomek został wskazany, że to on był tym Irkiem, który zabrał Małgosię z dyskoteki. Taki paradoks. Ale wyszliśmy z założenia, że jeżeli ta sprawa byłaby dla wielu bardzo niewygodna, to nie cofniemy się ani pół kroku. Spróbujemy to wszystko w jakiś sposób wyjaśnić i naprawić, i w konsultacji z naczelnikiem Prokuratury Krajowej Wydziału Zamiejscowego we Wrocławiu podjęliśmy tę sprawę ze wszystkimi tego konsekwencjami. Tak jak wtedy powiedzieliśmy sobie, wyjaśnimy ją do samego spodu, bez względu na to, kogo może dotknąć.

– Pana zdaniem będzie się dało tę sprawę wyjaśnić do samego końca? Znaleźć wszystkich sprawców, ale ukarać też winnych zaniedbań i przekroczenia uprawnień bądź niedopełnienia obowiązków?

– Na tym etapie nie jesteśmy w stanie jeszcze stwierdzić, w którym momencie nastąpiły rzeczy, które skierowały tę sprawę na taki tor, a nie inny. Wyjaśniamy to, dlaczego akurat Tomasz Komenda został zatrzymany. Myślę, że zrobimy wszystko, żeby to wyjaśnić do samego końca.

– Prywatnie związał się pan z tą sprawą?

– Prywatnie? W tej sprawie wyrządzono wiele krzywd. Prawdziwy sprawca nie został zatrzymany przez dwadzieścia lat, a wszystkie osoby związane z tą sprawą po kolei spotykało nieszczęście, spotykała krzywda. Przeciwko tym osobom odwróciła się cała lokalna społeczność, mimo że nic ze zbrodnią nie miały do czynienia. W tej sprawie jest bardzo wiele osób, które stały się ofiarami, a nie było sprawcy.

– Ofiarami pana kolegów z policji i wymiaru sprawiedliwości?

– Na tym etapie nie jestem jeszcze w stanie ocenić tego, kto konkretnie zawinił. Na pewno nie będziemy przymykać na to oczu.

– Proszę mi powiedzieć, jak to się stało, że domniemany sprawca, dziś zatrzymany Ireneusz M., który był już w przysłowiowym pierwszym tomie akt z tysiąc dziewięćset dziewięćdziesiątego siódmego roku, zniknął z nich? Prawdziwy sprawca, który jest w przysłowiowym pierwszym tomie, znika z akt sprawy. Prawdziwy morderca.

– Po analizie tego materiału procesowego, po dwóch, trzech miesiącach sprawa obiera zupełnie inny bieg. Bo nagle pojawia się człowiek, który przekierowuje tamten tok śledztwa na zupełnie inne tory, na syna biznesmena, i na tym wątku wówczas śledczy się skupili. Niepotrzebnie, bo to był fałszywy trop, ale trzeba było go sprawdzić. Nie wiem, czym kierowała się ta osoba, mówiąc, że syn biznesmena może być w to wplątany. Pewnie jak zwykle, zawiść, zazdrość, bo to była bardzo majętna rodzina. Myślę, że ta rodzina jako jedna z wielu w tej sprawie jest pokrzywdzona.

– Ale nie odpowiedział mi pan na pytanie, jak to możliwe, że zignorowano ten trop. Ten sam sprawca, którego dzisiaj zatrzymaliście…

– Nie potwierdziły się wtedy badania, które były prowadzone. Nie potwierdziło się jego DNA, wiadomo, że w latach tysiąc dziewięćset dziewięćdziesiąt sześć, tysiąc dziewięćset dziewięćdziesiąt siedem to był początek, przynajmniej w Polsce, nauki związanej ze śladami DNA. Wtedy stosowano metodę PolyMarker. Była to metoda niedoskonała, bo dawała duży procent zbieżności ewentualnych sprawców lub osób, do których te wyniki badań były porównywane, ale o tym to by musiał już pan rozmawiać z ekspertami. To dlatego Ireneusz M. wypadł szybko z kręgu podejrzeń. Jego DNA nie było zbieżne ze śladami zabezpieczonymi na miejscu, bo dziś badania wskazują zupełnie co innego. Nie wiem, dlaczego wtedy nikt nie zwrócił uwagi na to, że on mówił, że trzymał tam rower, że był związany z tym miejscem, że będą tam jego ślady, bo trzymał tam alkohol. Nikt też nie zwrócił wówczas uwagi na skarpetki, o których mówił, bo widzieć mógł je tylko morderca. On podczas swoich pierwszych przesłuchań wprowadził taki fortel, że on nie zaprzeczał, że w ogóle tam był. Czemu się tak stało, że został wykluczony w bardzo krótkim czasie?

– Czytałem te akta tak samo jak pan i trudno nie odnieść wrażenia, że on z nich zniknął, bo tak miało być, że ktoś go chronił. Jeżeli dziś, po dwudziestu latach analizujemy te akta, to wydaje się, że tak samo szybko, jak się w nich pojawił, tak szybko z nich zniknął.

– I to jest zagadka, nad którą też pracujemy.

– Może miało go nie być w tej sprawie, może w grę wchodził jakiś szantaż, jakiś wątek obyczajowy? Jego matka trudniła się przecież dość specyficznym zajęciem.

– Bierzemy to pod uwagę, ta sprawa jest na tyle zaskakująca, że nie da się przewidzieć, co się w niej jeszcze wydarzy. W toku tego postępowania były rzeczy, które nas tak zaskakiwały, że na początku nie dało się ich zrozumieć. Dopiero po pewnym czasie, analizując dogłębnie daną sytuację, wychodziliśmy z założenia, że widocznie tak było.

– Zna pan plotkę, że pod domem Ireneusza M. zatrzymywał się pociąg, choć nie ma tam stacji?

– Jest to informacja powszechnie znana w miejscowości, w której mieszkał Ireneusz M. i jego matka.

– Może to mieć jakiś związek ze sprawą?

– Pracujemy nad tym.

Niestety na obecnym etapie nie mogę wyjaśnić, o co chodziło z pociągiem zatrzymującym się pod domem Ireneusza M., ponieważ jest to wiedza operacyjna.

– Sprawca, można powiedzieć, był na wyciągnięcie ręki, dwadzieścia lat temu?

– Powiem tak, przeglądając materiały, nie mogliśmy uwierzyć, że Ireneusz M. w tak prosty, płytki sposób się wyślizgnął z tych akt.

– To zapytam pana jako wieloletniego policjanta: to jest niedbalstwo czy raczej może to świadczyć o czymś więcej?

– To może świadczyć o wszystkim, o niedbalstwie, o celowym działaniu, to może też świadczyć o zbiegu okoliczności, niefortunnych zdarzeń, czynności które podejmowali w tamtym czasie policjanci.

– Czy według pana Tomasz Komenda jest pechowcem?

– Czy Tomasz Komenda jest pechowcem? Pechowcem to on nie jest. On jest ofiarą systemu, tylko teraz badamy, czy to jest przypadek, fatalny zbieg okoliczności, że Tomasz Komenda został skazany na podstawie trzech dowodów, czy to jest działanie celowe.

– Które z tych trzech dowodów w dzisiejszym śledztwie już udało się obalić?

– Jesteśmy na takim etapie, że podważyliśmy już badania DNA, które wówczas wskazywały na Tomka. Przebadaliśmy jeszcze raz te wszystkie rzeczy. Nie ma tam śladu Tomasza Komendy. Nie ma go nigdzie, na żadnej rzeczy, która wówczas została zabezpieczona na miejscu zbrodni.

– Czyli coś, co kiedyś wskazywało na Tomka, dzisiaj, po dwudziestu latach, kiedy technika poszła do przodu, nijak nie świadczy o jego sprawstwie?

– Nie, nie ma go tam. Tomka tam nie ma. Nawet biorąc pod uwagę taki zwykły ludzki czynnik, wystarczy zapoznać się z tym, gdzie wtedy Tomek mieszkał, kim był, w jakim obracał się środowisku, to już powinno podsunąć wątpliwość, czy taki człowiek byłby w stanie coś takiego zrobić. Przede wszystkim w noc sylwestrową wsiąść do pociągu, autobusu, samochodu. Przecież on nawet nie miał prawa jazdy. Jak miał udać się do Miłoszyc? Jest to niemożliwe, a przynajmniej w tamtym czasie. I tu trzeba się zastanowić, dlaczego padło na Tomasza Komendę. Na razie nie wiemy, czy nastąpił fatalny błąd, fatalny zbieg okoliczności. Wyjaśnimy to.

– Były trzy niezbite dowody. Wnioski z tamtych opinii dotyczących DNA już udało się obalić, ale koronnym dowodem w tej sprawie miało być uzębienie Tomka, które wówczas pasowało do śladów zębów pozostawionych na ciele Małgosi. Czy ten dowód też już padł?

– Padł, biegli dziś jednoznacznie wypowiedzieli się, że to nie było uzębienie Tomasza Komendy.

– A co z dowodem zapachowym? Tak samo niedoskonały jak DNA i jak ślad po ugryzieniu?

– Jeżeli Tomasza Komendy tam nie było, to skąd się wziął zapach. Nawet nie chce mi się tego komentować.

– Spodziewał się pan takiego obrotu sprawy. Że szukając mordercy, znajdzie pan niewinnego człowieka, który już osiemnaście lat siedzi w więzieniu?

– Nie spodziewaliśmy się takiego obrotu sprawy, ponieważ nie mieściło nam się to w głowie, że ktoś zostaje skazany na dwadzieścia pięć lat pozbawienia wolności, podczas gdy teraz, w toku prowadzonego na nowo postępowania okazuje się, że jest osobą zupełnie niewinną i jego tam w ogóle nie było.

– Pamięta pan pierwsze spotkanie z Tomaszem Komendą?

– Tak. Pojechaliśmy po Tomasza Komendę, bo bardzo chciałem się z nim spotkać. Popatrzeć mu w oczy i zapytać, o co chodzi. Z kim był tam, czy był tam, choć wiedziałem, że nie, ale chciałem spytać. Podczas pobierania go z zakładu karnego w Strzelinie Tomek, widząc nas, podszedł i powiedział: „Panowie, czekałem na was osiemnaście lat". Wywarło to na mnie duże wrażenie. On wiedział, że my wiemy. Później zostały przeprowadzone czynności z jego udziałem, wszystkie badania, aby potwierdzić to, co i tak już wiedzieliśmy, ale trzeba było to zrobić. Wszystkie dzisiejsze opinie dały skutek negatywny. To nie on był mordercą Małgosi.

– Uwierzył pan temu człowiekowi, kiedy powiedział, że czekał na was osiemnaście lat?

– Każdy człowiek, każdy policjant, jeżeli podchodzi do drugiej osoby w sposób otwarty, wyczuwa coś. Wyczuwa, że ktoś może go kłamać. Wyczuwa, że ktoś może właśnie cierpi. W tym momencie, jeszcze bez dowodów, bo jeszcze nowe opinie nie były gotowe, kiedy pobieraliśmy go z zakładu karnego, czuło się, że chłopak jest ofiarą, a nie sprawcą.

– Jako punkt honoru obrał pan sobie, żeby wyciągnąć go z więzienia?

– Myślę, że każdy by to zrobił, gdyby wiedział, że niewinna osoba siedzi w więzieniu. Dla mnie to oczywiste. Każdy dobry człowiek powinien obrać sobie taki cel.

– Mówi pan: każdy dobry człowiek, a ja mógłbym wymienić panu nazwiska przynajmniej pięciu prokuratorów i taką samą liczbę policjantów. Nikt nie zauważył, albo nie chciał zauważyć, że Tomasz Komenda jest osobą niewinną. Na to potrzeba było osiemnastu lat?

– Panie redaktorze, ja myślę, że to jest kwestia empatii. Każdy policjant, który chce dobrze wykonywać swoją pracę, powinien umieć wczuć się w rolę ofiary, w rolę sprawcy, w rolę rodzica, siostry, brata i spojrzeć na daną sytuację z każdej perspektywy. Oczywiście nie wczujemy się w rolę psychopaty, ale w jakimś stopniu to daje jakiś ogląd danej sytuacji. I tak samo trzeba się wczuć w rolę osoby, która osiemnaście lat siedzi niewinna. Uważam, że strasznie dużo osób cierpi w tej sprawie. Zaczynając od mamy Tomka, która widziała, jak jej syn był skazywany, mimo że widziała go tego wieczoru śpiącego w pokoju obok. Wiedziała, że za taki czyn lekkiego życia w środowisku więziennym mieć nie będzie, ale wierzyła, kiedy przychodziła na rozprawy, że sprawiedliwości stanie się zadość. Niestety Temida jest ślepa.

– Pytał pan Tomka, dlaczego się przyznał?

– Tomek się przyznał, zresztą nie on jeden. Krzysztof też się przyznał i inne osoby. Miała być stosowana wobec niego przemoc, a Tomek był osobą, na którą można było wtedy wywrzeć określony wpływ. W tamtym czasie dużo młodych osób było przesłuchiwanych i wiele bało się tej sytuacji. Jest morderstwo, jest gwałt, tylko z takimi osobami trzeba też umieć rozmawiać, bo wiadomo, to byli młodzi ludzie… I jak policjanci wmawiają takiemu człowiekowi, że on mógł to zrobić…

– No musi pan przyznać, że pana koledzy się nie popisali?

– Nie wiem, jakim zachowaniem, jakimi kryteriami kierowali się wówczas policjanci. Co chcieli ugrać, co chcieli zrobić. Dla mnie są to rzeczy nie do pomyślenia. Jest mi ciężko zrozumieć, dlaczego tak to wtedy wyszło.

– A tak po ludzku nie trafia pana szlag, jak pan czyta te akta?

– Trafia. Trafia szlag.

Remik znał akta sprawy i wiedział, jak prowadzono śledztwo. Znał każdy protokół przesłuchania i choć w żadnym nie było zapisane, że dwadzieścia lat temu jego koledzy robili rzeczy, których robić nie powinni, to i tak było mu za nich wstyd. Oczekiwano od nich wykrycia sprawców bądź sprawcy, presja była tak duża, że ludzie ci gotowi byli łamać prawo, byle tylko ktoś odpowiedział za brutalną zbrodnię. Paść mogło na każdego. Po trzech latach od zabójstwa padło na Tomasza.

– Pana kolegom chyba już nie zależało na tym, kogo zatrzymają, byleby tylko mieć kozła ofiarnego?

– Ja panu powiem tak. Jest to dla mnie nie do pomyślenia, że jeżeli ktokolwiek tyle lat wiedział, że niewinny człowiek siedzi na podstawie tych działań, które wtedy były wykonywane… To po prostu nie mieści mi się w głowie… Jest to sytuacja, która przekracza wszystkie normy, wszelkie zasady, i uważam, że powinno się w stosunku do tych osób wyciągnąć konsekwencje.

– Tomek osobiście opowiadał panu, że był bity na komisariacie?

– Tak, opowiadał.

– Wierzył mu pan? Znam trochę to środowisko i większość osób przebywających w więzieniach mówi, że są niewinni, a przyznali się dlatego, że ich bili.

– Ciężko mi się do tego odnieść. Tak większość mówi, ale ja przy tym nie byłem i nie wiem.

– A kiedy pan się zaczął poważnie zastanawiać nad tą sprawą, że coś tu jest nie tak? Kiedy pan zaczął rozważać, że Tomasz Komenda jest osobą niewinną? Że siedzi osiemnaście lat za nic, za darmo, za kogoś?

– O tej sprawie słyszałem bardzo dawno. Kiedy pracowałem jeszcze w komendzie miejskiej policji i zajmowałem się przestępstwami przeciwko życiu i zdrowiu, gwałtami. W tamtym czasie zatrzymaliśmy sprawcę wielokrotnych gwałtów, który gwałcił na terenie Wrocławia przez piętnaście lat i był osobą nieuchwytną. Wielokrotnie myślałem, że może ta osoba była w Miłoszycach, ale nie była. Pozostała jednak taka myśl, że może warto wrócić do tej sprawy. Przez cały okres mojej służby pamiętałem o tej sprawie, myśli się o tym. Dla mnie bulwersujące było to, że nie wszyscy sprawcy zostali zatrzymani, a najdziwniejsze to, że skazany za to przestępstwo Tomasz Komenda nie wyjawił, z kim był, bo to jest sytuacja nienormalna. Gdyby Tomek Komenda był jakimś zawodowym bandytą, który siedzi za morderstwa, ma już wiele odsiedzianych wyroków, ale nie. To był człowiek, który wcześniej w życiu nigdy nie był legitymowany, nie miał styczności z policją, w tamtym czasie był przysłowiowym maminsynkiem, i on… Coś tu nie pasowało. W tamtym czasie alibi daje mu kilkanaście osób, wraz z rodzicami, i spędzał w domu w sylwestra. Wtedy sąd nie dał wiary tym osobom i to dziwne było, że Tomek Komenda, jeżeliby był sprawcą, nie wskazał innych osób, tylko wziął to wszystko na siebie i jak pokorne cielę poszedł na dwadzieścia pięć lat odsiadki. To jest sytuacja, która rzadko się zdarza. Zwłaszcza u takiego młodego chłopaka.

– Trzeba było kogoś skazać, bez względu na to, kim był? Trzeba było pochwalić się sukcesem?

– Myślę, że tak. Oddźwięk społeczny był taki. I nie dziwię się, że taki był, przecież została zgwałcona, pogryziona i zamordowana młoda dziewczyna. Tylko dlaczego szukano sprawcy na siłę. Dlaczego nikt nie usiadł nad tym w tamtym czasie i nie pomyślał w taki normalny, ludzki sposób. Nie wiem, nie potrafię tego wyjaśnić.

– Wiem, że zaczęliście od sprawdzenia ludzi, którzy po tej feralnej nocy dopuścili się przestępstw na tle seksualnym, a którzy byli na dyskotece. Dużo było takich osób?

– Wśród około stu pięćdziesięciu mężczyzn, bo zakładamy, że mniej więcej tylu było mężczyzn, kilku w późniejszym czasie było skazywanych za przestępstwa na tle seksualnym. Sprawdziliśmy ich. Wśród nich był Ireneusz M. Dostaliśmy taką informację, że to może być on, i na nim głównie się skupiliśmy. Sprawdziliśmy go dokładnie i okazało się, że odsiadywał wyroki za wiele gwałtów, i to ze szczególnym okrucieństwem. Wtedy nabraliśmy przekonania, że informacja, która do nas dotarła, była prawdziwa. Ściągnęliśmy akta tej sprawy i potwierdziło się to, o czym zostaliśmy poinformowani. Ireneusz M. był tam feralnej nocy. To byłby za duży zbieg okoliczności, żeby to nie był on.

– Ireneusz M. był potem wielokrotnie skazywany za inne gwałty z tamtych okolic. Prokuratura Rejonowa w Oławie jako pierwsza prowadziła sprawę gwałtu i morderstwa w Miłoszycach. Potem ta sama prokuratura kierowała kilka aktów oskarżenia przeciwko Ireneuszowi M.

w sprawie innych gwałtów. Dwadzieścia lat było potrzebnych, żeby połączyć pewne fakty.

– To nie jest pytanie do mnie. To jest pytanie do pani prokurator z Oławy.

– Szukać należało wśród przestępców, którzy popełnili podobne czyny. Pytam o pańskie doświadczenie. Pan połączyłby takie fakty? Aż trudno uwierzyć, że nikt tego nie skojarzył przez dwadzieścia lat.

– Myślę, że to jest kwestia indywidualna każdego człowieka, każdego policjanta, prokuratora. Są policjanci, są prokuratorzy, są lekarze, którzy wykonują swój zawód przysłowiowo od siódmej do piętnastej. Zamykają swój pokój, swoje przemyślenia, swoje wnioski w gabinecie i żyją sobie dalej, ale są też ludzie, którzy mimo że powracają do domów, do dzieci, do żon, myślą o tym. Cały czas, na okrągło. To nie jest żadna zdolność, to chyba charakter.

– To o której zamyka pan swój pokój w pracy?

– Nigdy nie zamykam, bo o swojej pracy cały czas myślę. Mój pokój to jest moja głowa.

– Wiem, że pan mieszka w okolicach Miłoszyc, i wiem, że ma pan dzieci. Nie obawiał się pan, że sprawca może być pana sąsiadem, że może grozić wam jakieś niebezpieczeństwo?

– Nie, tym się nie kierowałem. Dla mnie najgorsze było to, że została zgwałcona dziewczynka. I każdy policjant powinien odnosić to do swojej rodziny, co by było, gdyby mnie to spotkało. Co ja bym zrobił, gdyby coś takiego mnie spotkało? Ja wiem, co bym zrobił. Najgorsze jest to, że osoby, które to dotknęło, nie miały oparcia w organach ścigania, w instytucjach, które zostały do tego powołane.

– Tomek liczył na te organa, że może nie policja czy prokuratura, ale sąd stanie po jego stronie. Powierzył mu swoje życie.

– Tak.

– No to się przeliczył.

– Czy się przeliczył? Nie wiem, co mam na ten temat powiedzieć. Mnie się to po prostu nie mieści w głowie. Może gdyby Tomek Komenda podczas sprawy sądowej powiedział cokolwiek, myślę, że sąd nabrałby wątpliwości. A Tomek Komenda zastosował się do poleceń swojego adwokata, który mówił mu przez cały czas, żeby nie składał wyjaśnień i żeby nic nie mówił. I mimo że sprawa trwała, byli przesłuchiwani kolejni świadkowie, w tym ci z Miłoszyc, i żadna osoba go nie rozpoznała… Może gdyby coś powiedział, odezwał się… Może to przybrałoby inną formę.

– Pan ma przekonanie czy pewność, że Tomek Komenda jest niewinny?

– Intuicja mówi mi, że jest niewinny, dowody tylko to potwierdzą, czekamy na wszystkie opinie.

– Stajecie z prokuratorami przed trudnym zadaniem, kiedyś inni policjanci, inni prokuratorzy stwierdzili, że Tomek jest winny. Sąd pierwszej instancji skazał go na piętnaście lat, drugiej podwyższył wymiar kary. Jesteście w trudnej sytuacji. To będzie walka z całym systemem. Nie boi się pan?

– Jesteśmy w trudnej sytuacji, ale co najważniejsze, w sytuacji prawdziwej. Myślę, że dziś już nikomu nie będzie zależało na matactwie w tej sprawie, żeby coś nie wyszło na jaw. Po prostu trzeba wziąć to na garb i brnąć dalej.

– Ale sam pan wie, że będziecie musieli rozliczyć kilku, o ile nie kilkunastu policjantów, kilku prokuratorów, może sędziów, którzy ślepo zawierzyli w to, co przygotowała prokuratura.

– To już nie do mnie pytanie. Ja wiem, co mam robić. O to proszę pytać naczelnika, prokuratora Tomankiewicza.

– Na pewno będę pytał. Jak dzisiaj rozmawiacie z Tomkiem? Cały czas jest w zakładzie karnym… Ale o czym dziś rozmawiacie?

– Tomek cały czas dopytuje, na jakim etapie jest sprawa. Tomek niczego nie żąda. On przez ten cały czas był pokorny. Nauczył się z tym żyć. Najgorsze to będzie teraz, żeby nauczył się normalnie żyć. To nie będzie dla niego łatwe. Mam nadzieję, że niedługo prokurator skieruje do Sądu Najwyższego wniosek o wznowienie jego sprawy, a Sąd Najwyższy przychyli się do jego wniosku i Tomek wyjdzie, a wtedy będzie musiał nauczyć się żyć od początku.

– Rozbudziliście w nim nadzieję. Nie obawia się pan, że może się to źle dla niego skończyć? Co będzie, jeżeli okaże się, że sąd nie jest tak pewny jak wy, że nie wyjdzie z więzienia?

– Wierzę, że dobro zwycięży. Kiedyś takie mądre powiedzenie słyszałem, że jeśli dobry człowiek widzi zło i nic nie zrobi, to popełnia grzech.

– To proszę mi powiedzieć, jakie grzechy popełnili policjanci, którzy wsadzili Tomka?

– Na dzień dzisiejszy jest za wcześnie, żeby o tym mówić.

– A pana koledzy z policji? Popełnili wiele grzechów?

– Nic nigdy nie jest czarne ani nic nigdy nie jest białe, ale nie mnie to oceniać. My teraz znamy jedną stronę, kiedy poznamy drugą, to będziemy mogli stwierdzić, jak to było w rzeczywistości.

– Był pan na ekshumacji Małgosi?

– Byłem.

– Rodzice Małgosi jeszcze nie wiedzą, że Tomek jest niewinny. Będzie pan potrafił im to powiedzieć? Dla nich to też będzie ogromne przeżycie.

– Myślę, że rodzice Małgosi tyle się nacierpieli, tyle walczyli z bezsilnością, żeby zatrzymać sprawców. Myślę, że oni przeszli już wszystko, a zwłaszcza śmierć dziecka. Coś gorszego spotkać ich już nie może.

– A zastanawiał się pan, jak im to powiedzieć, ktoś przecież będzie musiał.

– Powiemy to razem z prokuratorem. Ta sprawa cały czas niesie ludzkie tragedie. Trzeba będzie im to powiedzieć.

– To ile jeszcze ta sprawa kryje tajemnic?

– Jak ją zakończymy, to dopiero się dowiemy, bo na każdym etapie, każdego wątku wychodzą różne dziwne rzeczy, których nawet się nie spodziewaliśmy. Ona kryje jeszcze wiele tajemnic.

– Tomasz Komenda jest niewinny?

– Szukamy. Mamy domniemanego sprawcę, cały czas szukamy ewentualnych sprawców bądź osób, które mogły się do zbrodni przyczynić, pomóc mu. Zrobimy wszystko, żeby znaleźć winnych. Jeżeli będziemy mieli znaleźć kogoś na drugim końcu świata, to go znajdziemy.

– Punkt honoru?

– Punkt honoru.

– To jest ta sprawa? To jest ta jedna, która zdarza się każdemu policjantowi tylko raz?

– To jest ta sprawa i obrałem sobie za punkt honoru, żeby wyjaśnić ją do końca ze wszystkimi konsekwencjami dla mnie bądź dla innych. Nie cofnę się przed niczym i każdemu policjantowi powinno na tym zależeć.

– Łapał się pan za głowę, kiedy czytał pan te akta, które leżą przed panem?

– Tak. Łapałem się.

– Tyle w nich nieprawidłowości, bałaganu, a może wręcz działań niezgodnych z prawem?

– Czas pokaże. Nie wiem dziś, czy to jest bałagan, czy to jest celowe działanie. Czy to niechlujstwo, niedbalstwo… Ostatnią rzeczą, jaka przychodzi mi do głowy, jest to, że ktoś celowo coś chciał ukryć w tej sprawie. Tu chodzi o śmierć dziecka. Nie cofniemy się przed niczym, żeby wyjaśnić jej okoliczności do końca.

– Jest pan pewny?

– Póki żyję, póki jestem, to mogę to panu obiecać.

Kilka miesięcy po tej rozmowie spotkaliśmy się z Remikiem w Warszawie. Przyjechał z prokuratorem Dariuszem Sobieskim i prokuratorem Robertem Tomankiewiczem. Ireneusz M., podejrzany o morderstwo Małgorzaty K., kolejny miesiąc siedział zamknięty w celi w areszcie śledczym we Wrocławiu. Tomasz miał na sobie szary garnitur i jasną koszulę. Eleganckie buty. Razem z całą rodziną weszliśmy do gmachu Sądu Najwyższego w Warszawie. Na godzinę dziewiątą dwadzieścia wyznaczone było posiedzenie w sprawie wznowienia postępowania w sprawie Tomasza Komendy. Tomek już nie w asyście konwojujących go policjantów, ale najbliższych przyjechał do stolicy. Każdy z nas z niecierpliwością oczekiwał na to, co za chwilę powie sąd. Remik wszedł na salę wypełnioną telewizyjnymi kamerami. Nikt nie zwrócił na niego uwagi, bo nikt nie wiedział, kim jest człowiek w garniturze, który usiadł w przedostatnim rzędzie na sali rozpraw. „Dziadówki" już przy sobie nie miał. Nic też nie wystawało z lewej strony znad paska. Patrząc na siebie, obydwaj niemal w tym samym momencie unieśliśmy prawą rękę. Sędziów jeszcze nie było na sali, jednak werdyktu już się domyślaliśmy. Innej możliwości nie było. Tomek był wolny, ale jeszcze nie uniewinniony. Pewne jednak było, że do zakładu karnego nie wróci.

Werdykt obiegł wszystkie media. Dziesiątki kamer i aparatów, operatorów i fotografów zarejestrowało moment, w którym Tomasz Komenda usłyszał: „Niewinny".

Wywiad z Tomkiem

Tomek był już oczyszczony ze wszystkich zarzutów, które na nim ciążyły. Widziałem, jak z dumą wychodzi z Sądu Najwyższego. Po osiemnastu latach spędzonych w celi mógł wreszcie wykrzyczeć: „To przez nich siedziałem". Wymienił wszystkie osoby, przez które znalazł się w więzieniu. Dorota P., Zbigniew P., Bogusław R., Stanisław O., Tomasz F., i Michał K. Kilkoro poznałem osobiście, rozmawiałem z niektórymi, ale nie ze wszystkimi. Zbigniew P. gdzieś jest, kiedyś go znajdę i będę chciał z nim porozmawiać, z panem R. jestem umówiony na spotkanie, choć pewnie wiele nie powie. Stanisław O. udzielił mi obszernego wywiadu, też jest niewinny. Prokurator Tomasz F. mówi, że chciałby porozmawiać, ale nie może, bo naraziłby się na zarzuty ujawnienia tajemnicy śledztwa. Z imienia i nazwiska rozmawia ze mną Tomasz Komenda. To była nasza druga rozmowa. Po pierwszej, transmitowanej na żywo, wszyscy pytali, dlaczego w tle widać choinkę. Był marzec, a drzewko ciągle stało w mieszkaniu Komendów. Otóż czekała na Tomka. Zaraz po wywiadzie rozbierał ją z całą swoją rodziną.

To była moja trzecia choinka, którą w tym roku rozbierałem. Pierwsza w domu, druga w prokuraturze, trzecia u państwa Komendów. Święta Wielkiejnocy jeszcze nie nadeszły, a obiecałem Tomaszowi i jego matce, że wróci na święcenie jajek. Był w domu już miesiąc wcześniej. Kiedy rozmawialiśmy, choinka nadal za nami stała. To była dwudziesta czwarta godzina Tomka na wolności.

– Tomku, jak się skończyła wczoraj impreza?

– Skończyła się o godzinie drugiej, wypiłem cztery browary i poszedłem grzecznie spać.

– Nie wychodziłeś nigdzie?

– Nie. Cały dzień spędziłem wczoraj z rodziną.

– Na wolności jesteś od wczoraj.

– Jeszcze doba nie minęła i dalej to do mnie nie dociera. Jeszcze we mnie jest adrenalina, ta pozytywna. Najważniejsze, że jestem tutaj, że kiedy otwieram oczy, nie widzę tych krat w oknach. I to jest najpiękniejsze.

– Co robiłeś dzisiaj?

– W szoku jestem, jak reagują na mnie ludzie, nie znając mnie. Podchodzą do mnie, gratulacje mi składają, że wytrzymałem to wszystko. Po prostu podchodzą i wytykają mnie palcami, ale w pozytywnym tego słowa znaczeniu.

– To miłe, co cię spotyka na ulicy?

– Jasne, po prostu rosnę, a myślałem, że nie ogarnę tego wszystkiego. Ci ludzie pomagają mi w jakimś stopniu i to jest bardzo miłe.

– Dzisiejsza noc była tą pierwszą spokojną nocą?

– Czy była spokojna, szczerze? Byłem pod wpływem alkoholu, to szybko usnąłem, więc nie wiem.

– To gdzie się lepiej śpi?

– Głupie pytanie. No oczywiście, że w domu. Czysta pościel, miękkie łóżko, no masakra. Gdyby ktoś dwa dni przespał się na pryczy więziennej, toby mnie zrozumiał, o co mi chodzi.

– Ja nigdy nie spałem na pryczy więziennej, więc opowiedz mi, jaka jest różnica.

– Po prostu wstaje się i człowiek jest cały połamany, bo te materace, które tam są, to Stalina widziały, brudne, robaki chodzą po nich, tego się nie da opisać. Szok.

– O której był apel w zakładzie karnym?

– O siódmej rano. Poranny.

– Mama dzisiaj apel też zrobiła?

– Nie, bo sam o szóstej rano wstałem. Już myślałem, że mam wstawać do apelu, ale całe szczęście nie musiałem.

– A kiedy się obudziłeś, to wiedziałeś, gdzie jesteś?

– Tak, oczywiście. Otworzyłem oczy i było dobrze. To nie był sen.

– Wczoraj powiedziałeś mi słowa, które zapamiętałem. Powiedziałeś, że jesteś gotowy na wolność. Co miałeś na myśli?

– I mogę to powtórzyć dzisiaj. Nie ma rzeczy, nie ma dziś osoby, która podkładałaby mi kłody pod nogi. Gratulują mi ludzie, nawet ci obcy, nic nie jest w stanie przeszkodzić mi, żebym się cieszył wolnością. Dziś mogę podnieść wysoko głowę i iść naprzód.

– Wiesz, że twoja sprawa od dwóch dni porusza wszystkich, pewnie wiele osób płakało, oglądając to, co się wczoraj wydarzyło, twoje wyjście na wolność.

– Oglądam telewizję, więc zdaję sobie z tego sprawę. Tylko dla ludzi to jest liczba, osiemnaście lat, dla mnie to jest sześć tysięcy pięćset czterdzieści dni. To jest pół mojego życia. Mam lat czterdzieści dwa, a zostałem aresztowany, jak miałem dwadzieścia trzy.

– A któryś z tych sześciu tysięcy pięciuset czterdziestu dni będziesz jakoś szczególnie pamiętał?

– Tak, oczywiście.

– A możesz powiedzieć?

– Tak, oczywiście, to był piętnasty marzec dwa tysiące osiemnastego, godzina czternasta czterdzieści pięć. To był najpiękniejszy dzień mojego osiemnastoletniego pobytu w więzieniu. To było prawie dokładnie dwadzieścia cztery godziny temu, jak wychodziłem z więzienia przez bramę. To był ten jeden jedyny piękny dzień w zakładzie karnym, kiedy go opuszczałem. I ten dzień zapamiętam do końca swojego życia.

– Ile razy starałeś się o warunkowe przedterminowe zwolnienie?

– Pisałem cztery razy i za każdym razem, choć mogłem siedem razy stawać na wokandzie, ale po czwartej, kiedy usłyszałem, że takich zbrodniarzy jak ja nie powinno się wypuszczać na wolność i że dwadzieścia pięć lat za to, co zrobiłem, to za mało, bo powinienem dostać dożywocie, to już stwierdziłem, że to nie ma sensu. Powiem szczerze, że jak to słyszałem, jak sędzia mówił, że nigdy nie powinienem opuścić tych murów, to mi się odechciewało wszystkiego. Postanowiłem, że przetrwam te dwadzieścia pięć lat. Ja za każdym z tych czterech razy, jak szedłem, to miałem nadzieję, a może teraz, i za każdym razem, że tak powiem, byłem ważony, jakby sprawa zaczynała się od początku. To po tym czwartym razie już mi się odechciało. Odpuściłem sobie, bo wiedziałem, że to nie ma sensu.

– Dziś wszyscy, z sędzią włącznie, się wzruszyli. Ale gdzie byli ci wszyscy ludzie, kiedy prosiłeś nie tyle o warunkowe zwolnienie, ile o przerwę, żebyś mógł pojechać do domu na Wigilię, na chrzciny córki brata, na pogrzeb babci?

– Na pogrzebie byłem pod eskortą czterech z bronią, i to jeszcze celowo spóźnili się na pogrzeb. Nie widzieli takich podstaw, bo nikt nie traktował mnie jak człowieka. Głową się muru nie rozbije i chyba nie ma o czym rozmawiać.

– Ale nie uważasz, że trzeba teraz rozliczyć kogoś za twoje osiemnaście lat?

– I na to przyjdzie czas.

– A jakie miałeś zainteresowania w zakładzie karnym?

– Jedno, grałem na konsoli. Nic więcej mnie nie interesowało, tylko i wyłącznie konsola, kabarety i widzenia z rodziną.

– To w jaką grę teraz jesteś najlepszy?

– W Fifę Czternaście.

– Grałeś już z bratem?

– Dzisiaj będzie mecz.

– Jesteś pewny, że go ograsz?

– Oczywiście.

– Tomku, wiem, że to nie najprzyjemniejsze pytania, ale muszę sięgnąć do historii, do tego, co było osiemnaście lat temu. Pamiętasz te dni, kiedy zostałeś zatrzymany?

– Co pamiętam? Koszmar, rozpacz, myślałem, że to jest już mój koniec.

– Wyprowadzali cię z tego mieszkania, w którym teraz jesteśmy?

– Tak, tu zostałem położony na glebę, powykręcali mnie i złożyli w chińskie osiem, założyli kajdany i wyprowadzili jak najgorszego przestępcę. A dzisiaj, po osiemnastu latach, okazało się, że to nie ja, że nie mnie wtedy trzeba było skuwać w kajdany. Ja teraz tylko czekam, aż mnie oczyszczą z zarzutów, co się niebawem stanie. Gdyby sędzia inaczej myślał, to jestem pewien, że wczoraj nie puściłby mnie do domu.

– Ale przez osiemnaście lat nikt cię nie wypuścił, mimo że starałeś się parę razy wyjść na przedterminowe warunkowe zwolnienie.

– Tyle że ja nie byłem na półotworku, tylko na zamku.

– Wytłumacz.

– Byłem dwadzieścia trzy godziny pod kluczem, tylko jedna godzina to był spacer. Dwadzieścia trzy godziny na ośmiometrowej celi w cztery osoby. A półotworek to jest wtedy, kiedy złodzieje, znaczy osadzeni, od dwunastej do osiemnastej mogą sobie chodzić po całym pawilonie.

– Zaprzyjaźniłeś się z kimś w zakładzie karnym?

– Tak, jest jedna osoba, która mi bardzo dużo pomogła, ale nie chcę o niej mówić. Siedzi dalej, jest sam, ale on jest winny.

– Które chwile były najgorsze, te na początku czy te teraz? Od pół roku wiedziałeś, że coś się dzieje w twojej sprawie, że może teraz prawda ujrzy światło dzienne? Że zaraz wyjdziesz?

– Chyba teraz, te pół roku. Bo już światełko się zapaliło. Przez siedemnaście lat łapałem za klamkę, ale te drzwi się nie otwierały. Prawie pół rok temu chwyciłem za klamkę i te drzwi się otworzyły, a po drugiej stronie tych drzwi stał pan Remigiusz. I ten człowiek dał mi wiarę w to, że w tym kraju jest jeszcze sprawiedliwość. Powiedział mi wprost: „Udowodnimy, chłopie, że jesteś niewinny, tylko daj mi trochę czasu". I dziś siedzę przed panem w domu.

– A przez te siedemnaście, osiemnaście lat rozmawiałeś ze współosadzonymi? Wiedzieli, za co siedzisz?

– Nie, nigdy nikomu nie mówiłem, ale na początku wszyscy wiedzieli, bo sprawa była bardzo głośna medialnie, prasa się rozpisywała, wszędzie w telewizji o tym było, ale po jakimś roku, jak wszystko ucichło, odnalazłem się wśród tych najgorszych przestępców. Ale jeżeli powiedziałbym, za co siedzę, to nie miałbym życia, więc wymyśliłem sobie, że zabiłem sąsiada, więc miałem ciszę i spokój.

– Wymyśliłeś sobie, rozumiem, inną historię?

– Dokładnie tak. I musiałem kontrolować, czy w prasie nic się nie ukazuje. I tak przetrwałem.

– A ile lat trwała ta gehenna, ta początkowa, kiedy wiedzieli, za co siedzisz?

– Byłem postrzegany jako pedofil, i to nie tylko przez osadzonych. Ale również przez wychowawcę, oddziałowych. Wszyscy dawali mi znać, że wiedzą, pluli w moją stronę, tak żebym tylko ja to widział. A ja musiałem się z tym godzić. Oni pluli i zamykali furtkę, a ja tylko odwracałem głowę. Przez osiemnaście lat przez siedem byłem na ochronkach, żeby nic mi się nie stało, bo wtedy dyrektor miałby problemy, a tak poza tym, to byłem na ogólnych pawilonach.

– Ale pilnowali cię, żeby nic ci się nie stało?

– Wręcz przeciwnie. Kiedy mnie bili, to wszyscy odwracali głowę. Tak jak powiedziałem, tacy jak ja nie mieli życia w zakładzie karnym. W tamtych czasach tak było. Dzisiaj nawet tacy grypsują, bo mają pomoc, kasę. Kiedyś, kiedy ja trafiłem do zakładu, były jakieś zasady, skazany za to co ja nie mógł grypsować, skazany za to co ja był śmieciem, karaluchy się lepiej traktowało, ale czasy się zmieniły. Kiedyś taki, jak kto nie nauczył się zasad, musiał pić płukankę, miał wyparzankę.

– Możesz wytłumaczyć?

– Były dwa rodzaje płukanek, pierwsza to sól, sama chemia, i trzeba było to pić. Żywnościówka to jest litr takiego kubka, w niej jest sól, pieprz, ogromna ilość, i musiałem to wypić, bo na przykład zrobiłeś jakiś błąd. Za to na przykład, że się nie wypucowałeś, to znaczy, że nie powiedziałeś współosadzonym, że idziesz do toalety. Wtedy robili ci babola i musiałeś to wypić. Żeby po prostu, żeby nauczyć cię, że tak nie można.

– Taki kodeks więzienny?

– Dokładnie tak. A taka wyparzanka to było tak, że jak stanąłeś gołą nogą na kafelce, to grzali czajnik wody, wrzątek i lali ci na nogi. To była wyparzanka. Żebyś wiedział. To miała być nauczka. I w tamtych latach to było strasznie przestrzegane, złodziej nie miał prawa dotknąć furty, a tym bardziej wejść do oddziałowego na dyżurkę. Ale to się zmieniło. Teraz złodziej to z oddziałowym pije kawę na dyżurce. Jest inaczej niż kiedyś. Jak cholera jest korupcja w więzieniach. Masz kasę, żyjesz, nie masz, jesteś jak szczur.

– A pamiętasz swój najgorszy dzień w zakładzie karnym?

– Tak, ale nie jestem gotowy, żeby teraz o tym rozmawiać. Nie, jeszcze nie teraz.

– Jesteście w kilku pod jedną celą, przez długi czas. Nawiązują się między wami jakieś więzi, przyjaźnie?

– Musimy się dogadywać, nie ma innego wyjścia. Musieliśmy tak żyć, bo tak nas osadziła administracja.

– Zgrzyty?

– Były, były nawet bójki. Samookaleczenia, żeby iść pod inną celę. Nie czas, aby o tym rozmawiać. Za wcześnie.

– A o czym rozmawiałeś z mamą, kiedy przychodziła na widzenia?

– Nie mówiłem jej, co się dzieje w więzieniu. Zawsze mówiłem jej, że ma mieć głowę wysoko podniesioną do góry i że musimy iść dalej. Wiedziałem, że dam radę, bałem się o nich, o mamę, tatę, braci. Miałem tysiąc myśli na minutę, miałem tysiąc myśli, żeby się odpalić, skończyć z sobą, ale nie mogłem. Było naprawdę ciężko. Ciężko to jest za małe słowo. Trzy razy próbowałem skończyć ze sobą. Dwa razy prawie się udało, ale miałem ich. Może dlatego wciąż żyję.

– Pytałem cię już, ale zapytam jeszcze raz. Kiedy wszedł na salę widzeń Remigiusz, to o czym wtedy myślałeś, że chce coś od ciebie wyciągnąć, że masz zeznawać o korupcji w zakładzie karnym? Coś ci powiedział, po co przyjechał?

– Powiedział mi tylko tyle: „Chłopie, ty tu nie powinieneś siedzieć. Ty zostałeś w to wrobiony". I wtedy uwierzyłem w sprawiedliwość.

– A służba więzienna, dzielnicowy, wychowawca? Oni ci wierzyli?

– Nikt mi nie wierzył do samego końca. Wszyscy mówili, że będę siedział do samego końca i mam zapomnieć o warunkowym zwolnieniu, z takimi paragrafami siedzi się do samego końca.

– A jak cię teraz przewozili z zakładu karnego w Strzelinie do Wrocławia?

– To wszyscy stali na baczność. Wszyscy stali na baczność. To było w trybie natychmiastowym. Zaraz po śniadaniu miałem trzy minuty, żeby się spakować.

– A kiedy ci uwierzyli? Bo przecież ty siedziałeś, ale o twojej sprawie było już głośno jakiś miesiąc wcześniej. Sam zresztą byłem przed zakładem karnym w Strzelinie z twoją mamą. Jeszcze przed twoim wyjściem pod zakładem karnym rozstawiły się wozy satelitarne. Były transmisje na żywo, że ty tam, a mama przed zakładem karnym.

– Dopiero jak prokuratura wypowiadała się w tej sprawie, to mi zaczęli wierzyć, ale tylko połowa więźniów. Powiem tak, w kryminale nie ma litości, jesteś sam i sam musisz sobie radzić z problemami. Nikt nie cieszy się, kiedy ty jesteś szczęśliwy. Codziennie musisz przyjmować krytykę, prosić, błagać. Nie wiem, czy wiesz, co znaczy słowo poniżanie, bo ja byłem codziennie poniżany. Nie miałem żadnych praw. Kiedy szedłem na widzenie, musiałem rozbierać się do naga, bo twierdzili, że z widzeń przynoszę narkotyki. Jak wracałem, to było to samo, choć wiedzieli, że żadnych narkotyków nie przynoszę, ale chodziło o to, żeby mnie poniżyć. Kiedyś wychowawca przyszedł do mnie i powiedział, że go podałem do prokuratury, że przyjmuje łapówki. Ja mu mówiłem: „Panie wychowawco, to jest nieprawda. Nigdy niczego takiego nie mówiłem...". Na trzy miesiące oddzielili mnie od kolegi, z którym akurat się zaprzyjaźniłem. Po trzech miesiącach okazało się, że to nieprawda, że na nikogo nie donosiłem. I dopóki nie opuściłem Strzelina, nie usłyszałem słowa przepraszam.

– Jak cię przewieźli ze Strzelina do Wrocławia? Pamiętasz te kilka godzin przed wyjściem? Rozmawiałeś z kimś o tym, co się z tobą właśnie dzieje? Ktoś ci uwierzył, że zaraz wyjdziesz, że jednak jesteś niewinny?

– Nie, mówili tylko, że jest jakiś krok w przód i jest szansa, że wyjdę na przerwę w odbywaniu kary. O niewinności nikt nie mówił. Mówili, że tylko jutro sąd przyjdzie i będzie myślał, czy mnie wypuścić na przerwę. To było strasznie piękne, ale całą noc nie spałem. Myślałem, co będzie ze mną. Czy sąd mnie wypuści, czy będę dalej musiał siedzieć…

– A rano? To przejście z budynku aresztu do sądu?

– Siedziałem w sieczkarniku przez godzinę, zanim poszedłem na salę sądową.

– Co to jest sieczkarnik?

– To jest takie miejsce, w którym są osadzeni, żeby iść na sprawę. Taka poczekalnia.

– Rozmawiałeś wtedy z kimś?

– Nie. Byłem tylko ja i moje myśli. Co będzie? Co się stanie? Ja i moje myśli. To było kilka chwil mojej prawdy. Albo wyjdę, albo siedzę dalej. To były moje chwile. Nikt nie chciałby ich przeżywać.

– A kiedy już przekroczyłeś próg sali, zauważyłeś, ile osób tam jest, ile kamer, ilu dziennikarzy?

– Nie, powiedział mi to mecenas, że wszyscy na mnie patrzą i że jest to transmitowane chyba na żywo. Zapytał, czy się zgadzam, czy ma prosić o wyłączenie jawności. Powiedziałem, że muszą być, bo tego bardzo potrzebuję, mimo że ich nie widziałem, choć dziś wiem, że było bardzo dużo dziennikarzy. Powiedziałem mu, mimo że ich nie widziałem, że chcę, aby byli, że nie mam nic do ukrycia.

– A wiesz, kto siedział w pierwszym rzędzie?

– Nie.

– Nie zwróciłeś uwagi?

– Nie, bo byłem zamroczony.

– Mama, tata, bracia, wszyscy tam byli. Nie widziałeś ich?

– Nie, nie widziałem ich, byłem wyłączony, byłem tylko ja i sąd. Niczego innego nie widziałem.

– Nie widziałeś dziennikarzy?

– Widziałem tylko flesze.

– I pierwsze słowa sędziego: „Nie udzielam przerwy w odbywaniu kary".

– Runąłem, załamałem się. Wracam z powrotem za kraty, ale słuchałem go do końca i jak powiedział, że z urzędu udziela mi przerwy w odbywaniu kary, to chyba cała Polska widziała moją reakcję. To ty musisz mi powiedzieć, co się działo, bo ja nie wiem. Chyba płakałem. Tak?

– Tak, płakałeś, jak większość na sali, nawet sędzia prawie się rozpłakał. Tego jeszcze w swoim życiu nie widziałem.

– Nie dziw się mi, nic z tamtej chwili nie pamiętam. Czekałem osiemnaście lat, żeby ta brama się otwarła, i właśnie się otwierała. Po osiemnastu latach. Pamiętam, że potem wróciłem pod celę i ubrałem się na biało. Nikt w więzieniu nie może ubierać się na biało, jeżeli nie idzie na wolność. Jak idziesz, wszyscy ci gratulują. Sama pani dyrektor przyszła się ze mną pożegnać. Nie byłem już śmieciem. Byłem Tomaszem Komendą, a nie numerem pod celą.

– Puścili cię, choć cztery razy odmawiali. Nie przyznałeś się, nie wyraziłeś skruchy, a dziś tu siedzimy, w twoim domu, nie w celi?

– Nie mogłem wyrazić skruchy za coś, czego nie zrobiłem, nie mogłem się przyznać do czegoś, czego nie zrobiłem. A że siedzę tu z tobą? Może jeszcze jest jakaś sprawiedliwość, choć w nią nie wierzę. Ktoś w końcu przeczytał akta, o osiemnaście lat za późno.

– Sędzia mówił, że taki wzorowy jesteś, że się dokształcałeś, to zadam ci wprost pytanie, to ile tych książek przeczytałeś?

– Jedną.

– Przez osiemnaście lat tylko jedną?

– Tak, *Potęga podświadomości*. Zamknij się na pół wieku i zastanów się, czy chciałbyś coś czytać. Nie chciałbyś nic robić. Po co, skoro nawet nie wiesz, czy kiedykolwiek wyjdziesz. Tam bardziej myślisz o dniu dzisiejszym, czy przeżyjesz i ze spacerniaka wrócisz żywy, niż o tym, czy może nauczyć się angielskiego. Po co trupowi angielski. Ty się nad tym nie zastanawiałeś, ja myślałem o tym co dzień. Nie jak nauczyć się czytać czy pisać po angielsku, ja myślałem, jak przeżyć.

– Tomku, dziś cię już nie zamęczam, ale wiesz, że jeszcze sporo przed nami.

– Wiem, ale dopóki starczy mi sił, to będę chciał z tobą rozmawiać o wszystkim. Uwierz mi, o wszystkim, ale na pewne sprawy muszę być gotowy, a jeszcze nie jestem. Kiedyś ci wszystko powiem, ale jeszcze nie teraz.

Podróż do Rzymu

Pierwszą rzeczą, jaką Tomek chciał zrobić po wyroku uniewinniającym, była podróż do Rzymu, do Watykanu, na grób Jana Pawła II. 16 maja 2018 roku został całkowicie oczyszczony z zarzutów. Niespełna miesiąc później wraz z matką, panią Teresą, i ojcem, panem Mirkiem, byli już na lotnisku w podkrakowskich Balicach. O szóstej rano do Frankfurtu startował samolot. Szybka odprawa i wszyscy byli już w samolocie. Dzień wcześniej z Krakowa ruszył bus wypełniony po brzegi walizkami i sprzętem telewizyjnym. To był pierwszy w życiu lot Tomka. Nie wiem, czy czuł podniecenie, czy strach, ale kiedy maszyna była już w powietrzu, ciągle z zachwytem wyglądał przez okno i telefonem robił zdjęcia. We Frankfurcie przesiadka i ponaddwugodzinna przerwa. Lotnisko jest olbrzymie, z nieskończoną ilością wejść, z których do samolotów wsiadają podróżni. Pod płytą lotniska jeździ pociąg, do którego musieliśmy wsiąść, by się dostać do naszego samolotu. Dwie godziny później wylądowaliśmy w Rzymie. Przy lotnisku w Fiumicino, oddalonym niespełna trzydzieści kilometrów od centrum miasta, już od samego rana czekał na nas samochód wraz z kierowcą. Podróż do hotelu trwała zaledwie pół godziny. Nasz duży volkswagen transporter ledwie mieścił się w uliczkach doprowadzających do naszego hotelu, położonego przy malowniczej fontannie di Trevi.

Starszy pan w recepcji przywitał nas gościnnie w języku angielskim. Trzy pokoje były już gotowe, na dwa musieliśmy jeszcze trochę poczekać, bo przyjechaliśmy dwie godziny wcześniej, niż to było zapowiedziane. W końcu o czternastej wszyscy byli w swoich pokojach. Mimo że wstaliśmy o drugiej nad ranem, to nie był to jeszcze koniec naszego dnia, a w zasadzie był to dopiero jego początek. O siedemnastej byliśmy już w Watykanie. Ojciec Lucjan, franciszkanin, umożliwił nam wjazd za bramy Watykanu. Przywitał nas bardzo serdecznie. Zaprosił do domu, w którym mieszka czternastu spowiedników watykańskich, wszyscy to franciszkanie. Ten sam budynek zajmują też siostry zakonne. Windą wjechaliśmy do franciszkańskich pomieszczeń. Bardzo skromne wnętrza. Weszliśmy do jadalni. Ciasto i owoce były już na stole. Ojciec Lucjan zapytał tylko o kawę, kto pije białą, a kto czarną. Parzonej ani rozpuszczalnej nie było. Ojciec Lucjan oświadczył, że tu się takiej w ogóle nie pija. Po krótkiej rozmowie zaprosił nas na taras, z którego widać było kopułę Bazyliki Świętego Piotra. Dosłownie na wyciągnięcie ręki. Mieliśmy niewątpliwe szczęście, bo wejść tam nie jest tak prosto. Chwilę później byliśmy już w środku.

– Tak jak na całym świecie nie buduje się kościołów większych od Bazyliki Świętego Piotra, tak samo w Rzymie nie buduje się budynków wyższych od kopuły tej właśnie świątyni – ojciec Lucjan zaczął oprowadzać rodzinę po wnętrzu monumentalnego budynku. Byli pod wielkim wrażeniem.

– Ten ołtarz tutaj przed nami to tak zwana konfesja Świętego Piotra, dlatego że pod tym ołtarzem, zwanym ołtarzem papieskim, znajduje się grób Świętego Piotra. Cały ten baldachim i jeszcze jeden ołtarz, tam z tyłu, z Duchem Świętym, to jest dzieło Berniniego, wybitnego włoskiego architekta, ale nie tylko architekta. I to jest właśnie serce tej bazyliki. Ale ja jednak wiem, że dla ciebie, Tomku, najważniejsze jest inne miejsce.

Tomek potwierdził, czekając tylko, kiedy uklęknie nad grobem papieża Polaka. Jeszcze kilka lat temu grób znajdował się w podziemiach bazyliki, ale po uroczystościach związanych z beatyfikacją Jana Pawła II, 30 kwietnia 2011 roku, trumna z jego szczątkami została złożona w kaplicy Świętego Sebastiana, tuż obok kaplicy ze słynną *Pietą watykańską* Michała Anioła.

– To jest grób Jana Pawła II – kontynuował franciszkanin. Tam jest napisane SANCTUS JOANNES PAULUS PP. II. To znaczy Święty Jan Paweł II Papież. Możemy podejść pod sam grób.

Cała rodzina zbliżyła się do grobu papieża. Tomek raz w życiu widział go osobiście, kiedy Jan Paweł II był z pielgrzymką we Wrocławiu. To był 1997 rok. Tomek nie stał, jak wiele innych osób wzdłuż drogi, którą przejeżdżał papież, ale widział go z kilkudziesięciu metrów, kiedy Ojciec Święty, pozdrawiając tłumy, przejeżdżał koło myjni, w której Tomasz pracował. Widział go zaledwie kilka sekund, ale do dziś pamięta chwilę, w której to się stało. Nie był wtedy szczególnie wierzący, był ochrzczony, przyjął pierwszą komunię, bierzmowanie, ale do kościoła zbyt chętnie nie chodził. Po tym jak został aresztowany, przestał wierzyć w istnienie Boga. Nigdy już w areszcie śledczym ani w zakładzie karnym nie spotkał się z kapelanem więziennym. Nigdy też nie odwiedził żadnej kaplicy w zakładach, w których przebywał. Jednak pół roku przed wyjściem na wolność nad swoją pryczą powiesił zdjęcie Jana Pawła II. Kiedyś widział go tylko przez krótką chwilę, a od tego czasu, kiedy powiesił go nad swoją pryczą, spotykał się z nim codziennie. Modlił się do niego, rozmawiał z nim, mimo że od dawna już nie wierzył. Pół roku później zapukał do niego funkcjonariusz Remigiusz z innym policjantem. Dziś siedział zaledwie kilka metrów od grobu papieża razem z matką i ojcem. Tuż za nimi był ojciec Lucjan. Wszyscy w ciszy i zadumie. Po chwili Tomasz wstał z ławki i podszedł pod sam grób Ojca Świętego. Dzieliła go od niego tylko kamienna bariera. Tomek ukląkł. Oparł się o nią. Pochylił głowę. Lewą dłonią zasłonił twarz. Pozostał tak na kolejne kilka minut, po czym wstał i podszedł do nas. Chwilę później wyszliśmy na zewnątrz, spoglądając na plac Świętego Piotra. Ojciec Lucjan uniósł rękę do góry.

– Panie Tomku, to jest to okno, o które mnie pan pytał, to jest to okno i tam mieszkał Jan Paweł II. Tam mieszkał papież Benedykt, ale Franciszek już nie.

– Ale nie chciał mieszkać? – zapytał Tomek.

– Papież Franciszek nie chciał dlatego, że filozofia papieża Franciszka jest taka, że jeżeli jestem sługą sług bożych, to nie mogę mieszkać w pałacach, to jest raz, a dwa – on lubi obecność ludzi. Tutaj, w tym pałacu papieskim, czułby się jak gdyby zamknięty i dlatego wybrał do mieszkania miejsce, które w zasadzie pełni w Watykanie funkcję hotelu.

Z placu Świętego Piotra jeszcze na chwilę wróciliśmy do bazyliki, żeby zrobić sobie pamiątkowe zdjęcia. Potem ojciec Lucjan zaprosił nas do ogrodów papieskich. Przepiękna fontanna, drzewa, jakich się u nas nie spotyka. To też było dla Tomka i jego rodziny ogromne przeżycie.

***

– Jakie plany na jutro? – zapytała mnie pani Teresa.

– Zwiedzanie Koloseum, Forum Romanum, zobaczymy, na co czas pozwoli. Mamy się jeszcze spotkać z pewną osobą w Watykanie, ale nie mogę się do niej dodzwonić. Zobaczymy rano, co dzień przyniesie.

Tego dnia chcieliśmy jeszcze zobaczyć fontannę di Trevi, która mieściła się zaledwie pięćdziesiąt metrów od naszego hotelu, ale nikt z nas nie miał już na to siły. Kiedy drugiego dnia rano poszedłem do pokoju Tomka, zastałem go uśmiechniętego w łóżku. Trudno jednak było nie zauważyć jednego. Na stole w pokoju hotelowym leżały mokre banknoty, zarówno złotówki, jak i euro.

– Co? Pływaliście w fontannie? Nie zapłaciliście mandatu? Ty wiesz, ile można za to dostać? Chyba, choć nie sprawdzałem, pięćdziesiąt euro – droczyłem się z zadowolonym Tomkiem, który zdążył wstać z łóżka i zacząć szukać suchych ubrań. – Dodzwoniłem się w końcu do arcybiskupa, jesteśmy umówieni na dwunastą. Rodzice już są po śniadaniu i jak najbardziej chcą się z nim spotkać.

Szybko włożył suche spodnie, które znalazł w szafie, i po chwili byliśmy już przed hotelem. Kierowca zabrał nas pod samo wejście do części administracyjnej Watykanu, która się mieściła po prawej stronie placu Świętego Piotra. Podeszliśmy do strażników Gwardii Papieskiej. Moją niezbyt poprawną angielszczyzną powiedziałem, że chcemy dostać się do arcybiskupa Konrada Krajewskiego. Mężczyzna ubrany w kolorowy strój wytłumaczył, w którą stronę należy się kierować. Kiedy byliśmy już w budynku, podszedłem do siedzącego na portierni mężczyzny w garniturze. Powiedziałem, że jesteśmy umówieni z arcybiskupem Konradem Krajewskim. Mężczyzna wstał i zapytał, czy jesteśmy z Polski. Potwierdziłem. Poprosił, abyśmy poszli za nim. Po chwili byliśmy już w skromnym biurze arcybiskupa. Zapytał tylko, czy nie ma z nami dziennikarzy bądź fotoreporterów, którzy czekaliby na zewnątrz. Oznajmiłem, że jestem dziennikarzem, ale dziś w charakterze bardziej przewodnika rodziny. Rozmowa była nadzwyczaj krótka.

– Gdzie śpicie i czy możecie jutro przyjść do mnie na dziewiątą? – zapytał arcybiskup.

Z wielką chęcią potwierdziliśmy naszą obecność. Arcybiskup Krajewski powiedział Tomkowi, że zna jego sprawę, słyszał o niej z mediów i bardzo mu współczuje. Doradził, aby nie szukał zemsty, bo tylko dobrem zło można zwyciężyć. Pożegnaliśmy się i wróciliśmy do hotelu. Nazajutrz rano wszyscy byliśmy gotowi. Tym razem przez bramę strzeżoną przez Gwardię Papieską poza rodziną przemyciłem również operatora kamery, który tym razem zamienił się w fotografa. Kamerę zostawił w hotelu, ale wziął aparat fotograficzny z wymiennymi obiektywami. Arcybiskup Konrad Krajewski zjawił się w kilka minut po tym, jak stanęliśmy na dziedzińcu. Przywitaliśmy się. Powiedziałem, że dziś jest nas o jedną osobę więcej. Ruszyliśmy za nim i po chwili dostaliśmy się na sam środek placu Świętego Piotra, tuż obok ołtarza, na którym za chwilę miał się ukazać papież Franciszek. Niespełna pół godziny później już tam był. W czasie przemówienia wszyscy uważnie słuchali, Tomek robił zdjęcia swoim telefonem. Po dwugodzinnym staniu w czterdziestostopniowym upale podbiegł do nas arcybiskup, zabierając Tomasza i jego rodziców. Poprosiłem mojego operatora, aby poszedł z nimi. Ubezpieczony w małą niemalże amatorską kamerkę, pozostałem na swoim dotychczasowym miejscu. Chwilę później podbiegł do mnie arcybiskup, pytając, gdzie jest fotograf. Powiedziałem, że poszedł z księdzem i rodziną. Pełna konsternacja. Profesjonalny operator zaginął. Przybiegł też kardynał, mówiąc, że w takim razie ja pójdę z nimi i będę robił zdjęcia rodzinie. Stwierdził, że przecież muszę mieć coś do nagrywania przy sobie.

Miałem, ale takiej sytuacji się nie spodziewałem. Chwyciłem dwa plecaki, mój i kolegi operatora, ten drugi ważył chyba z dwadzieścia kilogramów i zawierał cały zestaw fotograficzny. Z małą kamerką, biegnąc za arcybiskupem Krajewskim, dotarłem na plac.

Szybko włączyłem sprzęt, rejestrując całą sytuację. Ojciec Święty zbliżał się do Tomka i jego rodziców. Kiedy Tomasz chciał się ukłonić i pocałować papieża w pierścień, ten nie zezwolił mu na to. Objął go i przytulił. Potem podszedł do rodziców i przywitał się z nimi. Choć byłem kilka metrów dalej, to wyraźnie wyczuwałem wielkie emocje i podekscytowanie.

***

Dzień był pełen wrażeń. Po uroczystościach na placu Świętego Piotra jeszcze na chwilę wróciliśmy do hotelu, aby po krótkim odpoczynku znów wrócić do Watykanu. Na czternastą mieliśmy zaproszenie do arcybiskupa. Obiad był wyjątkowy, gotował nam Enzo, człowiek, który tak samo jak Tomek był w więzieniu, z tą tylko różnicą, że za czyny, których się dopuścił. Nie sposób mi wymienić, co znalazło się na stole. Na pewno była bruschetta w trzech rodzajach, oliwki, zawijane w szynkę parmeńską awokado, przepyszne kiełbaski, ananasy, woda i wino. Stołowe, ale bardzo dobre. Potem kawa i wyśmienite ciasto.

Nie wiem, jak długo rozmawialiśmy. Arcybiskup głównie dopytywał Tomka o przyszłość, co zamierza robić, jakie ma plany.

Odpowiedzi jednak nie były sprecyzowane. Mówił tylko, że na razie chce żyć chwilą i cieszyć się każdym dniem. Kiedy opuszczaliśmy Watykan, było już po siedemnastej. Wsiedliśmy do samochodu, udając się w kierunku Koloseum, którego jeszcze nie zdążyliśmy zobaczyć. Mama Tomasza była niezwykle wzruszona tym, co się wydarzyło na placu Świętego Piotra. W samochodzie tak opowiadała o swoich przeżyciach:

– Nam już to wystarczyło, że siedzieliśmy niedaleko papieża w strefie dla gości, a to, że do nas podejdzie… To jest dla nas tak wielki zaszczyt, takie wyróżnienie, można powiedzieć, że papież zechciał do nas podejść i się z nami przywitać.

– A jak schodził i był coraz bliżej was, to co czuliście? – zapytałem.

– Nie umiem tego opisać, wszystko uciekło. Takie rozluźnienie. Patrzyliśmy tylko na papieża, a jak zobaczyliśmy, że podchodzi, łzy kręciły się w oczach. To było wzruszające, to zostanie do końca życia. Tomek chciał uścisnąć rękę papieżowi i pocałować go w pierścień, ale on mu na to nie pozwolił, tylko przytulił go, objął serdecznie. Jako matka widziałam, że Tomek był bardzo szczęśliwy, nawet się popłakał. Dla niego to była duma i zaszczyt, że taka osobistość do niego podeszła. Myśmy wszyscy poczuli takie ciepło bijące od papieża.

Koloseum zwiedziliśmy dość szybko, po czym odwieźliśmy rodziców do hotelu, byli już naprawdę zmęczeni, sami zaś pojechaliśmy na taras widokowy z rozpościerającym się widokiem na Rzym i Watykan. Giardino degli Aranci, czyli ogród pomarańczowy. Widok był przepiękny, zwłaszcza że dotarliśmy tam dokładnie w momencie, kiedy słońce zachodziło nad miastem. Tomek stanął na krawędzi muru odgradzającego zwiedzających od przepaści i uniósł do góry ręce, tak jakby teraz cały świat, a przynajmniej to miejsce należały do niego. On też niezmiernie przeżył ten dzień. Jadąc do Rzymu, wiedzieliśmy, że zobaczymy Watykan, plac Świętego Piotra, ale osobiste spotkanie z papieżem Franciszkiem nie było zaplanowane.

Po czterech dniach wracaliśmy do domu. Samolot mieliśmy dopiero o osiemnastej, więc ostatnie godziny do odlotu spędziliśmy nad Morzem Tyrreńskim, co dla Tomasza było również wspaniałym przeżyciem, bo nigdy nie był nawet nad Bałtykiem. Spacerowaliśmy wąską uliczką pomiędzy domkami dla letników, kiedy w pewnej chwili naszym oczom ukazało się morze. Tomek zatrzymał się i oniemiał.

– Jak tu przepięknie.

To wszystko, co mógł z siebie wtedy wykrztusić. Zorganizowaliśmy leżaki dla rodziców, a sami udaliśmy się sto metrów dalej. Na plaży leżał wielki konar połamanego drzewa wyrzuconego przez morze, przysiedliśmy na jego skraju.

– Wiesz, Tomku, że musimy porozmawiać. Przez cały wyjazd nie prosiłem cię o rozmowę przed kamerą, ale teraz chciałbym, właśnie w tym miejscu, na koniec naszej podróży.

– Wiem, choć nie mam ochoty. Czy to nie może poczekać, aż wrócimy do Polski?

– Nie.

Zależało mi, aby nagrać rozmowę właśnie w tym momencie. Przeszliśmy z Tomkiem wiele trudnych, ale i wiele pięknych chwil. Kłóciliśmy się nieraz, a już nie wspomnę, ile razy dochodziło do kłótni między mną a jego rodziną, jednak zawsze jakoś dochodziliśmy do porozumienia. Zależało mi na tym tu i teraz, bo to był pewien etap, który właśnie się kończył. Spełniły się jego trzy marzenia. Powrót do wolności, wyrok uniewinniający i wizyta na grobie Ojca Świętego Jana Pawła II.

– Opowiedz mi o spotkaniu z Janem Pawłem II, tym teraz przy jego grobie.

– To, co ja przeżyłem, wchodząc do tej kaplicy, i to, co poczułem… Zawsze o tym marzyłem i właśnie moje marzenia się spełniły. A to, co czułem i o czym z nim rozmawiałem, to wybacz mi, ale to zostanie między mną i nim. To zostanie tylko w mojej głowie. To jest tylko i wyłącznie moje i niech takie pozostanie.

– Ale powiedz mi, dlaczego akurat Ojciec Święty Jan Paweł II?

– Bo bardzo chciałem mu podziękować, że jestem tutaj na wolności. Kiedy byłem jeszcze w celi, rozmawiałem z nim, aby dał mi wolność. Jego zdjęcie wisiało nad moją pryczą i co wieczór z nim o tym rozmawiałem. Mówiłem mu: „Masz ją tam u siebie. Wiesz, że jestem niewinny, wiesz, że ja jej krzywdy nie zrobiłem". Udowadniałem to w każdym momencie, w którym tylko mogłem, ale nikt poza nim nie chciał mnie słuchać. On mnie wysłuchał. I jestem tutaj. W Boga dawno temu przestałem wierzyć, więc modliłem się do papieża. I po prostu mnie wysłuchał i sprawił, że stał się cud. Jednym słowem: stał się cud i teraz mogę z tobą tu rozmawiać. I za to mu wczoraj podziękowałem, ale co mu powiedziałem, to na razie ci nie powiem, może to jeszcze nie jest ten moment.

– Ale przecież jesteś osobą niewierzącą, więc dlaczego akurat on?

– Bo ja go widziałem. I wiem, że ta osoba żyła, to nie jest obrazek na kartce papieru. Ja papieża w swoim odczuciu traktuję jak Boga. Od niego zawsze biło takie dobro. Dobroć.

– Obejrzyj się za siebie. Myślałeś, że będziesz kiedyś nad Morzem Tyrreńskim?

– Nie. Powiem szczerze, że dwa marzenia mi się spełniły w tym samym czasie. Zobaczyłem Rzym, w którym jestem pierwszy raz w życiu, i morze. Też jestem pierwszy raz w życiu.

– A jakie w ogóle było twoje największe marzenie w życiu?

– Wyjść na wolność.

– A wierzyłeś, że tak się kiedykolwiek stanie, nie czekając na zakończenie odbycia kary do końca?

– Do jakiegoś czasu tak, ale później nadzieja znikła. Po prostu, po dziesięciu latach.

– Czytałem twoje akta, wiem, że starałeś się o warunkowe przedterminowe zwolnienie, czyli jeszcze na coś liczyłeś.

– Tak, cztery razy, ale za każdym słyszałem: „Nie twój czas i nie twój paragraf", to sobie w końcu odpuściłem, nie miałem już żadnej nadziei. A nie ma nic gorszego, jak gdy człowiek traci nadzieję w zakładzie karnym.

– Dlatego trzy razy próbowałeś popełnić samobójstwo?

– Tak, dlatego, ale za każdym razem mnie odratowywali. Później stwierdziłem, że i to nie ma sensu, że jakoś trzeba żyć, że takie widocznie jest moje przeznaczenie.

– Bez nadziei, ale żyć.

– Tak.

– Widziałeś w zakładach karnych ludzi, którzy tracili nadzieję.

– Wielu.

– I co się z nimi działo?

– Nie ma ich dziś wśród nas.

– To znaczy?

– Są trzy metry pod ziemią. Wieszali się, podcinali sobie żyły. Siedziałem z takim jednym człowiekiem pod celą. Miał duży wyrok, ale do odsiadki zostały mu tylko trzy miesiące. Popełnił samobójstwo.

– A wiesz dlaczego?

– Bo bał się wolności. Nie miał tam nikogo, nie miał dla kogo żyć, bał się tego, co z nim będzie, bał się świata, który zastanie. Tu był jego dom.

– Spotkałeś się z Franciszkiem.

– Spotkałem się i następne zaskoczenie. Ten obrazek będzie do końca życia w mojej głowie. Pozostanie na zawsze, bo tego, co się stało, ludzie mogą mi tylko pozazdrościć, że doszło do czegoś takiego, że papież, że mogłem się do niego przytulić. Kiedy schodził po schodach do nas… Kiedy podszedł do nas, chciałem uścisnąć mu rękę i pocałować w pierścień, a on mnie wtedy przytulił.

– A co wtedy czułeś?

– Siłę. Siłę, że teraz to tylko już może być dobrze, bo to, co było złe, to już za mną.

– Jesteśmy tu od kilku dni. Zapamiętasz tę wizytę, tutaj we Włoszech?

– Jan Paweł II, spotkanie z Franciszkiem i morze.

– Marzenia się spełniają?

– Spełniają się, tylko trzeba w to naprawdę mocno wierzyć.

– To co, idziemy popływać?

– Idziemy.

Tej książki nie potrafiłbym zakończyć bez kilku zdań, o które poprosiłem Remigiusza. Żeby je zrozumieć, trzeba dobrze się w nie wczytać. Jest w nich kwintesencja tego, co wie i czuje ojciec, mąż, a przede wszystkim świetny policjant. Jest w nich prawda.

„Dla triumfu zła potrzeba tylko, żeby dobrzy ludzie nic nie robili".

To sprawa, która doprowadziła do zmiany rzeczywistości. Ludzie biorący w niej udział i próbujący ją wyjaśnić doprowadzili do zmiany, jakiej człowiek nieznający faktów – nawet najbardziej przenikliwy – nie jest w stanie „ogarnąć". Wydawało się niemożliwe, żeby tyle osób nie widziało tego, co od początku powinno rzucać się w oczy. W tej sprawie dużo osób zostało skrzywdzonych, w zasadzie wszyscy byli ofiarami, a wywierana presja nie pozwalała spojrzeć na tragedię obiektywnie. Kierunek tamtego śledztwa układał się sam, w zależności od danej opinii, a tych było wiele. Ktokolwiek mógł stać się winnym, ktokolwiek mógł za to odpowiedzieć... i tak też się w stało.

Nigdy nie mogłem zrozumieć, jak i czy w ogóle może zostać zawarta zmowa milczenia w stosunku do gwałcicieli, zwłaszcza gwałcicieli dzieci. Takie przestępstwo zwykle budzi w ludziach agresję

i szczerą chęć zemsty, dlatego z dystansem podchodziłem do przekazu mediów. Niewyobrażalne było dla mnie, żeby w jednym miejscu i o jednym czasie spotkała się grupa zboczeńców i psycholi, a na
dodatek żeby cała wieś trzymała z nimi i nikt z mieszkańców, czy to
czternastoletnia dziewczynka, dwudziestoletni chłopak, czy osiem-
dziesięcioletni staruszek, nie powiedział, kto jest sprawcą tego czynu...
gdyby wiedział. I tak przez ponad dwadzieścia lat.

Żeby chcieć spróbować wyjaśnić taką sprawę, trzeba spojrzeć na
nią od początku, nie sugerując się wcześniejszym kanonem przyję-
tych wersji. Trzeba umieć się wczuć w emocje, w nienawiść, bezsilność, bezmiar rozpaczy i bólu, a przy tym zachować dystans i zdrowy
rozsądek. Trzeba potraktować sprawę indywidualnie. Według mojej
logiki w tym przypadku to nie było zaplanowane zabójstwo, mógł to
być zaplanowany gwałt, a ofiara mogła być przypadkowa. Sprawca wy-
korzystał sytuację i dopuścił się tej zbrodni w ekstremalnych warunkach, przy piętnastostopniowym mrozie. Sprawca działał w chaosie,
był brutalny i nie przejmował się niczym. Był nieobliczalny i wyrafi-
nowany. Nawet nie starał się ukryć ciała i przedmiotów oraz zabrać
swojej czapki, bo wiedział, że nie jest stąd i nikt go tutaj nie zna poza
kilkoma osobami, z którymi wcześniej spożywał alkohol. Przechy-
trzył wszystkich, bo w swoim chaosie i patologii był przebiegły, stwa-
rzał „pewność" każdego swojego wypowiedzianego wtedy słowa i myślał, że oszukał również cały świat... Ale tak nie jest.

Nigdy nie zapomnę tego, jak „uczyłem" się sprawy miłoszyckiej
i jak przedstawiały ją środki masowego przekazu. Przekaz ewoluował,
w miarę jak próbowano „ustalać sprawców" i pojawiały się kolejne
podejrzewane osoby. Od początku media były agresywnie nastawione
wobec niektórych osób, bo ktoś pochodził z zamożnej rodziny, był
sąsiadem lub policjantem albo znajomym dziewczynki. Nie odpusz-
czano. Mimo wielu lat od tragedii, gdy rozwinął się Internet, a fora
stały się normą, zaczął się wielki tzw. hejt. I nagle każdy wiedział, kto
jest sprawcą, każdy pisał, kto nim jest, i to mnie najbardziej iryto-
wało i frustrowało. Skoro wiesz, kto jest gwałcicielem i gwałci czyjeś

małoletnie dzieci – myślałem – to czemu tego nie zgłosisz, czemu nie zareagujesz? Wskazanie gwałciciela zasługuje raczej na uznanie niż na miano donosiciela w źle pojętym systemie wartości. Najprawdopodobniej wszystko to polegało na plotkach i tworzeniu biednej sensacji, która krzywdziła niewinnych ludzi.

Kiedy jeszcze prywatnie oglądałem reportaże dotyczące sprawy, nie mogłem pojąć, jak takiej zbrodni mógł dokonać chłopak z Wrocławia podpisywany w telewizji jako Tomasz K., który na temat okoliczności nie mówi ani słowa i z uporem maniaka twierdzi, że go tam nie było, mówi o „panu Papieżu"… To wszystko się nie kleiło. Wcześniejsze przekazy opisywały sprawcę lub sprawców jako niskie osoby, portrety pamięciowe też na to wskazywały, a tu chłopaczek ponad sto osiemdziesiąt centymetrów wzrostu. Potem sprawdzam – nigdy nie karany, nigdy żadnego kontaktu z policją. Oglądam dalej… Prokurator wnosi o dwanaście lat, Sąd Okręgowy daje piętnaście, Sąd Apelacyjny podnosi do dwudziestu pięciu lat, a Sąd Najwyższy odrzuca kasację i podtrzymuje ten wyrok. Są dowody DNA (PolyMarker), osmologia, czyli kolokwialnie mówiąc, zapach, i te nieszczęsne „zęby" potwierdzone przez biegłych. I czuję dysonans – nie mam podstaw sądzić, że jest inaczej, ale coś tu nie pasuje. Nie mogę też zrozumieć, dlaczego śledczy poddają się tak szybko po zatrzymaniu i skazaniu Tomka. Przecież z tego, co mówiono, według „jakichś" źródeł sprawców miało być trzech (?).

Żyję dalej, czytam o tym, służę, zatrzymuję, wychowuję, pracuję… W wolnych chwilach siadam przed komputerem, zakładam słuchawki, wszyscy wokół śpią. Mam czas dla siebie. Więc znowu szukam na stronach internetowych starych reportaży, starych informacji, oglądam to, co znajdę. Mam również dzieci i staram się zrozumieć ból rodziców zamęczonej dziewczyny, absolutnie nie chcę go odczuć, ale policjant powinien umieć postawić się w pewnych sytuacjach, z tej drugiej strony, na miejscu osoby zawiadamiającej, pokrzywdzonej czy ofiary. Myślę, że jeżeli chodzi o tego typu przestępstwa, niewyjaśnione, otoczone aurą zła, nienawiści i bezsilności, trzeba się zaangażować, przeczytać nie raz, ustalić, rozmawiać, i „znaleźć się tam", i to „zobaczyć".

Z pełnym przekonaniem muszę tu powiedzieć, że stała się wielka tragedia rodzicom, ich ból jest niewyobrażalny. Brak jakiegokolwiek wsparcia, elementarnej sprawiedliwości oraz transparentności prowadzonego wtedy procesu i czynności sprawił, że rodzice Małgosi stracili zaufanie do osób i organów mających wyjaśnić śmierć ich córeczki. Walczyli cały czas. Media przyglądały się, szalały, wywierały presję. A to przecież koniec lat dziewięćdziesiątych, nie wszyscy umieją żyć uczciwie, zachłystujemy się źle pojętą wolnością. Taki czas jest rajem dla złych ludzi, cwaniaków, bandytów. Gdy dodać do tego ludzi z tzw. pozycją społeczną, rodzi się patologia, tworzą się układy... Takie właśnie przekonanie zapewne zaczęło dominować w świadomości najbliższych dziewczynki i dziennikarzy w większości nastawionych na sensację i „news". Dalej nie trzeba było wiele... Jak powiedział znany filozof Edmund Burke: „Gdzie zaczyna się tajemnica, kończy się sprawiedliwość".

Przeczytałem do tej pory całe akta nie raz ani dwa.... Czytam je dalej i za każdym razem odnajduję coś nowego, mało istotne fakty, ale dające nowe informacje w skomplikowanej sprawie, które wtedy przeszły niezauważone. Zresztą, na początku też nie zwracałem na nie uwagi, bo trzeba się było skupić na innych wątkach, które były ważniejsze i pilniejsze dla sprawy.

Uważam, że nie było żadnej „zmowy milczenia" mieszkańców Miłoszyc, to wytwór sensacji dziennikarskiej. Trzeba było szukać psychola, a nie „zamkniętego układu" we wsi. Ewentualnie jakaś „zależność" mogła powstać na innym etapie sprawy lub potem, kiedy oskarżyli i skazali Tomasza Komendę, ale to wykaże prowadzone śledztwo.

Żeby móc podnieść taki ciężki miecz, obarczony tragiczną historią, w której dominują rozpacz, upokorzenie, niemoc, bezsilność, brak wiary w państwo i w sprawiedliwość, agresja, ból, kłamstwo i przemoc, trzeba wierzyć w to, co się robi. Przede wszystkim jednak trzeba być otwartym, nie wolno sugerować się poprzednimi opiniami i dogmatami, trzeba wszystko zacząć od początku, po swojemu, od zera. W tak trudnych starych sprawach, gdy zaczyna się myśleć i starać zrozumieć wszystko od początku, cofając się ponad dwadzieścia lat, nie ma miejsca na ówczesne autorytety, nie ma wyroków, nie ma prokuratorów i sędziów, przełożonych, naczelników, ministrów, nie ma tzw. źle pojętej „solidarności zawodowej". Jest człowiek, jest zdarzenie, jest dowód, jest fakt, a przede wszystkim powinna być intuicja, zdrowy rozsądek i serce, a czasami, w zależności od okoliczności – odwaga. I co najważniejsze, musi być przyjazne środowisko, aby chęć działania lub informacja mogły zapuścić korzenie. Myślę, że w dzisiejszych czasach potrafimy już popatrzeć wstecz, i jeżeli zdarzyła się jakaś krzywda lub niesprawiedliwość, czy to umyślna, czy nieumyślna, nie staramy się tego ukrywać i tuszować błędów. W tym wszystkim jest wspólny mianownik – człowiek, w każdym aspekcie sprawy, zresztą w każdej sprawie, we wszystkim. A człowiek może robić złe lub dobre rzeczy.

Na koniec nasuwa mi się tutaj cytat, który cały czas żyje we mnie po wspaniałym filmie *Łzy słońca* reżyserii Antoine'a Fuqua – to słowa Edmunda Burke'a: „Dla triumfu zła potrzeba tylko, żeby dobrzy ludzie nic nie robili".

Dziękuję każdemu, kto był za mną, ze mną… i jest w tej sprawie.

Remik

Podziękowania

Ta książka jest o Tomku, ale przede wszystkim dla Tomka. Nie powstałaby, gdyby nie to, że przetrwał osiemnaście trudnych lat w zakładach karnych, a potem zgodził się opowiedzieć swoją tragiczną historię, którą potem mogłem choć w niewielkim stopniu spisać w tej książce. To jemu należą się największe podziękowania.

Ta książka nie powstałaby, gdyby nie mama Tomka, Pani Teresa, jego ojciec, Pan Mirosław, oraz bracia: Gerard, Krzysiek i Piotrek, bo gdyby nie ich wsparcie, to Tomka dziś najprawdopodobniej nie byłoby wśród nas. Im również należą się słowa uznania i podziękowania.

Ta książka nie powstałaby, gdyby nie prokuratorzy Robert Tomankiewicz, Dariusz Sobieski, funkcjonariusz Remigiusz i wielu innych policjantów, których imion nie poznałem, bo gdyby nie ich wielomiesięczna ciężka praca, to zapewne tragiczna historia Tomasza Komendy nigdy nie ujrzałaby światła dziennego, a Tomek jeszcze siedem lat odbywałby nie swój wyrok. Po dwudziestu pięciu latach wyszedłby wolny, ale ciągle z piętnem mordercy i pedofila, choć niewykluczone, że resztę życia spędziłby w ośrodku w Gostyninie dla osób szczególnie niebezpiecznych. W ośrodku nazywanym potocznie ośrodkiem dla bestii.

Inspiracją do napisania tej książki była wielomiesięczna praca nad cyklem reportaży telewizyjnych, które ukazały się na antenie telewizji TVN, a dotyczyły sprawy Tomasza Komendy. To dzięki zaufaniu, jakim obdarzyło mnie kierownictwo tej stacji, przez wiele miesięcy, niepytany po co i dlaczego, przemierzałem trasę z Krakowa do Wrocławia, zbierając materiały, rozmawiając z ludźmi, nagrywając wywiady. Za wiarę we mnie i zaufanie, jakim mnie obdarzyli, chciałem podziękować dyrektorowi Edwardowi Miszczakowi, Jarosławowi Potaszowi i producentowi programu „Superwizjer" Jarosławowi Jabrzykowi.

Za wsparcie i pomoc przy zbieraniu materiałów chciałem również podziękować Izabeli Sobali, redakcyjnej koleżance, i Marcinowi Rybakowi, dziennikarzowi „Gazety Wrocławskiej". Książka ta nie powstałaby również bez wsparcia Lidii Barankiewicz, Grzegorza Trochanowskiego, Roberta Stycznia, producentów programu „Uwaga", oraz wszystkich kolegów i koleżanek z redakcji programów „Superwizjer" i „Uwaga" telewizji TVN, którzy wspierali mnie i trzymali za mnie kciuki na każdym etapie mojej pracy nad cyklem reportaży i zbierania materiałów do tej książki. Im również chciałem bardzo podziękować.

Słowa podziękowania należą się również Presili Grzymek, redaktorce tej książki, z którą przez wiele godzin kłóciłem się i spierałem nad formą, treścią i stylem. Była oczywiście też nieocenionym wsparciem. Książka ta w istocie to kompromis literaturoznawcy i dziennikarza. Efektem jest ta publikacja. Jeżeli czytelnik dotarł do słów podziękowań, to znaczy, że chyba wyszło nie najgorzej.

Są jeszcze cztery osoby, którym podziękować chciałem szczególnie. Żona i trójka dzieci, które całymi miesiącami nie widziały męża i ojca, bo przez te kilka miesięcy częściej bywał we Wrocławiu niż rodzinnym Krakowie, częściej był w domu u Tomka i jego rodziny niż u siebie. Za wyrozumiałość, zrozumienie i wsparcie szczególnie im chciałem podziękować. Że wytrzymali od czasu napisania pierwszej litery do tej, którą piszę właśnie teraz. I choć to nie poezja, to żona była moją muzą i ostoją, kiedy nie byłem z nią i dziećmi, a z Tomkiem i jego rodziną. Im chciałem szczególnie podziękować: żonie Ani, synom Maćkowi, Szymonowi i córce Zosi. Dziękuję.

Ta książka to jeszcze nie koniec historii Tomasza Komendy i naszej wspólnej znajomości. Rzekłbym, że to dopiero początek. Za to, co do dziś, wszystkim jeszcze raz dziękuję.

W przytoczonych fragmentach protokołów zeznań i dokumentów archiwalnych zachowano pisownię oryginalną. Poprawiono jedynie interpunkcję i oczywiste literówki.

Spis treści

E-book dostępny na

woblink.com

Przeczytaj, co o książce sądzą inni czytelnicy, i oceń ją na

lubimyczytać.pl